やわらかアカデミズム
〈わかる〉シリーズ

よくわかる
西洋法制史

山内 進/屋敷二郎
[編著]

ya
SERIES

ミネルヴァ書房

もくじ

第Ⅳ部 近現代ヨーロッパの法と社会

7 近代法の枠組み

8 近代法システムへの懐疑と新潮流

SERIES

ya

やわらかアカデミズム・〈わかる〉シリーズ

よくわかる
西洋法制史

プロローグ：西洋法制史を学ぶ

西洋法制史は，西洋における法と法制度ひいては法の精神の特質を歴史的に理解しようとする学問である[1]。そのような外国についての学問をわれわれ日本人がなぜ学ぶ必要があるのか。そう疑問に思う人も多いかもしれない。しかし，西洋法制史を学ぶ意義は決して少なくない。

西洋法制史を学ぶ第一の意義は，なによりも西洋の法と西洋そのものを深く理解することである。法は西洋の特質をよく示すものなので，法を知ることと法を通じて西洋をより正確に認識することが西洋法制史を学ぶことによって可能となる。この学びは，われわれの知的世界を拡大し，深めてくれる。また，西洋という特別な世界の特別な法について知ることは，日本にとって重要な地域である西洋と合理的に交渉，交流するうえで必要である。

第二の意義は日本法の歴史的理解に資することである。西洋は，近代においては，他文明圏と同等に併存する一つの文明世界以上の意味をもっていた。それは，もっとも先進的で他に屹立した存在で，あたかも普遍的な文明として近代と一体化し，世界に大きな影響力を行使した。日本が開国したのはまさにそのような時期であった。この衝撃のもとに，日本は，西洋で成立した近代法体系や法概念を積極的に受容し，これに磨きをかけ，近代的法体系，法制度そして法学を独自に発展させ，今日にいたっている。したがって，日本の現在の法体系や法制度はその仕組みの点では明らかに西洋的である。それゆえ，西洋の法を歴史的に理解することは，単に西洋の法だけでなく，日本現行法の体系や制度をより深くより客観的に理解することを意味する。

第三の意義は，グローバル化した現代世界との関係においても有益だ，ということである。現代世界では多くの国々が西洋で成長した近代的な法体系や法概念を用いている。国際法や国際司法裁判所などの国際的法制度も同様である。政治，経済，文化の面などで緊密な相互交流を大規模に進めている現代世界において，それを支える制度的システムの根源ともいえる西洋の法体系，法制度，その法の精神を理解しておくことは，異なる国籍や文化をもった人々と経済活動などさまざまな分野で国際的に交流を進めるうえで必要であろう。

第四の意義は，自己の個性を考えるうえでも大切だ，ということである。近代日本は西洋法を受容したとはいえ，西洋法との相違もまた存在する。それぞれの国や地域には，それぞれ独自の法制度や法文化[2]がある。それと西洋法との緊張関係[3]を考えることはやはり非西洋世界にとって重要な課題であろう。むろ

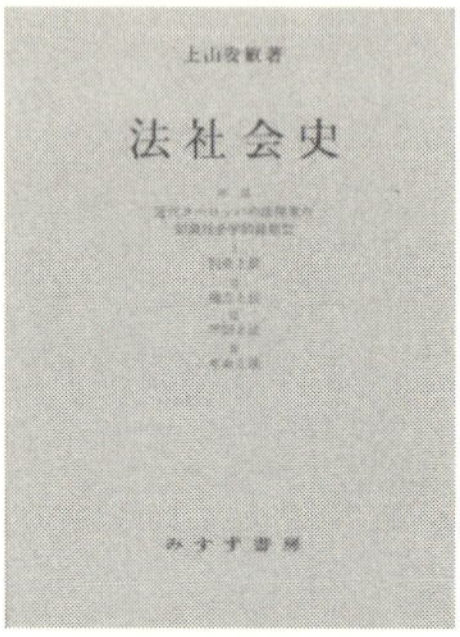

図１　上山安敏『法社会史』（みすず書房，1966年）

日本における西洋法制史研究の代表的著作。著者の知識社会史的方法は画期的だった。

▶1　ローマ法の歴史を中心に西洋法制史の特質をわかりやすく描いているものとして，ピーター・スタイン（屋敷二郎・関良徳・藤本幸二訳）『ローマ法とヨーロッパ』（ミネルヴァ書房，2003年）がある。さらに，西洋法制史を貫く権利中心の思想と制度について，村上淳一『権利のための闘争を読む』（岩波書店，1983年）があり，イェーリング（村上淳一訳）『権利のための闘争』（岩波文庫，1982年）を素材としてヨーロッパ的なものの本質に迫っており，非常に勉強になる。より手に取りやすいものとしては，山内進『決闘裁判――ヨーロッパ法精神の原風景』（ちくま学芸文庫，2024年）がある。

ん，西洋と向き合う際に大切なのは根拠のない想念や民族主義的情念の世界に陥るのではなく，歴史という経験的事実の世界に歩を進めて考えることである。西洋法制史を学ぶことは，法を通じて日本と西洋について，事実や事件，思想や制度を歴史的に探索して，その成果を踏まえて，より根源的に考えるための基礎資料を与えてくれる。それは，日本に特徴的な法制度や法文化について広い視野から事実に即して考えるための手助けとなるであろう。

以上とは別に，より一般的な，個人の資質に関わる意義もある。奥行のある基礎的な知識は，応用力という意味での創造的能力を与えてくれる。激動する日本と世界の中で人がよりよく生きていくためには，先端的な実定的知識だけではなく，むしろ基礎的で柔軟な知的対応力，俯瞰的で創造的な力を身につけることが大切である。西洋法制史を学ぶ一般的意義は，西洋法世界における多様な事実や事件，思想や制度を歴史的に考察することによって，比較と長期の目をもった，分析的で応用的かつ創造的な能力を育むことにある。

むろん，長い時間と広大な空間を舞台に繰り広げられてきた西洋法制史に挑戦するにはそれなりの準備と過程が必要である。本書はその最初のステップとして西洋法制史の大きな流れを時代区分の設定によって示し，それぞれの時代ごとに特色ある重要な個別事項を説明することで，個々の時代の特色と各時代が構成する全体としての大きな流れを明らかにするように努めている。およそ，学問にまず必要なのは正確な基本的知識の獲得とその積み重ねである。本書が目指しているのは，法の歴史を学ぼうとする人の，これまでの歩みと知識を生かし，定着させ，さらに伸ばし，いっそう前へと進むことを可能にする，確実な知的基盤をわかりやすく作り上げることである。（山内　進）

▶2　『法制史研究』という学会誌に次いで，法制度や法文化との関係にとくに注力して法制史を捉えようとする専門雑誌が『法と文化の制度史』（山内進・岩谷十郎責任編集，信山社）として2022年から刊行されている。すでに第5号まで出されており，今後の展開が期待される。また法文化学会が『法文化（歴史・比較・情報）叢書』（国際書院）を2000年からおおむね年に一度のペースで刊行しており，これまでに21巻が発行されるなど，大きな成果があげられている。単著では，森征一・岩谷十郎『法と正義のイコノロジー』（慶應義塾大学出版会，1997年）が面白い。

▶3　この分野における古典的名著として川島武宜『日本人の法意識』（岩波新書，1967年）があり，いまなお必読といえる。比較的最近のものとしては青木人志『「大岡裁き」の法意識――西洋法と日本人』（光文社新書，2005年）が明快でわかりやすく，推奨できる。同じく，瀧井一博『文明史のなかの明治憲法――この国のかたちと西洋体験』（ちくま学芸文庫，2023年）も素晴らしいので，併せて読むように勧めたい。

第 I 部

ヨーロッパ古代の法と社会

1　古代世界とローマ法の発展

1　総　説

本章では，古代**地中海世界**[1]における法の発展を取り上げる。「西洋」といえばイギリス，フランス，ドイツが代表的なものとしてイメージされるが，古代地中海世界にあっては，こうした地域はむしろ辺境の地であった。この時代に華々しい発展をみせたのは，イタリア，ギリシア，トルコ，そして中東や北アフリカといった地中海の沿岸域である。この地中海世界が生み出した法，すなわちローマ法は，後世に大きな影響を与えることになった。

1　地中海世界の成立と諸民族の興亡

前3000年頃，地中海の東端の向こう側に位置するティグリス川とユーフラテス川流域で，シュメール人が**文明**[2]を築いた。前24世紀にはこの地にアッカド人が来襲，さらに前19世紀にはアムル人が侵入してバビロニア王国が建国される。この王国のハンムラビ王の下でハンムラビ「法典」[3]が作られた。地中海の東に位置するエジプトでも，前3000年頃ナイル川流域に文明が発祥し，強大な王国が成立した。また，地中海東端の沿岸域には，製鉄技術を有していたことで知られるヒッタイト人による王国が建てられた。この他，ギリシアの南に位置するエーゲ海にもエーゲ文明が興った。こうして前30世紀から連綿と発展してきた地中海東岸域であったが，前12世紀頃，**「海の民」**[4]と称される謎の民族の襲来により，ヒッタイト王国は滅亡し，エジプト王国もまた弱体化した。また，エーゲ文明もこの混乱の中で衰滅した。一説には，「海の民」は地中海西部から移動してきた民族であるとされるが，その詳細はわかっていない。また，この時期の変化の要因が他にあった可能性もある。ともかく，1800年という長期にわたって発展してきた諸文明がこの時期に崩壊したことは確かである。

苦難の前12世紀の後，東地中海に新たな民族の胎動が始まる。アラム人，フェニキア人，ヘブライ人（ユダヤ人）といった民族がこの時期歴史上に登場する。航海技術に秀でたフェニキア人は，その技術を用いて広く地中海で商業を行い，また各地に植民市を建設した。さらに，ギリシア人たちは各地でポリスをつくり，地中海の各地へと植民活動を行った。当初バラバラであったこうした民族の統合のきっかけとなったのは，マケドニア王アレクサンドロスの東征である。彼は，ペルシア，エジプト，そして中央アジアからインダス川流域まで征服した。彼の死後，征服地はまた分裂するが，この征服活動の結果ギリシア文明の諸産物が各地へと伝播し，**ヘレニズム文化**[5]がこの世界の広範な地域

▶1　**地中海世界**
地中海はジブラルタル海峡によってのみ外海とつながる内海である。比較的穏やかなこの海を交通路として古来より人々が行き交い，一体性のある文化圏を形成してきた。

▶2　**文　明**
地球では一定の周期で氷期と間氷期が交互にあらわれる。約1万年前に最後の氷期が終わり，比較的安定した間氷期が始まった。これは現生人類が初めて迎えた間氷期であり，人類はその知能を活用し農耕を開始した。その営みの先に文明が生まれる。

▶3　［Ⅰ-1-2］参照。

▶4　**「海の民」**
海の民の侵入によって引き起こされた混乱は，4世紀後半に生じたゲルマン人の侵入によるローマ帝国の滅亡に比すべきものであろう。こうした異民族の侵入による混乱が生じることも，地中海世界の特徴といえよう。

▶5　**ヘレニズム文化**
ギリシア人は別名「ヘレネス」とも呼ばれており，ヘレニズムとはギリシア風を意味する。ローマ法もさまざまな形でその影響をうけている。

に広がった。

他方，西地中海ではフェニキア人の国であるカルタゴが覇権を握っていたが，ローマが新たに台頭し，カルタゴを3次にわたるポエニ戦争で打ち破った。ローマは東地中海世界もその支配下に収め，前1世紀には地中海世界全域を支配下においた。その後，ローマは共和政から帝政へと政治形態を変遷させ，2世紀には地中海世界全域にわたる**最大版図**[6]を獲得することになる。

古代地中海世界は，ローマ帝国の崩壊とともにその一体性を失った。しかし，この世界で生み出された多くの文化的産物が，その後の時代の「西洋」に受け継がれていく。法の領域では，ローマ法がこれにあたる。

2 ローマ法とは何か，その3つの特徴

第一の特徴として地中海世界の共通法的性格を有している点が挙げられる。奴隷制はその一つである。ローマ法は，元来は，地中海世界の片田舎に位置する一つの都市国家の法にすぎなかった。そのため，この時代のローマ法はこの都市国家の古くからの習わしから成り立つ地域性の強いものであった。ところがローマ人は，イタリア全土，そして地中海世界へと支配領域を拡大する中で，この世界の諸民族に等しく適用される法（例えば地中海世界の貿易の中で生み出された法），すなわち**万民法**[7]を創り上げ，またこうした万民法を自らの市民法に取り込む。その結果，ローマ法は，さまざまな価値観や文化を有する多くの民族の人々の間で通用することのできる性格を有することになった。

第二の特徴は，ローマ法は私法を中心とするという点である。ローマ法にも公法や刑事法は存在するが，後世に大きな影響を与えたのは私法である。当初はローマ市民相互の紛争を――その後は支配下にある人々の間の紛争を――当事者の平等性を前提としつつ，公正に解決することを目指す中でローマの私法は発展した。ローマ法には今日のような実体法と手続法の区別はなかったため，こうした私法の発展は，ローマの訴訟制度のあり方と密接に結びついていた。このような発展の集大成を示すものが，ユリアヌスの「永久告示録」である。

第三の特徴は，ローマ法は学説を通じて発展したという点である。ローマ法の起点は十二表法[8]である。これは全市民の集会である民会の議決により法となったものである。その後もときおり民会の議決は出されているが，ローマ法の大部分は，市民間の慣習法や，裁判実務の中で発見された諸原則から成り立っている。このような慣習や諸原則の内容を明らかにすることが法学者という専門家の仕事であり，ローマ法の形成はかなりの部分が彼らの学説に依拠している。このような学説形成のあり方を制度化したものが「アウグストゥスの解答権」である。帝政期に入ると元老院議決や皇帝の定める勅法の重要性が増大するが，学説が中心であるという点に変わりはなかった。ガイウスの『法学提要』は，こうした学説を展開した法学者たちの著作の一例である。（森　光）

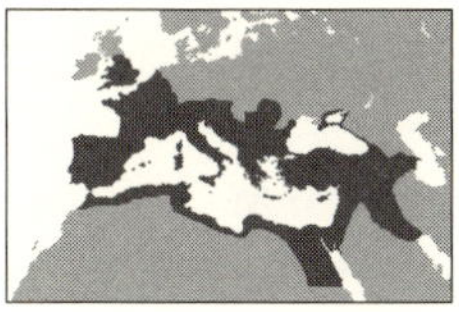

図1　トラヤヌス帝時代のローマ帝国

▶6　最大版図
トラヤヌス帝の時代にローマは最大版図を獲得した。

▶7　万民法
ius gentiumは直訳すれば「さまざまな民族の法」を意味する。万民法は，ローマ人が永い時間をかけ，諸民族に共通する慣習や，多くの人に理解される価値を具体化する形でつくったものであるが，ローマの法学者のガイウスの著作の中では，これは「自然の理性がすべての人間の間に定めたもの」であるとされている。

▶8　I-1-4 参照。

読書案内
地中海世界の研究者として著名なブローデルが著した，この世界全体の通史としてフェルナン・ブローデル（尾河直哉訳）『地中海の記憶――先史時代と古代』（藤原書店，2008年）がある。
また同様の視点で著された近年の通史にディヴィド・アブラフィア（高山博監訳）『地中海と人間――原始・古代から14世紀』（藤原書店，2021年）も挙げられる。

1　古代世界とローマ法の発展

2 ハンムラビ「法典」

図1　ハンムラビ法典碑

玄武岩製。ルーヴル美術館蔵。筆者撮影。

▶1　ハンムラビ
ハンムラピとも。バビロン第1王朝の王。在位年は紀元前（以下「前」と略す）1792～1750年頃。

▶2　「法典」
法典は裁判が準拠する法令集を指すが，メソポタミアの裁判文書にハンムラビ「法典」に言及したものはなく，より古い「法典」も含めて，これらを厳密な意味での法典とは呼びがたいので，「法典」と記す。

▶3　スーサ
前三千年紀から盛衰を繰り返したエラム王国の首都。現在のイランの南西部に位置する。遺跡名はシューシュ。

1 ハンムラビ「法典」碑の発見

ハンムラビ[1]**「法典」**[2]碑は，1901年12月～1902年1月にフランスの考古調査隊により**スーサ**[3]で発見された。発見当時，「法典」碑は大きく3つに割れていたが，すぐに復元されてパリに送られた。現在は，ルーヴル美術館に収蔵・展示されている。スーサで発見された理由は，前12世紀の中頃，エラム軍がバビロニアに攻め入った際に，ハンムラビ「法典」碑などを，戦利品としてスーサに持ち帰っていたことによる。「法典」碑がほぼ完全な形で残っているのはハンムラビ「法典」のみである。

ハンムラビ「法典」碑の高さは2.25m（写真は表面）。浮彫りの下に16コラム（段）にわたって前書きと条文の一部が刻まれている。表面下部の5～7/8コラムが削り取られている。裏面は上から下まで28コラムにわたり条文と後書きが刻まれている。「目には目，歯には歯」の元になった条文は裏面の第17コラムにある。

2 ハンムラビ「法典」より古い「法典」

ハンムラビ「法典」は，**シュメール語**[4]の**ウルナンマ**[5]「法典」，シュメール語の**リピト・イシュタル**[6]「法典」，およびアッカド語のエシュヌンナ「法典」に次いで4番目に古いメソポタミアの「法典」である。ハンムラビ「法典」はアッカド語の「法典」であるが，先行する2つのシュメール語の「法典」の伝統を継承している。**エシュヌンナ「法典」**[7]には，前書と後書が付いていない。

3 「目には目，歯には歯」

旧約聖書（出エジプト記21章24節）の「目には目，歯には歯」が，ハンムラビ「法典」の196～200条にまで遡ることは周知の通りである。

196条　もし**アウィールム**[8]（上層自由人）がアウィールム仲間の目を損なったなら，彼らは彼の目を損なわなければならない。

197条　もし彼がアウィールム仲間の骨を折ったなら，彼らは彼の骨を折らなければならない。

198条　もし彼がムシュケーヌム（一般自由人）の目を損なったか，ムシュケーヌムの骨を折ったなら，彼は**銀1マナ**[9]（約500グラム）を支払わなければならない。

199条　もし彼がアウィールムの奴隷の目を損なったかアウィールムの奴隷の骨を折ったなら，彼は彼（奴隷）の値段の半額を（奴隷の持ち主に）支払わなければならない。

200条　もしアウィールムが彼と対等のアウィールムの歯を折ったなら，彼らは彼の歯を折らなければならない。

いわゆる同害報復の原則が適用されるのはアウィールム（上層自由人）同士の場合で，被害者がアウィールム以外の場合は金銭の支払いにより解決された。また，加害者を罰するのは被害者ではなく複数の第三者であって，同害報復の原則は「やられたら，やり返せ」（復讐）を意味するものではなかった。

上の196～200条は，「もし」で始まる条件文と帰結文からなる。このような法を解疑法あるいは決疑法と呼ぶ。これが，ハンムラビの時代までのメソポタミアの「法典」の条文の基本形式であった。ただし，ハンムラビ「法典」には，まれに条件文がなく，「……してはならない」あるいは「……することができる」（36条，38～40条など）とする条文がある。これらは断言法と呼ばれる。

4 ハンムラビ「法典」の内容と目的

ハンムラビ「法典」には，起訴人の立証責任，兵士たちの生活保障や不正な上官からの保護，農民と小作人，債権者と債務者，農民と牧夫の共生，大商人と行商人，医者や大工のような専門職人の責任，結婚・遺産相続・養子縁組等に関わる条文などがあり，当時のバビロニア社会を知る貴重な史料でもある。

215～217条では，医者は患者を治療すれば，治療代を受け取ることができたが，「もし医者がアウィールム（上層自由人）に青銅の手術用小刀で手術を行い，そのアウィールムを死なせたなら，……彼らは彼（医者）の腕を切り落とさなければならない」（218条）とされており，すでにハンムラビの時代に医療過誤が問題として取り上げられていたことがわかる。

229条では，「もし大工が人のために家を建てたが，彼が自分の仕事に万全を期さなかったので，彼の建てた家が倒壊し家の所有者を死なせたなら，その大工は殺されなければならない」とされている。ここにも同害報復の原則がみられるが，ここでは製造物責任の考え方がみられることに注目しておきたい。

ハンムラビは，「法典」後書で，「強者が弱者を損なうことがないために，身寄りのない女児や寡婦に正義を回復するために，……，虐げられた者に正義を回復するために，私は私の貴重な言葉を私の碑に書き記し」た，と述べているように，社会正義の維持が「法典」作成の最大の目的であった。（中田一郎）

▶4　シュメール語
メソポタミア最古の言語。前二千年紀初め頃には死語となるが，学術用語としてその後も長く使用された。使用文字は楔形文字。

▶5　ウルナンマ
ウルナンムとも。最近はウルナンマと呼ばれることが多い。ウル第3王朝初代の王。在位年は前2112～2095年頃。ウルナンマ「法典」の言語はシュメール語，文字は楔形文字。

▶6　リピト・イシュタル
イシン王朝の王。在位は前1934～1924年頃。

▶7　エシュヌンナ「法典」
エシュヌンナ王ダドゥシャが発布か。彼はハンムラビより30年ほど先に没した。現在のバグダッドの東にあったエシュヌンナは，ハンムラビのバビロニア統一直前まで栄えた王国の一つ。

▶8　アウィールム
「人」を意味するアッカド語であるが，ここでは，ムシュケーヌム（一般自由人）および奴隷と対比されていることからわかるように，上層自由人を指す。

▶9　銀1マナ
古代のメソポタミアでは，銀が秤量貨幣として使用された。1マナは60シキル。当時1カ月の生活費が銀1シキルであったとされるので，銀1マナはほぼ5年間の生活費に相当。

読書案内
ハンムラビ「法典」を解説付きで読みたい方は中田一郎訳『原典訳ハンムラビ「法典」』（リトン，2002年）を，また同「法典」制定までの経緯などを知りたい方は中田一郎『ハンムラビ王』（山川出版社，2017年）をおすすめする。

3 古代ギリシアの法思想：アテナイの民主政治

▶1　**アクロポリス**
アテナイ市の中央に位置する。ペリクレスの時代，ここに有名なパルテノン神殿が建てられた。

図1　アクロポリス

出典：Wikimedia Commons（図1～図3ともに）.

▶2　**ソロン**
前594年のアルコン（執政官）。彼は，負債の帳消し，身体を担保とすることを禁止した。また，財産額による身分制度を創設した。

▶3　**クレイステネス**
アテナイの全土を都市部，内陸部，海岸部に分け，各部をそれぞれ10のデーモス（区）に分けた。このデーモスがデモクラシーの語源。

▶4　**ペリクレス**
前5世紀のアテナイの政治家。彼の下でアテナイの民主政治が完成をみる。

図2　ペリクレス

前8世紀頃，ギリシア各地でポリスが生まれた。自給自足的な形で農業を営んでいる者たちが集まり，よりよく生きるためにつくった集落がポリスの起源である。多くの場合，外敵から家族や財産を守るため，集落の周りを囲む城壁がつくられた。ギリシア各地に多数成立したポリスは，それぞれ独立した国家（都市国家）であり，こうした諸々のポリスを包含するギリシア人による統一国家がつくられることはなかった。とりわけ有名なポリスは，アテナイとスパルタである。この両ポリスは，ペルシア戦争では共同してペルシアと戦い，ペロポネソス戦争では互いに争い，スパルタが勝利した。

1　アテナイの民主政

アテナイとスパルタは，国制という点で好対照をなす。この時代，市民とそれ以外（奴隷や自由人に非市民）とが明確に区別されており，この点で両者に相違はなかったが，市民の捉え方に根本的な相違があった。アテナイでは，貴族も平民も市民として等しい権利が与えられ，市民全員の総意による政治，すなわち民主政が目指された。これに対し，スパルタでは，ヘイロイタイと呼ばれる先住民が，征服者のスパルタ人たちに隷属させられ，農業に従事させられた。また，商工業に従事したペリオイコイも，スパルタ人より劣る市民の地位におかれ，従軍義務は負わされたが参政権は与えられなかった。後世に大きな影響を与えたのは，ペロポネソス戦争ではスパルタに敗れたアテナイである。

アテナイの街の中心には，パルテノン神殿をのせる**アクロポリス**◀1がそびえている。ここにはかつて王宮があった。この西側に，アレオパゴスの丘がある。王政が崩壊した後の貴族政の時代，貴族たちが国政のためこの丘に集った。アテナイはその後，**ソロン**◀2や**クレイステネス**◀3の改革を経て，民主政へと移行する。民主政下では，成人男性全員が集う民会が国政の最高意思決定機関となった。この民会は，アレオパゴスの丘の西にあるプニュクスの丘で開かれた。民主政は**ペリクレス**◀4の下で最盛期を迎える。

アテナイの民主政は，①アルコン，②500人評議会，③民会によって担われた。アルコンは行政全般を担う任期一年の役職であり，民会で（当初は選挙により，その後，籤により）選出された。定数は9名であった。評議会は，アテナイの各区から人数に応じて選出される評議員によって構成された。評議員の任期は1年である。評議員の中からさらに執行委員50名が約30日の任期で選出され，アルコンとともに国政を担った。民会は，18歳以上の男性市民全員で構成された。評議会が民会を招集し，アルコンの選挙や立法，財政等，国政の重要事項についての議決を行った。民会は年40回程度開催された。以上のことから，アテナイの民主政は，直接民主政を徹底するものであったことが理解できるだろう。国政のトップは民会で，つまり市民により選ばれる。当初こそ選挙であったが，籤による選出にかわることで，平等性が徹底された。また，評議会についても市民からの無作為での選出が徹底され，権力の集中を徹底的に排除することが目指された。また，司法でも，市民による裁判の徹底がはかられ，民衆裁判所では市民から選ばれた裁判官による裁判が行われた。しかし，国難に接したときには大きな権限をもつ将軍（ストラテゴス）職が活用された。任期は１年となっていたが再任も認められ，ペリクレスのように15年にわたって将軍職にあった者もいた。

2 ポリスをめぐる哲学者たちの思索

古代ギリシアの地は，哲学という学問の発祥の地でもある。アテナイの民主政が完成期を迎えた頃，**ソクラテス**[◁5]が現れ，続いてプラトンや**アリストテレス**[◁6]といった哲学者が活躍した。ソクラテス以前に支配的であったのは，ソフィストたちの思想であった。彼らは，正義とは個々の人間が正しいと感じるものにすぎず，普遍的な正義などないと考えていた。そして世の中にある正義なるものとは，強者の利益にすぎないとした。こうした考えに３人の哲学者たちは立ち向かい，正義とは何か，あるべきポリスとは何かについて深く考察した。

プラトンの哲学の中心には彼のイデア論がある。われわれは自らの眼で対象を捉えるが，そこで見えている世界は，プラトンによれば，真実の世界ではない。この世界は真実の世界，すなわちイデア界のいわば影にすぎないが，通常の人々にはこのイデア界を捉えることができず，それができるのは哲人のみであるとされた。ポリスに関しても，そのイデア界の姿が存在しており，その姿こそが正義に適ったものということになる。プラトンは，この正義を捉えることができる哲人による政治こそがポリスの理想的政治であると考えた。

アリストテレスは，プラトンがイデアという言葉で語ったものをエイドスという言葉で表した。このエイドスとは，物事に内在する本質であり，この実現を目的とし，個々のものは発展していく。彼は，人間は本質的に「ポリス的動物」であるとし，人間はポリスという場で生活してこそ，そのエイドスを実現させていくことができると考えた。

アテナイで活動したこの３人の哲学者たちは，ポリスの枠内で考察していたが，この後，ヘレニズム世界が拡がる中で，彼らの思索に依拠しつつ，ポリスや民族・人種を超えて普遍的に通用する自然法という概念が生成することになる。

（森　光）

▷5 ソクラテス
神を冒瀆し青年を堕落させたとして民衆裁判所で死刑を宣告された。逃亡をすすめる者もいたが，どのような判決であれポリスの法には従わねばならないとして自ら毒杯をあおいだ。

図3 ソクラテス

▷6 アリストテレス
「人間はポリス的動物である」という彼が『政治学』の中で書いた言葉は有名である。彼は，人間はポリスの中でこそ人間らしく生きることができると説き，そのような人間にとっての倫理とは何か，またポリスはいかに運営されるべきかについて考察を加えた。

読書案内
アテナイの民主政の実態をわかりやすく説明しつつ，歴史的にみるものとしては，橋場弦『民主主義の源流——古代アテネの実験』（講談社学術文庫，2016年）がある。ギリシア哲学とポリスについては，プラトンの『クリトン』『国家』，アリストテレスの『政治学』が必読書として挙げられる。

1　古代世界とローマ法の発展

4 十二表法とローマの国制

▶1　王　政
伝承では，ローマには建国以来，7名の王が存在した。その初代がロムルスである。最後の王は，タルクィニウス=スペルブスである。この王を追放した後，王にかわるものとして2名のコンスル（執政官）が選ばれることになった。

▶2　パトリキ（貴族）
共和政初期のローマ市民は，貴族と平民とによって構成されていた。貴族は高位の公職に就任する等，平民に対してあらゆる優越的な権利を有し，結果として平民の抵抗を招いた。前287年のホルテンシウス法により，平民会の決議が帰属をも拘束するようになる。

▶3　プレブス（平民）
共和政期のローマ市民の多数。後に平民の中でも資力をつける者が現れ，そのうちの上層は貴族の一部と結合しノービリタースと呼ばれる新興貴族層となった。

古代世界はローマにより統一されることになるが，このローマは，もとは一つの小さな都市国家にすぎなかった。後世に大きな影響を与えることになるローマ法も，もとは一都市国家の内部でのみ通用する法であった。ローマ法の起点と称される十二表法が制定されたのも，ローマがこうした段階にとどまっている前5世紀半ばのことであった。もともと**王政**[▶1]をとっていたローマが王を追い出し，共和政を開始したのが紀元前509年のことである。十二表法の制定はそこからおおよそ50年後のこと，まだ共和政の揺籃期のことである。

1 十二表法の制定

なぜ十二表法は，この時期につくられたのであろうか。この点を考えるにあたって，共和政という新たな政治体制の揺籃期に十二表法がつくられたという事実が非常に重要である。

ローマには，もともと**パトリキ（貴族）**[▶2]と**プレブス（平民）**[▶3]という2つの身分があった。その起源はよくわからない。一説には，ロムルスとレムスとともにローマを建国した一群の人々がパトリキの祖であるとされるが，真実は歴史の闇の中にある。しかし，早い段階からローマに住み，先祖代々の土地を継承してきている人々がパトリキとなり，後にこの地に移住し，土地をもたず商工業に従事する人々がプレブスとなったということはありそうな推測である。ローマの政治権力は，このパトリキが担っていた。もともとはローマの市民権はパトリキのみが有していたという見方もあるほどである。

紀元前509年，王が追放され，以後，王が選ばれることはなくなった。これ以降，王にかわって，コンスルなどの政務官が1年任期で国政にあたることになった。その政務官たちのバックには，パトリキから選出され国政にあたった有力な家門の家長たちの集まりである元老院があり，ローマという都市国家の意思決定はこの元老院が担った。つまり，王の追放は，パトリキによる寡頭制の開始を意味したのである。

図1　聖山事件（B. Barioccini, 1849）

出典：Wikimedia Commons.

この状況に，当時，経済的力をつけてきたプレブスも黙ってはいなかった。ローマが近隣の都市国家と戦争するに際しては，プレブスもまた**軍務への協力**[▶4]を求められており，それに見合う政治的権利を彼らは要求したのである。時にプレブスは，郊外の丘に立てこもり（聖山事件），自らに政治的権利を要求した。この要求に応える形で，プレブスを代表する**護民官**◁5職の設置，そして**平民会**◁6の設置をパトリキに認めさせた。こうしたこととあわせ，プレブスは，パトリキが独占していた法知識の可視化を求め，その要求に応える形で，前451年から翌年にかけ十二表法が制定されることになった。

2 十二表法の内容

十二表法は，制定された後，12枚の銅板に刻印され，ローマ市の中央広場に掲示されたと伝えられている。しかし，この銅板は前387年のガリア人のローマ市侵攻で失われ，その一断片といえども今日に伝わってきてはいない。とはいえ，キケロをはじめとする古代の著作の中に，十二表法の条文への言及が散発的に存在しており，それを総合することで，下記のような内容をもつものであったことが明らかになっている。

十二表法の概要は次の通りである。（Ⅰ表）法廷召喚手続，（Ⅱ表）訴訟手続，（Ⅲ表）債務等執行手続，（Ⅳ・Ⅴ表）家族・家長権・相続・遺贈・後見，（Ⅵ・Ⅶ表）財産法，（Ⅷ・Ⅸ表）不法行為法，（Ⅹ表）宗教法，（Ⅺ・Ⅻ表）追加規定。

それでは，十二表法の規定をいくつかみていくことにしよう。まず，この法典は，パトリキとプレブスの対立の所産であることから，両者の利益を調整するという性格も有している。

プレブスの中には，パトリキから借財をし，これを返済できずに奴隷身分に落ちる者もいた。こうした**債務奴隷**◁7の発生それ自体は十二表法で否定されてはいない。Ⅲ表の5には，債務者が債務を支払わないならば，最終的には，市民身分喪失，あるいは外国への売却，すなわち奴隷として売られることが規定されている。また，Ⅲ表の6には，債権者が複数いる場合には，債権者たちは，債務者の身体を切断してよいと定めている。このような苛酷さを十二表法は確かに維持している。しかし，十二表法によりそこにいたるプロセスが明確化された。まず，裁判で債務の存在が確定したとしても，債権者が債務者の身柄をおさえるまで30日の猶予が設けられた（Ⅲ表の1）。この期間は，債務者に代わって債務の支払を引きうけてもらう人を探すための猶予期間である。誰も援助しない場合に初めて，債務者は鎖につながれることになるが，ここでも猶予期間が設けられる。すなわち，鎖につながれた後，さらに60日の猶予が与えられ，この間，債務者を拘束している者は，毎日1リーブラの小麦を与えることが義務づけられる（Ⅲ表の4）。この二度目の猶予期間を経過して初めて，債務者の奴隷化が許されることになる。

しかし，一方，パトリキの要求がそのまま規定されている例もある。Ⅺ表の1は，パトリキとプレブスの婚姻を明文でもって禁止した。ただ，この規定は，わずか数年後の前445年にはカヌレイウス法により廃止された。（森　光）

▷4　**軍務への協力**
この時代の軍隊は市民によって構成されていた。市民たちはそれぞれ自分の費用で武器や軍馬を準備した。

▷5　**護民官**
平民会で選出される平民の代表者である。不当な権力行使から平民を守るため，コンスルや元老院に対し拒否権を発動することができた。

▷6　**平民会**
プレブスのみによって構成される集会である。平民会の議決は，当初は，平民の間でのみ通用するものとされていたが，前287年のホルテンシウス法により，市民全体に通用する法律としての効力を有することとなった。

▷7　**債務奴隷**
古代の多くのポリスにおいて，債務を返済できない市民が奴隷として外国に売られることが認められていた。しかし，徐々にこうした形の奴隷化は否定されていくことになる。

読書案内
古い時代のローマについては，大部で通読には骨が折れるかもしれないが，やはり，テオドール・モムゼン（長谷川博隆訳）『ローマの歴史Ⅰ　ローマの成立』（名古屋大学出版会，2005年）がおすすめである。

1　古代世界とローマ法の発展

5　訴訟制度史（法律訴訟，方式書訴訟，職権手続）

図1　ロムルスとレムスの像

王家の双子は川に流され雌狼が育てた。兄ロムルスはローマの名祖である。

▶1　**共和政**
市民権者による民会，民会選挙による政務官，政務官出身者による元老院という３要素から成る。かつて王が有した決定権は「命令権」と呼ばれ，民会で任期を限って付与される。選挙による民主政的要素，政務官の王政的要素，元老院の寡頭政的要素が組み合わされており，混合政体とも評される。

▶2　Ⅰ-1-4 参照。

▶3　**属　州**
本土であるイタリア半島から区別される地。当初は現役政務官が分掌して管轄したが，やがてコンスルに付与された「命令権」の年限を延長する形で，属州総督（プロコンスル）が派遣されるなど，共和政の枠外に置かれた。この点で，すでに都市国家が実質を失い，大領土を欲する「帝国」に変質したことを物語る。また，アウグストゥスが単独支配を確立する過程でも，政務官の任期から切り離された延長方式による命令権保持が重要な役割を果たした。

共和政ローマでは，最高公職者である執政官（コンスル）が選挙され，民会決議が法となった。政治参加は市民権者に限られ，支配した都市の待遇に差が設けられた（分割統治）。やがて海外貿易を担う騎士が商人・資本家として活躍し，農民が没落すると，軍隊は私兵を将軍が束ねるものとなり，市民権なき同盟市は戦勝の利益を与えられず反乱した。市民のみに適用された民会立法に対し，民族を問わない万民法が登場するに伴い，訴訟制度も変容した。

1　訴訟制度の展開

ローマは，伝説ではトロイアから来た末裔が建設したとされ，都市国家（ポリス）として民会をもち，やがて**共和政**[1]に移行した。前５世紀に成文法として制定された十二表法[2]では，市民が相手を法廷に召喚する手続が定められるなど，訴訟制度が整備された。これは，法の制定に関与した市民権者自身を対象とする「市民法」の伝統に従っており，民会制定法に基づく「法律訴訟」と呼ばれた。

これに対し，シチリアなど海外領土を**属州**[3]として統治するにいたると，市民権をもたない諸都市の民とも交易が活発化する。市民と非市民との紛争を法的に解決するには，市民法に依拠しない裁判手続が必要となる。そこで，市民係法務官の傍らに外人係法務官が設置され，非市民を当事者とする訴訟を管轄する。このとき，法務官は訴訟要件を審査する前段のみを担当し，事実認定とこれに基づく実体判決を下す後段が分離する。後段を担当する審判人は，名簿から名望家が選任されるが，認定すべき事実を記した方式書を法務官から託される。こうして，非市民を対象に含みうる「方式書訴訟」が導入された。

領土拡大を続けるローマでは，中小農民は従軍により疲弊し窮乏化した。その土地を買い取った富裕層による大土地所有により格差は拡大したため，グラックス兄弟の改革以降，内乱の１世紀が続く。これを終結させたアウグストゥスは，自らが給与を支払う官吏に命じて，二段階に分かれない新たな裁判を導入し，従来にない法的保護を与えた。やがて，帝位の後継紛争から軍人皇帝の時代を経て，権威的な専制君主政が敷かれると，当事者の意向よりも裁判官が主導的役割を果たす皇帝裁判所が旧来の方式書訴訟を駆逐し，「職権手続」と呼ばれた。

2　訴訟制度と国制の変遷

王政を打破した共和革命は，任期１年の執政官を民会選挙で任命し，軍民両面の最高官とした。当初は貴族が政治を独占したが，聖山事件など身分闘争を経て平民も参政権を獲得し，成文の十二表法が制定される。これにより，貴賤を問わず裁判にアクセスする方法が明示された。しかし，法律訴訟の名の通り，紛争処理の基準となるのは民会決議である法律であり，投票単位でもある百人隊を多く束ねる貴族が優位に立った。

平民の有力者は新貴族（ノビレス）と呼ばれ，寡頭支配体制が続いた。指導者は戦勝により市場の拡大を目指し，やがてイタリア半島を越えて地中海に進出した。ローマの帝国主義と呼ばれる時代を背景に，支配地域に市民を植民させたり，投票権なき市民権を付与したりと，諸都市がヨコのつながりを欠き，ローマとの条約で垂直的な関係を維持するようにした。他方で，ローマは諸都市の統治機構を温存し，地方貴族による交易を保護することで，共存共栄を図った。属州では搾取が目立ったとされるが，ローマで開催される民会に出席するはずもない属州民にとって，都市国家の共和政は自己に無縁な世界であり，ローマ市民権を熱望するわけでもない。ただ，所領での農業生産と商業活動が確保されるならば，戦禍に巻き込まれるよりはローマ支配下でも構わないであろう。これを実現するには，各地の**商慣習**[◁4]を考慮し，市民権の有無に左右されず，民会立法以外の法源が認められる必要がある。これは万民法と呼ばれ，非市民にも，非市民と交易する市民にも歓迎された。そうして，市民法に限らない法を適用する裁判として，方式書訴訟が現れ，**信義誠実の原則**[◁5]が登場する。

ローマにとって先進文明地域であるギリシア世界でも，固有の商慣習を維持しつつ，ローマ支配と方式書訴訟とが行われた。しかし貧富の差は拡大し，利潤を求める拡張主義は常にフロンティアを必要とする。ガリアやメソポタミア，エジプトへも覇を拡大したローマでは，もはや集団指導体制では機動的な帝国経営が果たせないことから，単独支配が渇望され，アウグストゥスが「元首」を名乗るにいたった。共和政の仮面を尊重することで，激変を緩和し，元老院派にも配慮したのである。と同時に，親族相続法など，誠意に基づく任意履行を前提にした制度に対し，新たに軍事的強制力を伴う皇帝裁判所が並置された。内乱で失われた支配層を再興させる彼の意図は，版図の拡大により各地との混交を経て，経済的繁栄をもたらす。市民権が属州民や解放奴隷にも付与され，元老院にも属州出身議員が増加する。皇帝官僚を通じて階層的支配が強化され，共和政の実質は失われた。こうして，強制力を伴う皇帝裁判所は住民が歓迎するものとなり，法律訴訟や方式書訴訟は不使用に帰した。

しかし，戦禍や疫病から皇帝が乱立し３世紀の危機を迎えると，専制的支配が必要となった。裁判官は皇帝の定めた職務を忠実に実現するよう求められ，裁量を失った。こうして，訴訟制度は職権手続にいたった。かつての創造的法形成や動態は失われたが，代わりに法的安定性が重視されたといえる。

（佐々木　健）

▷4　商慣習
地中海を商圏としたローマ人は，南イタリアのギリシア系諸都市（マグナ・グラエキア），アフリカやイベリアのギリシア・フェニキア系諸都市とも交易を活発化させた。円滑な取引のため，非ラテン的な各地の商慣習を尊重した。裁判で基準となる法源として商慣習を認める点は，現代にも引き継がれている。

▷5　信義誠実の原則
都市国家体制は，市民自身による支配を意味する。暴力による強制ではなく，言語を交わし合意にいたる。こうして得られた結論は，任意に履行される。本旨に従った履行とは何か，人々は信義に基づき誠実に判断し，実現に向けて懸命に動く。こうして，法律という民会決議に参画した市民にとっての自己拘束力との相似形が，契約当事者にも妥当する。しかも，もはや当事者は市民に限られない。ヘレニズム期のコスモポリタン思想も後押しし，非市民もローマの裁判を利用するにいたった。民事法の原理として今も生きる。

読書案内
ローマの訴訟制度を学ぶには，U・マンテ（田中実・瀧澤栄治訳）『ローマ法の歴史』（ミネルヴァ書房，2008年）が有益である。古拙時代の儀式的訴訟がエトルリア文明に由来する点や，皇帝による裁判所改革にいたる展開を跡づけている。また，J・ブライケン（村上淳一・石井紫郎訳）『ローマの共和政』（山川出版社，1978年）は，年代的展開とともに，体系的な理解を助ける。

1　古代世界とローマ法の発展

6 地中海世界の貿易と法

ギリシアやローマの栄枯盛衰の舞台となった地中海世界は，その名の示す通り，地中海をぐるりと囲む世界である。大型の船が地中海を航行し，人や物資が盛んに行き交った。この海上交通やそこで行われる海上交易を支配した国こそが覇権国家となった。そうした国に，ギリシアのアテナイ，北アフリカの**カルタゴ**[1]があり，最終的にこの地中海世界全体を支配下に収めたのがローマであった。

1 ローマの覇権の成立と裁判制度の整備

地中海全体がローマの支配下に入ったことにより，地中海沿岸域にローマに敵対する勢力がなくなったため，またこれに伴い海賊の取締を効率よく行うことが可能となったため，海上交通の安全性は飛躍的に増大した。また，平和で安定した時代の中，港湾等のインフラも整備されていく。しかし，ローマ帝国の支配の確立が海上交易にもった意味はこれだけではない。商業活動が継続的に安定した形で行われるためには，商人間で生じた紛争を適切に解決する仕組みが整っていることが必要となるが，こうした仕組みを提供したのもローマであった。

元来，地中海世界の各ポリスの法は，その内部，つまりそのポリスの市民たちの間でのみ通用したものにすぎなかった。各ポリスの裁判所は，その市民と市民との間で生じた紛争の解決にしか関心を示さなかった。ところで，海上交易は，地中海を股にかけて行われるものであり，さまざまなポリス出身の商人たちがこれに関わるものであり，こうした商人たちの間の紛争を解決できる裁判所はどのポリスにもなかった。しかし，ローマの覇権の確立によりこうした状況に変化が生じる。

ローマでは，第１次ポエニ戦争が終結した後，外人が絡む紛争を管轄するため外人係法務官[2]職が設置された。この法務官の下で，ローマ市民ではない者が原告または被告となる裁判も進められ，その中で，市民の間でのみ通用した従来の市民法とは異なる新たな法が発達することになる。こうして形成された法は，後に，万民法[3]と呼ばれることになる。

2 海上交易に関わる法の発展

続いて，このようにして発展していった法制度をみていくことにしよう。

▶1　**カルタゴ**
現在のチュニジアにあった古代の都市。フェニキア人の植民都市として成立し，西地中海を支配した。３次にわたるローマとの戦い（ポエニ戦争）に敗北し，徹底的に破壊された。

▶2　Ⅰ-1-10 ▶3参照。

▶3　Ⅰ-1-1 ▶7参照。

▶4　**アンフォラ**
アンフォラとは素焼きの容器であり，ワインの他，油やガルム（調味料）等を運搬する際に用いられた。船での運搬に適した形状となっている。

図1　アンフォラ
出典：Wikimedia Commons.

地中海世界における海上交易の主要な物産の一つにワインがあった。ブドウから醸造されたワインは，**アンフォラ**[▶4]と呼ばれる土器に入れられ，高品質なものは船で遠くまで運ばれていった。ワインという商品は繊細であり，酸化やカビにより売り物とならなくなるリスクがある。売買契約時に試飲した際には問題なかったが，引き渡し時に確認したらすっぱくなっていて飲めたものではないということもめずらしいことではない。こうしたとき，買主としては，代金の支払を拒絶できるのだろうか。あるいは支払済の代金を取り返せるのであろうか。買主が代金を支払わなくてもよいということであれば，ワインが酸化したという損失は売主が負っていることになる。これに対し，代金をそれでも支払わねばならないのであれば，買主が損失を負担していることになる。ローマ法では，こうした問題は，まずは当事者の合意，つまり契約締結時の取決によるべきものとされた。しかし，それがなかったらどうなるのだろうか。このときには，ローマ法では，契約が締結された後，目的物が特定するにいたっていれば，買主が損失を負担すべきものとなっていた。こうした形でルールが明確化されていたため，ワイン売買に関わる人々は，契約にあたりどう行動すればよいかがはっきりしていた。契約にあたって，買主がこうした損失を負担するリスクを負いたくないと考えるならば，売主と交渉し，例えば引渡時まで売主がリスクを負うべきと主張するだろう。売主はそれを拒絶するかもしれないし，あるいはリスクを引き受ける見返りとして代金の上乗せを求めるかもしれない。買主としてそれが受け入れられなければ交渉は決裂ということになる。交渉がどういう結果になるにせよ，交渉のスタート地点が明確であることは安定した取引をする基盤といってよい。

リスクつながりで別の例を紹介することにしよう。海上交通は，いくら平和な時代であっても，**遭難**[▶5]等のリスクにあふれている。商品を満載した船が沈没するならば，荷主は大損害を負う。この損失を他人に転嫁するための仕組みが古代にも存在した。それは海上消費貸借という特殊な貸借制度である。事業のため通常の消費貸借でお金を借りた場合，仮に事業に失敗したとしても，借りたお金は返さなければならない。ところが海上消費貸借という形でお金を借りた場合，船が難破するならば，借金の返済を免れることができた。もちろんその見返りとして，この貸借にあっては，利息制限（通例は12%）を超える高利を設定することができた。こうした貸借制度は，元来はギリシア世界に存在したものであったが，それをローマ人が継承し，さらに精緻な制度へと組み立てた。この海上消費貸借制度は，古代地中海世界のみならず，中世に入ってもこの海域で用いられ続けたが，カトリック教会が利息を禁止することにより変容を余儀なくされ，現代の保険制度に通じる制度へと変質することになる。

（森　光）

▶5　遭　難
地中海からは，古代の難破船が多数発見されている。中でも有名なものは，フランスのマルセイユ近郊のマドラグ・ド・ジャン（Madrague du Giens）で見つかった船である。積荷の分析から，紀元前75年から60年に沈没したことが判明している。この船には，ローマの南の方で製造されたワインが積載されていた。

読書案内
地中海を中心においた形で古代史を叙述したものとして，フェルナン・ブローデル（尾河直哉訳）『地中海の記憶――先史時代と古代』（藤原書店，2008年）がおすすめである。古代の船については，ジャン・ルージュ（酒井傳六訳）『古代の船と航海』（法政大学出版局，1982年）がある。カルタゴに焦点をあてた，栗田伸子・佐藤育子『興亡の世界史――通商国家カルタゴ』（講談社学術文庫，2016年）も，古代地中海世界の海上交易を学ぶにはおすすめである。

1　古代世界とローマ法の発展

7 奴隷制

図1 剣 奴

剣闘士競技の一場面。多くの奴隷が剣奴として戦わされた。

出典：Thomas Zühmer；Autoren, Sabine Faust [and others]；Redaktion, Jürgen Merren, Fundstücke：von der Urgeschichte bis zur Neuzeit / fotografie, Sanja Groß. Schriftenreihe des Rheinischen Landesmuseums Trier Nr. 36, Trier：Rheinischen Landesmuseums Trier；Stuttgart：Konrad Theiss Verlag GmbH, 2009.

ギリシア・ローマ世界では奴隷制が発達した。これらの社会では自由人と奴隷とが区別され両者の身分差は大きく，奴隷は人格を認められなかった。また奴隷は自由人の財産であり売買の対象にもなった。このような奴隷の供給源は借財によって自由人身分から転落した人々や戦争捕虜，海外から輸入される異民族などであった。

1 ローマにおける多様な奴隷のあり方

ギリシアのアテナイでは奴隷の数は総人口の３分の１にものぼり，家内奴隷・農業奴隷として用いられた他，手工業や銀山の採掘などにも多数従事させられた。ローマではよりいっそう奴隷制が発達し，イタリア半島や地中海周辺地域に支配を拡げる中で多くの属州[1]や戦争捕虜を獲得し，これら戦争捕虜の多くが奴隷とされた。とくに元老院議員や騎士階層といった上層にある人たちは，征服戦争でローマのものとなった公有地を手に入れ，これらの奴隷を用いて**大土地所有制**[2]により大規模な農業経営を行った。

奴隷は一般に「人」として認められず，古代ギリシアでは「一種の生きた財産」や「生きた道具」とされ，「生命なき奴隷」たる道具と対比された。またローマでは「道具」が３つに分けられ，本来の道具は「ものいわぬ道具」，家畜は「なかばものいう道具」，奴隷は「ものいう道具」とされた。またローマ法上，奴隷は所有の客体となる「物」であり，奴隷身分は「自然に反して一人の人間が他人の所有権のもとに隷従する**万民法**[3]上の規定」（「学説彙纂」第１巻第５章第４法文第１節）とされた。

奴隷のあり方については，奴隷を所有する主体が何であり，どのように働かされているかによりさまざまな形態をとる。例えば主体が共同体であれば客体は公共奴隷，国家であれば国有奴隷，皇帝であれば皇帝奴隷である。とくに帝政期ローマにおいて，皇帝奴隷は解放されて被解放自由人となった後も，皇帝官吏として重要な役割を果たし，場合によっては騎士階層をはじめとした上層ローマ市民よりも発言力を有していたとされる。また奴隷制のあり方としては氏族制的共同体から発展した家父長制的奴隷制，奴隷が家族とは差別されながらも家の一部に生活する家内奴隷制，もっぱら生産労働のために集められ，手工業製作所や大農場で働かされるような労働奴隷制がある。

奴隷というと一般的には重労働などで酷使される奴隷をイメージしやすい

▶1　Ⅰ-1-5 ▶3参照。

▶2　**大土地所有制**
膨大な戦争捕虜が奴隷として安価な労働力を提供するようになると，富裕者は没落した市民の土地を買い集め，奴隷を大規模に使用することで商品作物を耕作する大農場を経営するようになった。このように所有された大土地をラティフンディア（latifundia）という。

▶3　**万民法**
共和政期の十二表法の制定以来，法学者たちを中心とが，確かに先に挙げた労働奴隷制で過酷な労働を強いられた者がいた一方，ローマではギリシア人奴隷のように教育や医術といった知的労働に従事する者もいた。このように主人から一方的に搾取される奴隷がいた一方で，家内奴隷制のように家族生活に深く関わり主人との関係性を築いていた奴隷がいたことに注意を要する。このような奴隷は後に解放され，自由人となることもあった。また主人は遺言の中である奴隷を解放し，その奴隷に自分の遺産を相続させることもできた。元の相続人の期待権もあるため，このような遺言には一定の制限をかける法律[4]も制定されたが，主人と奴隷の関係は，奴隷の一方的な服従関係にあるわけではない。また奴隷は重要な財産でもあるため，他人の奴隷を殺害したり傷害を負わせたりした場合には，不法損害による賠償責任を負わせた法律[5]も存在した。

2 奴隷の発生原因

このような奴隷はどのようにして生まれるのか。ローマ法上，奴隷の発生は市民法上の発生原因と万民法上のそれとに分かれる。市民法上の発生原因はいくつかあるが，不法行為に対する処罰として自由人が奴隷とされたり，ある元老院議決[6]によれば，所有者の意思に反して男奴隷と自由人女性が付き合うことで，その自由人女性が奴隷とされたりしたこともあった。万民法上の発生原因は，自由人が戦争捕虜として捕らえられたりすることや，奴隷である母親から生来の奴隷として生まれることである。また自由人が，自身が本来自由人であることを知らず，奴隷として生きることもあった。このような場合，本人の代訴人が所有者に対して自由身分を取り戻す訴えを起こした。

3 奴隷はヒトかモノか

奴隷のあり方は多様であったが，はたして奴隷はヒトであったのか，それともモノであったのか。奴隷は私的所有の対象として権利をもたず，権利の客体として重要な財産であった。結果として既述のように奴隷を殺害したり損傷させた場合における不法損害賠償責任を定めた法律ができたり，あるいは相続において奴隷の帰属をめぐる争いが起きたわけであるが，これらは奴隷のモノとしての側面を表しているといえよう。しかしながらあくまで権利主体は主人であるが，奴隷に一定の財産を与えその活動に法律行為の効果を認め，社会において権利主体類似の状態での活動も許されていた。これは特有財産と呼ばれるものであるが，ローマ社会における経済活動上，非常に重要な制度であった。奴隷の商業活動を通じて，主人は大きな利益を上げていたのである。このような事情を勘案すれば，西洋古代世界において単純にモノとして奴隷を括り切れないことは明らかであろう。

（塚原義央）

して練り上げられたローマ市民にのみ適用される市民法とは別に，ローマのイタリア半島および地中海支配に伴い外国人との交易が増えた結果，市民法を軸に新たに創出された法。I-1-1 ▶7 参照。

▶4　ファルキディウス法（lex Falcidia）。前40年に制定され，相続人が少なくとも相続財産の4分の1を取得すべきことを規定した。

▶5　アクィリウス法（lex Aquilia）。前286年頃に制定され，奴隷および家畜を殺害した場合，およびこれらを傷つけた場合について制裁を規定した。これにより財産に対する不法損害の制裁方法が発達した。

▶6　クラウディウス元老院議決（senatus consultum Claudianum）。後54年に決議された。元老院議決とは共和政期以来の伝統的なローマの国家機関の一つである元老院が，会議の場で定めたもの。ローマにおける法源の一つ。

読書案内

西洋古代世界における奴隷制を知ることができる文献として，太田秀通『奴隷と隷属農民〔増補版〕』（青木書店，1988年）がある。

1　古代世界とローマ法の発展

8　ローマ法の担い手：法学者

図1　ユリアヌス

イタリア最高裁正面のファザードに法を象徴する人物の一人としてユリアヌスの像がある。ユリアヌスはローマ法学の古典期を代表する法学者であるが，五賢帝の一人であるハドリアヌス帝の命により，「永久告示録」を編纂した。Ⅰ-1-10 参照。

出典：A・J・シレット／M・ニコルズ監修『古代ローマ帝国大図鑑』河出書房新社，2024年，297頁

古代ローマが遺した大きな文化遺産の一つとしてローマ法が挙げられる。このようなローマの法制度を築いた主体は一体誰であったのだろうか。現代日本では法創造の主たる担い手は裁判所や国会であるが，ローマでは法学者と呼ばれる人々がその役割を担っていた。

1　古代ローマの法学者

司法をはじめ国家機能，とくに現代でいう行政にあたる部分を担っていたのは基本的に**公職者（政務官）**[1]と呼ばれる人々であるが，政務官に就任する人々は，法学者自身が就任する場合を除いて，基本的に法については素人であった。そこでこのような政務官を補助するブレーンとして活躍したのが，いわゆる法学者と呼ばれる人々である。このような法学者たちは，ブレーンとして政務官を補助するのみならず，法律文書を作成したり訴訟提起に必要な手続を補助したりして，一般市民を対象に現代の法律相談に近いことも行っていた。

共和政初期において法知識を独占していたのは，占いなど祭事を司る神官団と呼ばれる人々であった。神官になれるのは貴族（パトリキ）[2]をはじめとする上層の人々であったので，必然的に法知識は貴族によって独占されるようになる。このように神官団とパトリキが独占していた法知識は，前450年制定の十二表法を皮切りに徐々に広く平民（プレブス）[3]にも開示されていった。そして神官団とは別に，法学識を有する世俗的法学者が出現するようになる。

このような法学者のあり方は，帝政期に入ると皇帝による解答権付与やプロクルス派およびサビヌス派による二大法学派[4]の創設によって転機を迎えた。法学者たちは，皇帝顧問会にも参画するようになり，より本格的に国家権力の中に組み込まれていった。五賢帝の一人であるハドリアヌス帝は，プロクルス派の学頭であったケルスス，およびサビヌス派の学頭であったユリアヌスを**皇帝顧問会**[5]に加え，それまで無給であったところ俸給を付すように改めたという。このように皇帝のブレーンとして活躍するようになった法学者たちは，皇帝権力を後ろ盾に法学をさらに発展させていった。この時期は，法学がもっとも栄えた時期と理解されていることから，**古典期**[6]と呼ばれる。

紀元後2世紀の初めにハドリアヌス帝はいくつかの重要な改革をした。それは法の専門家でもない元老院議員の決定が裁判官を拘束するのではなく，法の専門家である法学者の意見が一致する場合にはそれを優先するというものであ

▶1　**公職者（政務官）**
コンスルを頂点とする共和政期以来のローマの国家機関。元老院，民会とともに共和政期ローマの軍事，行政，司法といったあらゆる統治機能を担った。とくに司法を司るものとしてプラエトル（法務官）がある。

▶2　Ⅰ-1-4 ▶2参照。

▶3　Ⅰ-1-4 ▶3参照。

▶4　帝政期ローマにあったと思われるプロクルス学派とサビヌス学派による対立。多くの高名な法学者がどちらかに属し，両学派の議論が法学を発展させた。

▶5　**皇帝顧問会**
帝政期に皇帝を補佐した諮

る。またハドリアヌスは帝国行政の要職に騎士階層を俸給支給のうえで就任させ，このような階層にも近衛長官をはじめとした高位の要職に就くことを可能にした。

2 法学者たちの教育・著作活動

このような法学者たちは一体どのように養成され，またどのように自分たちの知的遺産を後代に継いだのであろうか。養成過程については現代のような大学をはじめとする法曹養成機関があるのではなく，共和政期の時代から極めて閉鎖的なサークルや個人的なつながりで法学の教授が行われていたと思われる。結果として共和政期から帝政初期までは，法学者の数は少数であった。しかしハドリアヌス帝の改革以降は，帝国の司法や行政を担う人材の需要が増し，組織化した法学教育の重要性が出てきた。古典期の法学著作として唯一包括的に伝わる古典期の法学テキストである**ガイウス**[7]の**『法学提要』**[8]は，このような組織化された法学校で教授されるために執筆されたものと考えられる。またこのような養成過程とも関連する法学者たちの著作活動についていえるのは，極めてカズイスティック，すなわち個別事例に即した問題を取り上げ，それを解決するという形式をとることである。そのような原則に照らせば，現代のような体系的な記述に近い形式をとる法学提要といった著作形式は，むしろ例外に属するといえよう。

3 法学者たちの出自および社会的地位

このような法学者たちはどのような出自を有し，社会的にはどのような地位にあったのであろうか。ドイツのローマ法研究者であるクンケルは，ローマの法学者たちの出自や公職への就任経歴を調査した。それによればローマの法学者のほとんどは元老院階層や騎士階層といった上層に属し，コンスルや属州長官，近衛長官といった最上位の公職へ就任した者が大多数を占める。いわゆる社会的なエリートたちによって法学識は独占されていたのである。このような事実は上層にある人々にとって，法学が一種の身につけるべき素養の一つとして重要なものであったことを示している。他にも修辞学といった学問が重視されていたが，いずれにしろローマ社会の実質的な支配者として元老院階層をはじめとしたエリート層が，統治に必要な「術」の一つとして，法学や修辞学を学んでいた。古典期を代表する法学者であるケルススが，法を「善および衡平の術」と定義したのもそのような意味を含んだものと考えられる。

（塚原義央）

問機関。古い時代から家父をはじめとする長を補佐するものとして顧問会自体はあったと思われる。皇帝は法学者のみならず，他の分野も含めて帝国統治に必要な知識を有した者を同会に所属させた。

▶6 古典期
ローマにおいて法学の最盛期とされる時期で，帝政期とほぼ一致する。古典前期，古典盛期，古典後期と細分化されることもある。

▶7 ガイウス
古典期の法学者の一人。多くの法学者の著作はユスティニアヌス帝の「ローマ法大全」を通じて断片的に伝わるのみであるが，ガイウスの『法学提要』は古典期のものとしては唯一ほぼ包括的に伝わる著作である。

▶8 『法学提要』
古典期の著作形式の一つ。法学教育に使うために作成されたテクスト。ユスティニアヌス帝はガイウスの『法学提要』をモデルに自身の法学提要を編纂し，東ローマ帝国の法学教育に用いた。法学校ではとくに初年次に用いられた。

読書案内
ローマの法学者について深く知るための文献として，林智良『共和制末期ローマの法学者と社会――変容と胎動の世紀』（法律文化社，1997年），塚原義央『帝政期ローマの法学者――ケルススの分析を中心に』（早稲田大学出版会，2024年）がある。

1　古代世界とローマ法の発展

9 アウグストゥスと解答権

初代皇帝アウグストゥスは，単独支配ながら共和政を尊重する元首政を開始した。軍事指揮権や**護民官職権**[▷1]をもち，属州からの税収を手にすると，元老院の第一人者（プリンケプス）として振舞った。

1 アウグストゥスの権力基盤

共和政後期，公有地占有などで大土地経営をする富裕層に対し，従軍によって荒廃した農地を手放す中小農民は没落し，都市ローマに流入した。選挙で支持者を得たい政治家は，穀物供給や競技など見世物を施して民衆を取り込もうとし，伝統的な元老院派と対立した。占有地の没収を提案したグラックス兄弟の改革は頓挫し，戦地がイタリアから離れるにつれ，将軍が下層民を私兵として雇うようになった。こうして内乱を収める強大な権力者が待望されたが，それは同時に，共和政の参政権が有名無実化したことを意味する。

三頭政治で独裁を強めたカエサルが暗殺されると，その養子であるオクタウィアヌス（後のアウグストゥス）は，エジプト併合により平和と安定をもたらした。非常大権を返還するとしつつ，軍司令官とともにさまざまな職権を毎年付与される形で帝政が成立する。制度的権力基盤に加え，多くの称号など名誉を得て信仰の対象ともなり，帝位は後継者に相続された。

やがて3世紀には勅令により帝国全土の自由人にローマ市民権が付与されるが，それ以前から民会は機能不全に陥り，執政官は選挙によらず皇帝指名によるものとなった。中央や属州の官職は貴族が世襲的に担い，皇帝に仕える官僚とともに上流階層が形成される。皇帝の意を汲む新たな裁判所は，やがて職権の度合いを強めていった。伝統的な任意履行体制は，すでに共和政が危機を迎え同盟市戦争を経て帝政にいたる内乱の1世紀によりイタリア出自の政治階層が崩壊する中，維持できなくなった。そこで皇帝裁判所が民衆の歓迎するところとなり，皇帝はその権威を法学者にも帯びさせ，序列化が進んだ。

2 解答権と法学の隆興

アウグストゥスの元首政が，共和政の仮面をつけた単独支配であるのと同様に，皇帝が法学者に解答権を付与する制度も，元首はあくまで学説相互の多元性を保証する形をとり，積極的な介入（鶴の一声）を覆い隠した。民会選挙による政務官が裁判担当者でもある共和政では，方式書による**二段階訴訟**[▷2]が行わ

図1　プリマポルタのアウグストゥス

▷1　**護民官職権**
貴族と平民の妥協により，平民代表である護民官には身体不可侵が認められた。平民会召集権に加え，政務官の決定や元老院議決に対する拒否権も含まれる。革命的な聖山事件を契機とする急進性は，民衆の盾として機能した。そのため貴族家系のアウグストゥスは就任できず，属州総督への命令権延長方式と同様に，護民官から職権のみを取り出し，元老院議決により1年限りで付与された。毎年更新されることで，事実上の皇帝が誕生した。

▷2　**二段階訴訟**
提訴を受け，前段では裁判に値するかが審査される。現代には当事者適格や「訴えの利益」として伝わる選別は，ローマでは民会選挙による政務官が担当した。民主的に訴えが「却下」されるわけである。後段では，挙証責任が分配され，評価は審判人に委ねられる。根拠なしと判断されれば請求棄却にいたる実体審

れた。政務官は前段での訴訟要件審査のみ担当し，後段での事実認定と判決言渡のため名望家が審判人に選任される。これに対し皇帝裁判所では，事実認定と並行して同一の裁判体が要件具備も審査する。裁判体は皇帝に仕える官僚や**解放奴隷**[3]が担当し，訴訟の受理から判決まで一貫した審理が行われた。選挙という民主的手続を経ないこの新たな手続が人民から歓迎されるのは，安定と平和とを求めた結果としての皇帝崇拝によるのかもしれない。いずれにせよ，決定権を握るのは皇帝であった。またアウグストゥスは，私人が法学者に対し諮問した際に，権威ある答申を他から区別する制度を用意した。これは解答権と呼ばれ，皇帝が特定の法学者に権威を認めるものである。民会選挙による政務官は任期１年の定めによって多様性を体現していたが，皇帝配下の位階制による官僚裁判は硬直化しやすい。そこでアウグストゥスは，新たな訴訟手続にも法学者の諸見解を取り込もうとしたのである。

しかし，アウグストゥスの新体制に反対した法学者ラベオは，解答権自体にも否定的で，自身への付与も固辞したほどである。法学者は，旧来の二段階訴訟に関与する政務官や審判人から法的問題を付託されるだけでなく，契約締結や遺言書作成に際しても私人から問い合わせを受けていた（予防法学）のだが，解答権を付与された法学者に依頼が集中し，結果として皇帝による指名を根拠に序列化が進むと危惧したからである。ラベオの危惧は現実のものとなり，従来から民会立法の解釈や判決の形成に際し専門家として関与していた法学者は，法と判決を形成する担い手に変化した。民主的要素を重視した共和政の終焉に伴い失われるべき自由に配慮し，皇帝は裁判への不介入の構えをみせたわけである。こうして最高の裁判権を有する皇帝が官僚を通じ人民を支配し，皇帝の勅令も法源となった。やがて，階層的に序列化された法学者の中に，学派が形成される。主に師弟関係という養成過程を背景に，思想的立場の違いというよりは，現実に生起し解答を依頼される問題について妥当と考える結論が学派ごとに共有されたのであろう。こうして法学は隆盛を迎えた。後に引用法[4]と呼ばれる勅法においてその多数説に従うべきと定められた法学者たちの人選も，アウグストゥス期に遡る学派の伝統を意識したものだった。すなわち，解答権を付与され元首自身の権威を分与された先達の学説を踏まえつつ，同時に自らの時代と事案特性に合わせ，法律や政務官告示といった法源の文言を解釈し適用して，紛争に適切な解決をもたらすことが求められたのである。

（佐々木　健）

理である。

▶3　**解放奴隷**
古代地中海世界では例外的に，ローマの奴隷は主人の解放で市民権への途が開かれる。アウグストゥスがそうであったように，主人は子飼いの奴隷を潜在的な有権者にできた。資産運用としても，奴隷に出資して商売をさせれば，利益を確保できる。奴隷の側では，商才を発揮して財産を利殖し，自由身分を買い取る意欲が増す。非市民も奴隷身分も商取引に参加させる流動性（ダイナミクス）がローマ社会の特徴である。

▶4　I-2-2 参照。

読書案内
アウグストゥスの権力掌握過程を学ぶには，ピエール・グリマル（北野徹訳）『アウグストゥスの世紀』（白水社，2004年）が詳しい。時代背景として，政治だけでなく，文学や芸術とも関連づける。今や文献史料にとどまらず，考古学の知見も必要だと教えてくれる。経済史の観点では，M・ロストフツェフ（坂口明訳）『ローマ帝国社会経済史（上・下）』（東洋経済新報社，2001年）が，政治権力の動向を左右する都市と農村の社会構造を描く。

1　古代世界とローマ法の発展

10 ユリアヌスの「永久告示録」

図1　ハドリアヌス

五賢帝期の皇帝の一人。旅好きで多くの視察旅行をしたことで有名。

出典：エヴァリット（草皆伸子訳）『ハドリアヌス』白水社，2011年。

共和政期ローマにおいては，政務官と呼ばれる公職者が軍事，司法，行政といった統治機能を担った。執政官がその代表格であるが，主に司法を担当したのは法務官である。

1 ローマにおける告示

ローマ法が発達を遂げる中で，訴訟の審理者としての政務官，とくに法務官の活動によるところが大きかった。訴権が与えられるか否かは決定的な意味をもち，ローマ人にとっては個別の訴訟がいかなる訴権を認めているかが重大な関心事であった。この訴権の存否の認定が，法務官をはじめとした訴訟審理権を有する各種の政務官に委ねられていた。彼らはその職務に就く際，司法についてはその年の裁判方針などを発布するが，これを「告示」と呼ぶ。そのような記録は白塗りの板に赤の題字と黒の文字で記されたうえで広場に掲げられ帝政期にいたるまで集積されたため，後にこれを整理する必要が生じた。

共和政期の訴訟は法律訴訟[1]と方式書訴訟[2]とに分かれる。前者の特徴がその厳格な形式主義，および訴訟対象が法律によって規定されていることであるのに対して，後者のそれは裁判政務官がその訴訟審理権に基づき，法律に制限されることなくそれ以外の関係についても方式書の使用を承認し，判決を下す審判人に対しこのような方式書に従った審判をなすよう指示することが可能になったことである。方式書訴訟は当初，**外人係法務官**[3]を通じて外国人間の訴訟にのみ適用されていたが，前2世紀の**アエブティウス法**[4]によりローマ人間の訴訟にも適用されるようになり**市民係法務官**[5]も方式書を使用するようになると，ほとんどの訴訟が方式書を用いて行われるようになった。

告示は当初はローマ市民の集会において口頭で発せられ，フォルムその他公衆が集まる場所に掲示された。告示発布権は政務官に付与され，管轄内の行政事務につき市民または配下の官吏が準拠すべき種々の通達や命令，禁令を内容とするものであった。方式書の使用が通例になると法務官はその作成にあたり，極端な場合には市民法上は権利が存在すると考えられるにもかかわらず訴訟手続の設置を認定しない等，その裁量に基づいて新たな法を創出した。そして特定の法務官が採用した処置はその後の法務官も踏襲するようになり，次第に制度的に確立し，あらかじめ告示でいかなる要件のもとにいかなる裁決をなすべきかを規定するにいたる。このように各種の政務官の告示により形成され

▷1　Ⅰ-1-5 参照。

▷2　Ⅰ-1-5 参照。

▷3　**外人係法務官**

従来から存在したローマ市民間の紛争を担当する市民係法務官の傍ら，ローマの対外発展に伴い市民と外国人，または外国人同士の紛争を管轄するものとして前242年に創設された政務官職。

▷4　**アエブティウス法**

本来，外国人係政務官により外国人間の訴訟にのみ適用された方式書訴訟を，市民係法務官が管轄するローマ市民間の訴訟にも適用することを定めた法律。前17年には私的訴訟に関するユリウス法により，法律訴訟は廃止された。

▷5　**市民係法務官**

元来の意味での法務官。外国人係法務官の誕生により，それと区別するために「市民係」という形容詞が用いられた。

た規範体系は次第に法源としての機能を有するようになり，十二表法[6]を基礎とした法律に基づく市民法に対して名誉法と呼ばれるようになる。

帝政期に入り皇帝権力が出現するとこのような状況に変化が生じる。すなわち勅法をはじめとした新たな法源が出現し，皇帝による立法活動の統制が行われ実質的に政務官から奪われ，130年頃に永久告示録の編纂により決定的となる。すなわち永久告示録に規定された事項につき修正変更は許されず，規定されない事項については永久告示録の諸規定の目的および類似の規定により補充すべき旨を規定した。こうして政務官による法の発達は止んだが，古典期に置いては**ポンポニウス**[7]をはじめとした法学者たちにより，この告示録の註解書が著されることになる。

2 ユリアヌスによる「永久告示録」の編纂

このような告示を集成する事業は，五賢帝期の皇帝の一人であるハドリアヌス帝によってなされた。ハドリアヌス帝は司法についても多くの改革をなし，皇帝の諮問会議である皇帝顧問会に多くの法学者を参加させた。その中の一人に古典期を代表する法学者の一人であるユリアヌスがいたが，ハドリアヌス帝はこのユリアヌスにそれまで積み重ねられてきた告示の集成を命じた。この集成が「永久告示録」と呼ばれるものである。ユリアヌスは属州総督をはじめ高位の公職を歴任するなど，皇帝からも高い信頼を得ていたと推測される。また法学面では後代の法学者たちの模範とされ，ユスティニアヌス帝の「学説彙纂」編纂事業においては，彼の**法学大全**[8]がその構成のモデルとされた。

紀元後130年頃，ハドリアヌス帝の提案に基づいて元老院は，政務官の訴訟指揮は以降この告示録の規定する訴訟の方式に従って行うべき旨の決議をした。その結果，政務官の告示発布権は形式的には存続したが実質的には制限され，それ以降の政務官，とくに法務官の告示に基づく新たな法の創造に決定的な終止符が打たれることになった。

3 「永久告示録」の復元

しかしながらこの「永久告示録」の正文それ自体は直接的には伝わっておらず，法学者たちの告示への註解書等を通じてその内容を推測するにとどまる。ユリアヌスによる編集がどの程度まで及んでいるのかもわかっていない。この「永久告示録」の再構成作業は16世紀に始まるが，19世紀のドイツでなされた**レーネル**[9]によるものが代表的である。レーネルはこの他にも古典期法学者たちの著作の復元を試みたことでも有名であるが，「永久告示録」の復元については主としてガイウス，パウルス，ウルピアヌスの告示註解書に基づいてそれを試みている。

（塚原義央）

▶6 I-1-4 参照。

▶7 **ポンポニウス**
古典期法学者の一人で，ピウス帝の時代に活躍したと思われる。概して古典期の法学者が高位の公職に就き帝国統治に深く関与していたのに対し，ポンポニウスはガイウスとともに法学教育に傾注した人物と目されている。主著は『告示註解』をはじめ，ローマ法における唯一の法学史である『法学通論』も書いている。

▶8 **法学大全**
古典期法学著作の一代表形態。法学者の学説を通覧する形でテーマごとに集成されている。ユスティニアヌス帝の「学説彙纂」は，ユリアヌスの法学大全をモデルに作られた。

▶9 **レーネル**
19世紀に活躍した，ドイツのローマ法研究者。「永久告示録」の再構成の他，古典期法学者の著作を復元した「市民法の再生」は今日でも参照されている。1933年にナチスの人種政策の犠牲となった。

読書案内

ハドリアヌス帝とその時代については，シュヴァリエ／ポワニョ（北野徹訳）『ハドリアヌス帝——文人皇帝の生涯とその時代』（白水社，2010年）が概観を与えてくれる。レーネルが再構成した「永久告示録」の翻訳は，オットー・レーネル編（吉原達也訳）「『永久告示録』（上・下）」『法学紀要（日本大学）』56巻（2015年）1-39頁，57巻（2016年）1-40頁で読むことができる。

1　古代世界とローマ法の発展

11 ガイウスの『法学提要』

図1　ヴェローナ写本

出典：https://www.facsimilefinder.com/facsimiles/gai-codex-rescriptus-facsimile

堅固に舗装されたローマ街道，ローマ市に水を供給したクラウディウス水道，威容を誇る円形闘技場コロッセウムなどの遺跡は，現代にローマ人の土木建築技術の水準を伝えるものである。ローマ人の実践的な能力は，法学あるいは統治の技術においても発揮され，高度に発達したローマ法は模範として現代まで影響を与え続けている。

1 法学者ガイウスとは

アウグストゥスによる元首政の成立後，皇帝によって法学者に解答権[1]が与えられた。こうして国家権力と法学者との密接な協力関係の下，五賢帝の時代に，法学者の活動も活発となり，法学も隆盛時代を迎えた。多くの有名な法学者が活躍していた中に，解答権ももたず，素性もわからない法学者ガイウスが存在する。

ガイウスは，２世紀に活動したローマの法学者である。ガイウスは，現代のローマ法学にとって貴重な法史料である『法学提要』を著した。『法学提要』は，アントニウス・ピウス帝の呼び名の変化（前半では皇帝と呼ばれ，後半では皇帝死後の送り名である神皇と呼ばれている）から，アントニウス・ピウス帝が死亡した161年前後に完成した，と推測されている。ガイウスの『法学提要』から，古典期のローマ法のありよう，とくに，ローマの民事訴訟手続の知識を得ることができる。ガイウスは，『法学提要』の他に，『十二表法註解』，『市民係法務官告示註解』や『属州長官告示註解』などを著し，「学説彙纂[2]」では，ガイウスの著書として『法学通論』（『黄金書』〔後代の要約とされる〕）が引用されている。現代のローマ法学におけるガイウスの重要性にもかかわらず，ガイウスは，同時代の法学者によって，全く引用されることがなかった。さらに，ガイウスという個人名が伝わるのみで，その氏族名も家族名も，さらには，その素性も確実なことはわからない。ローマ市民であり，ローマで法学を修め，帝国の東半分の属州で法学教師をしていた，ともいわれるが，説得力のある証拠は存在しない。ガイウスとは，一体，何者だったのか？　謎は今も解決されていない。

2 『法学提要』とは

ガイウスの『法学提要』は，現代でいうところの「民事法入門」にあたる。

▶1　Ⅰ-1-9 参照。

▶2　Ⅰ-2-4 参照。

▶3　**「西ゴートのローマ法典（アラリック抄典）」**
506年にアラリック２世によって公布された。５世紀の西部の法学を知るための貴重な史料である。Ⅰ-2-6 参照。

▶4　**ニーブール**
19世紀のドイツの古代ローマ史を専門とする歴史家。近代歴史学の父とされる。

▶5　Ⅳ-7-6 Ⅳ-7-7 参照。

▶6　**『法学提要』の三分法**
「インスティトゥティオネス方式」の源である。ボワソナードが起草した日本の旧民法やフランス民法がこの体系に従う。

『法学提要』は，19世紀初頭までは，「学説彙纂」および「**西ゴートのローマ法典**[3]」を通じて，その断片が伝えられていたが，1816年にローマ史家**ニーブール**[4]が北イタリアのヴェローナの寺院付属図書館で羊皮紙に書かれた『法学提要』の写本（ヴェローナ写本）を再発見し，サヴィニー[5]がそれをオリジナル・テクストと認めて，ほぼ全容が明らかになった。『法学提要』が広く用いられたことは，ユスティニアヌス帝の「法学提要」のモデルとなったことからわかるだけではなく，各地で，羊皮紙またはパピルスに書かれた写本の断片が発見されることからも推測される。1898年にはフランスのオータンで抄録の断片が発見され，エジプトでも２回にわたって写本の断片が発見された。

『法学提要』は４巻からなる。１巻は，「人」の法，２巻と３巻が「物」の法，４巻が「訴権」の法を扱っている。ガイウスが採用した「人」「物」「訴権」の**三分法**[6]は，ガイウスによる発明ではなく，何らかの手本があったと考えられているが，それが何であったかのはわかっていない。

人の法では，当時のローマ社会を反映して，家族における権力関係のルールなどが取り扱われた。物の法では，物の個別取得として，所有権の譲渡の方式である**握取行為**[7]や**法廷譲渡**[8]などが説明され，物の包括取得では，相続のルールが論じられた。物の法に含まれた債権関係とその分類では，物による契約（要物契約。消費貸借が挙げられる），言語による契約（言語契約。一定の問いと答えによる**問答契約**[9]），文書による契約（文書契約），そして，合意による契約（諾成契約。売買，**賃約**[10]，組合，委任）が取り上げられ，最後に不法行為から生じる債権債務関係が論じられた。訴権の法では，ローマにおける民事訴訟手続が説明された。

『法学提要』の強みは，その叙述のわかりやすさ，教育的な配慮をもった説明方法，考え抜かれた体系性にあった。さらに，ガイウスは，随所に簡単な歴史的説明も加えている。このような強みから，『法学提要』はその完成直後から各地の法学校で参照された。ガイウスは，426年に公布された「引用法[11]」でも参照すべき法学者の一人として挙げられており，ユスティニアヌス帝の「法学提要」では，「わがガイウス」として尊重されて，その法文の多くが「学説彙纂」に引用された。ガイウスに由来する法文は「学説彙纂」全体の約30分の１を占める。

3 『法学提要』と現代

ヴェローナ写本の発見以降，現代にいたっても，ガイウスの『法学提要』の刊本が発行され続けている。『法学提要』が，古典期のローマの法学や制度をほぼオリジナルな形で伝える貴重な史料だからである。『法学提要』は，現代のローマ法学の史料としても，また学生がその読解を通じて法的思考を育むための教科書としても有益である。

（足立清人）

▷7　握取行為
銅と秤によって行われる手中物（res mancipi）の譲渡の方式。家構成員に対する権力の移転にも用いられた。

▷8　法廷譲渡
法廷で行われた手中物や非手中物（res nec mancipi）の譲渡の方式。古い時代のローマの物取戻訴訟である神聖賭金による対物法律訴訟の方式を援用したものである。

▷9　問答契約
一定の問いと答えの文言を発することでする債務負担行為。例えば，「あなたは誓約するか（Spondesne）」という問いに対して，「私は誓約する（Spondeo）」と答えることで諾約者が債務を負担した。

▷10　賃　約
現代の賃貸借契約，雇用契約，請負契約を含む諾成契約。

▷11　Ⅰ-2-2 参照。

読書案内
ガイウス『法学提要』の翻訳は，佐藤篤士監訳『ガーイウス「法学提要」』（敬文堂，2002年）で読むことができる。ガイウスの素性については，ウィリアム・シーグル（西村克彦訳）『西洋法家列伝――ハンムラビからホームズまで』（成文堂，1974年）を参照してほしい。また，宮坂渉・松本和洋・出雲孝・鈴木康文『資料からみる西洋法史』（法律文化社，2024年）では，『法学提要』の法文を素材に，ローマ法上の制度が簡潔に説明されている。

2　帝国の東西分裂からフランク王国までの法

1　総　説

本章では，「古代末期」における法の発展を取り上げる。この時代を正しく理解するためには，古代と中世を断絶した時代として捉えるのではなく，むしろ古代世界から中世世界への連続的な側面に着目する必要がある。古代ローマ帝国の東西分裂は確かに一つの画期ではあったが，帝国が存続した東方はもとより，帝国が滅亡してゲルマン諸部族の国家が成立した西方においても古代ローマ法はさまざまな形で継承されていたのである。

1　古典的時代区分：没落史観に基づくローマ史

476年，西ローマ帝国が事実上消滅したことをもって古代の終焉とみなし，続く「暗黒の」中世との間に一種の断絶を見出す古典的時代区分は，**ギボン**[1]の『ローマ帝国衰亡史』や**モムゼン**[2]のローマ史研究によって定式化された。

いわゆる「３世紀の危機」（セウェルス朝～軍人皇帝時代）を境にローマの帝政を前期と後期に分け，後期を古典古代からの没落・衰退と捉える没落史観において，そうした危機を収拾して帝国の秩序を再建したのが，ディオクレティアヌス帝[3]とコンスタンティヌス帝[4]である。前者が礎を築き，後者が確立した専制君主政は，国家による臣民の統制を基本原理とする専制的・中央集権的な官僚国家であり，以後の東ローマ（ビザンツ）帝国を特徴づけるものであった。かくして，強力な皇帝権力を背景に帝国の一体性の象徴として編纂されたのが，「テオドシウス法典」「ユスティニアヌス法典（市民法大全）」である。

他方，政情不安が続く西ローマ帝国では皇帝の擁立が混乱を極め，476年をもって現地での皇帝推戴が停止された。西ローマ帝国軍の主力を担っていたゲルマン人勢力は，形のうえでビザンツ皇帝の権威を認め，現地の支配を皇帝に認めてもらうことで，政権の安定を図った。

2　新しい時代区分：「古代末期」という時代

古代と中世に挟まれた時代を「古代末期」と呼び，独自の時代区分として評価する試みは，すでに19世紀後半にみられるが，そうした議論を本格化したのはイギリスの歴史学者ピーター・ブラウンである。『古代末期の世界』（1971年）においてブラウンは，およそ250～800年をタイムスパンとして，古典古代が長い時間をかけて本質的な変容を遂げて終息するという世界を提示した。それは，西ヨーロッパではカール大帝の帝国，東ヨーロッパではビザンツ帝国，西

▷1　**ギボン**
イギリスの歴史家。イタリア旅行中に着想を得た『ローマ帝国衰亡史』（全６巻）は，その格調高い文体も相まって大評判となり，ギボンの名を一躍大歴史家に押し上げた。ローマ史の頂点を五賢帝の時代に定め，以後は相次ぐ内乱とキリスト教の隆盛，そして蛮族の侵入によって滅亡にいたるとする，没落史観の礎を築いた。なお，『ローマ帝国衰亡史』第４巻 第44章は，「古代ローマ法学」にあてられている。

▷2　**モムゼン**
19世紀ドイツを代表する歴史家・古典学者・法学者・政治家。もっぱら文献史料に依拠していた当時の歴史学に，考古資料（碑文・貨幣・パピルス文書）を取り入れ，徹底した史料批判を行った。主著『ローマの歴史』『ローマ国法』『ローマ刑事法』。モムゼンは，人民に立脚する元首と元老院

アジアではイスラーム帝国が，各々独特のしかたで古代を継承しつつ，互いに関係をもちながら確立していく時代であり，後世へのローマ法の継承を可能とする法典編纂が行われた時代であった。

ブラウンによれば，「古代末期」という時代は，「あるべき姿からの後退」という意味での没落・衰退ではなく，現在を考えるうえで歴史的に大きな意味を有する，特有の活力に満ちている。1000年まで，西ヨーロッパ社会は帝国の残滓を維持しており，ゲルマン部族王国などの後継諸国家は依然として帝国理念に傾倒しているという点において，「ポスト帝国」世界に位置づけられるものである。

3 「ポスト・ローマ期」の国家と王権

ブラウンの「古代末期」論をうけて，新たに「ポスト・ローマ期」を提唱したのが佐藤彰一である。『ポスト・ローマ期フランク史の研究』(2000年）において，佐藤はイギリスの歴史学者ウィッカムの分析系を用い，5世紀にギリシア=ローマ帝国が「周縁」勢力のゲルマン人に打倒されたことで，西ヨーロッパ世界は「中心」の座を追われ，新たな中心である東地中海世界の「周縁」・「半周縁」に置かれたとしたうえで，ゲルマン人を新たな盟主とする西ヨーロッパ世界が「中心」へと再起するプロセスとして，ヨーロッパ中世史を規定する。

かくして，新たに到来したゲルマン人は各地でローマ帝国の社会的・文化的・行政的基盤構造や人材を活用し，「ポスト・ローマ国家」(＝西ローマ帝国の後継国家）としての部族王国を打ち立てた。7世紀半ばまで続くこうした動きが「ポスト・ローマ期」を形成する。帝国の国家的インフラばかりでなく，日常生活に関わりが深い司法・行政機構も大幅に温存され，部族法典の登場を促した。西ヨーロッパ世界が，これら小国家の域を脱し始めるのがカロリング朝期であり，カール大帝の下でヨーロッパ中世は本格的な幕開けを迎える。

この「ポスト・ローマ期」の王権は，唯一のローマ皇帝であるビザンツ皇帝の委任の下に統治している，法の執行者たる「総督」や「執政官」の職位を帯びた「役人王権」であり，例えば，メロヴィング朝フランク王国の公文書は，ローマ帝国時代の地方政庁のものを踏襲している。また，部族王国の王はビザンツ皇帝に対し，子が父にするような呼びかけを駆使して外交書簡をしたためるのが通例であり，自らの支配の正統性の根拠をビザンツ帝国の支配秩序の一端を担う存在としての表象に求めていたことは明らかである。

続くカロリング朝期になると，フランク人の王でありながら西ローマ皇帝に即位したカール大帝によって，このような「役人王権」の理念は打ち破られた。「ローマ帝国の再興」という大帝のモットーからは，「ヨーロッパの父」としてビザンツ皇帝と同格であることへの強い自負がうかがわれる。

（藪本将典）

との協同である「二員政 dyarchie」を理想とし，後の専主政は古典古代からの堕落と位置づけられる。ローマ法やラテン碑文に関する多数の業績は，近代ローマ法研究の礎として，今なお価値を失っていない。政治家としては，ビスマルクの政敵として名を馳せ，また，歴史家として第2回ノーベル文学賞（1902年）を授与された。

▶3 I-2-3 ▶1参照。

▶4 I-2-3 ▶4参照。

図1 「勝利の皇帝」（バルベリーニ象牙版）

出典：ルーヴル美術館蔵。

読書案内

余力のある読者は，本文で紹介したブラウン（宮島直機訳）『古代末期の世界──ローマ帝国はなぜキリスト教化したか？』(刀水書房，2006年）と佐藤彰一『ポスト・ローマ期フランク史の研究』(岩波書店，2000年）を読み比べてみると理解が深まるだろう。また近年の学問的成果を踏まえた概説としては，クメール／デュメジル（大月康弘・小澤雄太郎訳）『ヨーロッパとゲルマン部族国家』(白水社，2019年）がある。

2　帝国の東西分裂からフランク王国までの法

2 引用法

３世紀後半にディオクレティアヌス帝が即位して以降，巨大な官僚体制に基づく専制支配の仕組みが整えられていった。他方で，元首政期に開花した法学の学問的水準は低下していった。

1 「引用法」制定の時代背景

３世紀半ばの軍人皇帝の混乱の時代を経て，ディオクレティアヌス帝とコンスタンティヌス帝による専制君主政の確立とともに，元首政期に栄華を極めた法学者の創造的な活動も衰えた。皇帝権力の強化とともに，皇帝の発する勅法がその重要性を増してきたからである。古典期[1]の法学者の学説は，争いを解決するための典拠としての権威を保持していたが，それも社会情勢に適合するように要約され，註解を加えられ，時代の経過とともに散逸していった。こうした時代状況から，裁判実務の法的安定性が失われつつあった。やがて裁判で争いを解決するために依拠すべき法学説の選択にも迷うようになり，それを公的に解決するために，321年，コンスタンティヌス帝が勅法で，典拠とされるべき古典期の法学説の効力を定めた。コンスタンティヌス帝は，**パピニアヌス**[2]の著作に対する**パウルス**[3]と**ウルピアヌス**[4]の註解の援用を禁じて，翌年，パウスルの著作（とくに『意見集』）の効力を確認した。

この問題を包括的に解決するために，426年，東ローマ帝国皇帝テオドシウス２世と西ローマ帝国皇帝ウァレンティニアヌス３世が共同で勅法を発した。これが，後の時代になって，「引用法」と呼ばれるものである。

2 「引用法」の内容

引用法では，パピニアヌス，パウルス，ウルピアヌス，**モデスティヌス**[5]，そしてガイウス[6]の著作に権威が認められて，法律類似の効力が与えられ，裁判で援用することが許された。ある問題に対して，これらの法学者の間で学説が対立する場合には，多数説が採用され，対立が同数の場合には，パピニアヌスの学説が採用された。パピニアヌスには，もっとも偉大な古典期の法学者の栄誉が与えられていたからである。対立が同数で，パピニアヌスの学説がない場合には，対立する学説のどちらを採用するかは裁判官の裁量に委ねられた。

引用法で挙げられた５名の法学者と並んで，これらの法学者の著作で取り上げられた４名の法学者，**スカエウォラ**[7]，**サビヌス**[8]，ユリアヌス[9]，**マルケッルス**[10]

図１　テオドシウス２世

出典：Wikimedia Commons.

▶1　Ⅰ-1-8 ▶6参照。

▶2　**パピニアヌス**
203年から205年まで近衛都督を務めた。法学者中の第一人者とされ，『質疑録（quaestiones)』などを著した。

▶3　**パウルス**
スカエウォラの門弟で，アレクサンデル・セヴェルス帝の下で，222年以降に，近衛都督を務めた。『告示注解（ad edictum)』などを著した。

▶4　**ウルピアヌス**
パピニアヌスの門弟で，パウルスとともに，222年以降に近衛都督を務めた。パウルスと同様に，多くの著作を残し，『告示注解』などを著した。

▶5　**モデスティヌス**
ウルピアヌスの門弟で，３世紀半ばに顕職に就いていた。『解答録』などを著しも，その学説の信憑性が完全な写本の提出によって証明される場合には，裁判の際に援用された。

皇帝の勅法による引用法の成立は，当該法学者の学説に公的なお墨付きを与えるものであった（**学説法**[11]）が，同時に，古典期の法学者の学説が失われつつあったことも示している。

3 「引用法」の内容への疑問

引用法でその権威が認められた法学者の引用方法は，長い時間をかけて形成された古典期の法学者の学説に対する評価に基づいていると考えられる。しかし，問題は多い。そもそも，なぜこの５名の法学者が採用されたのか。パピニアヌスの権威は明らかであり，パウルスとウルピアヌスが取り上げられたのも驚きはない。けれども，モデスティヌスとガイウス，とくにガイウスが挙げられたのは，なぜか。この５名に共通している特徴は何か。また，５名の法学者によって取り上げられた４名の法学者は，なぜこの４名なのか。この４名に共通する特徴は何か。さらに，コンスタンティヌス帝の勅法と，引用法との関係はどのようになったのか。これらの疑問はいずれも解き明かされていない。

4 「引用法」のその後

「引用法」は，法秩序と法適用の統一性・安定性への要請から生じたものだった。この要請は，後のテオドシウス２世の法典編纂事業へとつながった。テオドシウス２世は当初，勅法と法学者の学説を編集した包括的な法典を編纂することを目指した。この計画は頓挫したものの，コンスタンティヌス帝以降の実用性のある勅法を編纂した16巻から成る「テオドシウス法典[12]」が438年に公布された。

確かに，古典期におけるような法学者による自由な法創造活動はみられなくなった。「引用法」が裁判実務上どのように運用されたのかは定かでないが，法学者の法学説の権威が皇帝の勅法によって認められた点に，法学・法学者の活動が，裁判を含む国家制度に取り込まれていった様子を見て取ることができるだろう。

（足立清人）

た。

▶6 I-1-8 ▶7，I-1-11 参照。

▶7 **スカエウォラ**
２世紀後半の著名な法学者。パウルスの師匠で，『法学大全』などを著した。

▶8 **サビヌス**
１世紀初めの法学者。『市民法論（tres libri iuris civils）』の著者。

▶9 I-1-10 参照。

▶10 **マルケッルス**
２世紀後半の法学者。『法学大全』などを著した。

▶11 **学説法**
法学者の学説が，皇帝によって，その効力を確認されて，法として裁判官を拘束した。勅法による法律（lex）に対比して，学説法または古法（ius, ius vetus）と呼ばれる。

▶12 I-2-3 参照。

読書案内

「引用法」の翻訳は，吉野悟「引用法（四二六年）」久保正幡先生還暦記念出版準備会編『久保正幡先生還暦記念 西洋法制史資料選 Ⅰ 古代』（創文社，1981年）で読むことができる。法学者の素性や学説法の形成については，船田享二『ローマ法 第1巻』（岩波書店，1968年）を参照してほしい。

2　帝国の東西分裂からフランク王国までの法

3　テオドシウス法典

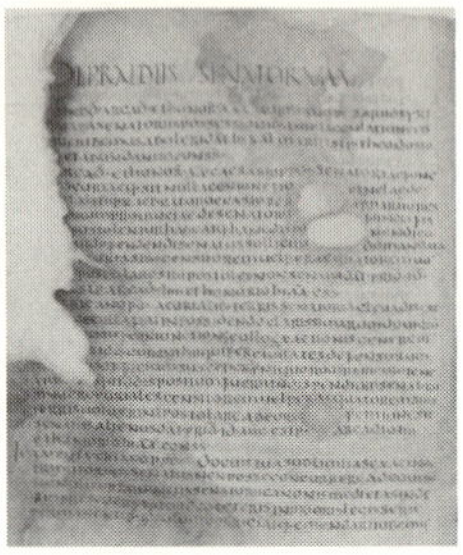

図１「テオドシウス法典」パリ写本

出典：フランス国立図書館蔵（BnF lat. 9643）。

ローマ帝国は395年，テオドシウス１世の死に伴って東西に分裂した。東西のローマ帝国では，統治のために多くの勅法が発布され，とりわけ「テオドシウス法典」は，ローマ史上初の公式法典であり，後のゲルマン部族法典の編纂にも大きな影響を与えた。

1　制定の経緯

専制君主政期のローマ帝国，とくに東ローマ帝国の領域においては，中央集権化と官僚制の発達に伴って，皇帝の立法である勅法が主要な法源となっていた。しかし，その数は膨大であり，網羅的参照はほぼ不可能といってよく，加えて４世紀以降，帝国の分割統治の常態化により，東西の皇帝が必要に応じて独自に立法を行ったため，内容的に矛盾する勅法の存在も稀ではなかった。このような法の複雑化ないし混乱に対応すべく，**ディオクレティアヌス帝**[1]の時代には早くも勅法の整理と体系化が試みられ，「グレゴリウスの勅法集」（291年頃）や「ヘルモゲニアヌスの勅法集」（295年頃）が編まれた[2]。「グレゴリウスの勅法集」は**ハドリアヌス帝**[3]からディオクレティアヌス帝までの勅法を含み，他方「ヘルモゲニアヌスの勅法集」は前者の補遺として，ディオクレティアヌス帝の勅法および292～294年の共治帝と後継者の勅法が付加されていたと考えられるが，これらはいずれも編纂者と目される人物の名を冠した私的な勅法集成にとどまり，その内容も今日ほとんど伝わっていない。

429年３月26日，東ローマ皇帝テオドシウス２世は９名からなる委員会に，日々増加の一途をたどる勅法のため時代遅れになって久しい「グレゴリウスの勅法集」「ヘルモゲニアヌスの勅法集」の両法典を補充すべく，帝国全土で通用する勅法および法学説を収録した包括的な法典の編纂を命じた。つまり，現行法令集のみならず法学教育のモデルを提示することが目指されたのである。かくして，皇帝立法と学説に基づく法規範を統合すべく編纂作業が進められたが，その成果は知られていない。435年，宮廷法務長官アンティオクスを長とする16名の新たな委員会は，作業があまりに膨大であるために法学説の採録を断念し，勅法の収集・選別に専念することとした。

さらに２年の改訂作業を経て完成した「テオドシウス法典」は，437年11月に行われたテオドシウス２世の娘と西ローマ皇帝ウァレンティニアヌス３世との結婚式に合わせてコンスタンティノープルで公布され，翌年２月15日から東

▶1　**ディオクレティアヌス帝**
在位284～305年。「３世紀の危機」と呼ばれる軍人皇帝時代の混乱を収拾し，帝国を２分割したうえで，それぞれに正帝・副帝を置く「四帝統治」を導入した。専制的な皇帝が官僚制を通じて臣民を支配する構造は「専主政（dominatus）」と呼ばれる。皇帝権力強化のため，臣民に皇帝崇拝を強要したが，神の教えに背くとしてこれを拒絶したキリスト教徒を勅令（303年）によって厳しく迫害した。

▶2　Ⅰ-2-4 ▶2参照。

▶3　**ハドリアヌス帝**
在位117～138年。五賢帝の一人。ローマ帝国の最大版図を築いた先帝トラヤヌスの帝国拡張路線から，帝国の防衛と安定化へと舵を切った。帝国の北限に位置する属州ブリタニアに築いた防壁（limes）「ハドリア

ローマ帝国で施行された。西ローマ帝国においても，ほどなく法典の写本が送付され，皇帝と元老院による裁可を経て，439年の元日より施行された。

2 「テオドシウス法典」の特徴

全16巻からなる「テオドシウス法典」は，**コンスタンティヌス帝**[4]からテオドシウス2世までの総数2529にのぼる勅法（もっとも古いものは311年6月1日付，もっとも新しいものは437年3月16日付である）を主題（章）ごとに年代順に配列したものであるが，残念ながら原文は現存しない。第1～5巻の写本は逸失しているものの，内容に一貫性のない40葉からなるトリノ写本（通称「T写本」）の断片および後述の「アラリック抄典」[5]（506年）から再構成され，第6～8巻はパリ写本，残りの部分については「V写本」と通称されるヴァチカン写本によって復元可能である。それらによれば，第1巻は官僚，第2～5巻の冒頭までと第8巻の最終部分が私法，最終第16巻が教会に関する内容，残りは公法を扱っている。文体は編纂者の修辞学的素養を色濃く反映した，仰々しく説教的で回りくどいものであり，壮麗な宮廷の雰囲気をうかがわせる反面，その理解は容易ではない。

「テオドシウス法典」は，当該法典に収録されていない勅法の適用を禁じ，東西の皇帝の一方が公布した勅法は定期的に他方に通告され，後者があらためて自らの支配領域に公布すべしとすることで，法の不統一や法解釈の変動を取り除き，法生活に確固たる基盤を与えており，ローマ帝国一体化の理念が強調されている。また，当時現行法として通用すべき勅法を叙述していること，国教としてのキリスト教がローマ法に与えた影響がうかがわれる点において，「テオドシウス法典」は帝政後期の法や政治，経済や文化に関する第一級の史料である。

3 後世への影響

かくして，「テオドシウス法典」は東西ローマ帝国の統一法典として通用したばかりでなく，西ゴート王国・東ゴート王国・ブルグンド王国といったゲルマン部族王国で編纂された諸法典の模範として，ゲルマン人の法にも大きな影響を与えた。とくに，西ゴート王国で編纂された「アラリック抄典」は「テオドシウス法典」の縮約版ともいうべきもので，各法文の要点を説明する「解釈」が付けられ，6～11世紀までイタリアを除く旧西ローマ帝国の版図においてローマ法の主たる法源となった。

なお，上述した写本の残存状況から，第6～16巻については，中世ヨーロッパにおいて全体が伝来していたと考えられている。　（薮本将典）

ヌスの長城」が有名である。法の分野では，法学者サルウィウス・ユリアヌスに「永久告示録」を編纂させた。

▶4 **コンスタンティヌス帝**
在位307～337年。313年の「ミラノ勅令」によりキリスト教を公認し，325年にはニカイア公会議を主催して教義の一体化（＝「ニカイア信条」の採択）を図るなど，キリスト教ローマ帝国の礎を築いた。330年には，植民都市ビュザンティオンに新都を建設し，これが後にコンスタンティノープル（＝コンスタンティヌスの都市）と呼ばれた。

▶5 I-1-11 ▶3，I-2-6 参照。

読書案内
ローマ帝国が東西ではっきりと分岐してゆく帝政後期のありようについては，西側の「ローマ帝国衰亡史」と東側の「ビザンツ帝国史」それぞれの立場からさまざまな記述がなされてきたが，両者をつなぐ「ローマ帝国の一体性」の観点については見過ごされがちであるように思われる。そうしたステレオタイプを乗り越え，近年の研究を踏まえた帝政後期の新たなイメージを描き出す好著として，田中創『ローマ史再考』（NHK出版，2020年）をおすすめしたい。

2　帝国の東西分裂からフランク王国までの法

4 ローマ法大全

6世紀に即位した東ローマ帝国のユスティニアヌス1世は，将軍ベリサリウスなどに命じて，北アフリカやイタリアを征服し，一時的ながら地中海のほぼ全域にローマの支配を復活させた。ユスティニアヌス帝は，ローマ帝国の栄光を再興するために立法事業にも取りかかり，**トリボニアヌス**[1]らに命じて「ローマ法（市民法）大全（ユスティニアヌス法典）」を編纂させた。「ローマ法大全」は，11世紀に北イタリアのボローニャで再発見されて，フランス民法典やドイツ民法典などの近代の法典の基礎となった。

1 ユスティニアヌス帝の立法事業

528年2月13日，ユスティニアヌス帝は勅法を発して，「**グレゴリウスの勅法集**」「**ヘルモゲニアヌスの勅法集**[2]」や「テオドシウス法典」とその後に発せられた勅法から矛盾を取り除いて適用可能な勅法を編纂するために，当時，宮内庁長官だったトリボニアヌスを含む10名の編纂委員を任命した。その成果は，翌年4月7日に「勅法彙纂（旧勅法彙纂）」として公布され，同月16日から施行された。本法典には，テオドシウス2世とウァレンティニアヌス3世の「引用法[3]」が採録されていた。

530年12月15日，ユスティニアヌス帝は勅法で，共和政期から専制君主政期に活動した法学者の著作から学説を抜粋して法典を編纂するために，法制長官になったトリボニアヌスを委員長とした16名の編纂委員会を設置した。編纂作業は3年間で終了し，533年12月16日，50巻からなる「**学説彙纂**[4]（ディゲスタ）」または「会典（パンデクタエ）」として公布され，同月30日に施行された。引用された法学者は約40名で，共和政期から3名，古典期から35名，4世紀の法学者から2名である。「学説彙纂」の編纂にあたっては，全1528巻300万行を超える法学者の著作が参照され，全50巻約15万行にまとめられた。ウルピアヌスの法文が全体の約3分の1，パウルスの法文が約6分の1を占めた。

さらに，ユスティニアヌス帝は，ガイウスの『法学提要[5]』にならって，法学校での初学者教育のための官選の教科書を作成することを命じた。トリボニアヌスを中心とした3名の編纂委員によって，533年11月21日に4巻からなる「法学提要」が公布され，12月30日に施行された。

「旧勅法彙纂」公布後も，ユスティニアヌス帝自身が多くの勅法を発したことから，その改訂が必要となった。ユスティニアヌス帝は，トリボニアヌスに

図1　ユスティニアヌス帝

出典：サン・ヴィターレ聖堂のモザイク壁画。

▶1　**トリボニアヌス**
6世紀の東ローマ帝国の法学者。ユスティニアヌス帝の下で顕職を歴任した。

▶2　**グレゴリウスの勅法集，ヘルモゲニアヌスの勅法集**
グレゴリウスもヘルモゲニアヌスもベリュトス法学校の教授だった，とされる。両者ともに私選の勅法集で，後者は前者の補充とされる。

▶3　［Ⅰ-2-2］参照。

▶4　**「学説彙纂」の体系**
パンデクテン方式の源である。19世紀ドイツのパンデクテン法学が，「学説彙纂」の体系に基づいて生み出した体系である。日本民法典やドイツ民法典がこの体系に従う。

▶5　［Ⅰ-1-8］▶8，［Ⅰ-1-11］参照。

その編纂を命じて，534年11月16日に12巻からなる「勅法彙纂」が公布され，同年12月29日に施行された。

その後も，ユスティニアヌス帝は，多くの勅法を発した。ユスティニアヌス帝は，また新たに勅法を編纂する計画を立てていたが，その存命中には果たすことはできなかった。しかし，ユスティニアヌス帝が発したこれらの勅法は私的に編纂され，「新勅法彙纂」または「新勅法」と呼ばれた。

これらの法典には，ユスティニアヌス帝によって包括的な名称が付けられることはなかったが，16世紀フランスのローマ法学者**ゴトフレードゥス**[6]が，「**カノン法大全**[7]」にならって，「ローマ法大全」（「市民法大全」）という名前を付けて刊行した。

これだけ大きな法典編纂事業が短期間で，しかも，「学説彙纂」にいたっては３年という極めて短い期間で，いかにして行われたのかが論じられている。トリボニアヌスの法学的素養やリーダーシップの巧みさもあったと思われるが，研究の進展により，コンスタンティノポリス（コンスタンティノープル）法学校の教授テオフィリウスやベリュトス法学校の教授ドロテウスなどを含む編集委員が部会に分かれて，編集作業が進められたと推測されている。

2 インテルポラーティオ研究

ユスティニアヌス帝は，「学説彙纂」「法学提要」「勅法彙纂」に現行法としての効力を与えるために，編纂委員に，法文に内在する重複・矛盾・抵触を避けるだけではなく，挿入・削除・変更を自由に加えてよいという権限を与えた。しかし実際には，重複・矛盾・抵触がすべて削除・変更されたわけではない。

とくに「学説彙纂」について，古典期の法学者による法学説の実際の姿を知るために，編纂委員による修正・改ざんを発見するインテルポラーティオ研究が，16世紀のローマ法学者**クヤキウス**[8]を先駆けとして，とりわけ19世紀末以降，盛んになった。しかし，研究の進展により，現在では，法典編纂にあたって行われた改ざんは少ないと考えられている。なぜなら，「学説彙纂」の編纂以前に，それぞれの時代に適合するように法文が変更されていたと推定されるからである。

3 現代日本民法学との関連

「ローマ法大全」の編纂により，古典期のローマ法学の知的営為が残されたことの歴史的・学問的意義は大きい。例えば，日本民法での物権変動の議論で，「**無権利の法理**[9]」と呼ばれる準則が主張される。その根拠として挙げられるのは，「何人も自分が持つよりも，より多くの権利を他人に移転することはできない」という「学説彙纂第50巻第17章第54法文」（ウルピアヌス『告示注解 第46巻』）である。このように，日本民法における議論を深く理解するためにも，また学生の法的思考を育むためにも，「ローマ法大全」を研究することは重要である。　（足立清人）

▶6　ゴトフレードゥス（ゴトフロワ）
16世紀後半のフランスのローマ法学者。「ローマ法大全」の刊行者。

▶7　「カノン法大全」
「グラティアヌスの教令集」と「グレゴリウス９世教皇令集」から「普通追加教皇令集」までのカノン法典が，包括的に校訂され，出版されたもの。Ⅱ-4-6 参照。

▶8　クヤキウス（キュジャス）
16世紀半ばのフランスのローマ法学者。ローマ法の科学的研究を試みた。

▶9　無権利の法理
物権変動の基本原則。一定の場合に，その例外が認められる（例えば，民法94条２項や192条など）。

読書案内
船田享二『ローマ法 第1巻』（岩波書店，1968年）は，ローマ法の歴史・内容ともに網羅的な解説がなされている。木庭顕『新版 ローマ法案内――現代の法律家のために』（勁草書房，2017年）は，「ローマ法大全」についての記述は僅かだが，そこにいたるまでの法学の営みを知ることができる。オッコー・ベーレンツ著（河上正二訳）『歴史の中の民法――ローマ法との対話』（日本評論社，2001年）は，現代日本民法とローマ法との関連を示す。

5 ビザンツ帝国における ローマ法の存続

図1　キリストに跪く レオン6世

出典：Wikimedia Commons.

西ローマ帝国が滅亡した後も，東ローマ帝国は国家として存続した。東ローマ帝国は，ローマ帝国の制度を引き継ぎながらも，キリスト教の存在感の高まりやラテン語の利用停止などにより，7～10世紀にかけてかつてのローマ帝国とは異なる国家へと変化していった。この時期の東ローマ帝国は，首都の旧称（ビザンティウム）にちなんで**ビザンツ帝国**[1]と呼ばれる。

1 ユスティニアヌス以降のローマ法

ユスティニアヌスの没後，統治者が積極的に法学者の水準を維持しようとすることはなかった。さらにいくつかの政治的・経済的要因が重なったことで，ビザンツ帝国の法学は退潮を余儀なくされた。

退潮の過程でヘラクレイオス１世期（７世紀前半）には数多くの重要な変化が起こった。彼の治世を境に帝国の公文書はもっぱら**ギリシア語**[2]表記によるものとなり，ラテン語で記された従来の法文は限られた人々にしか扱えないものとなった。ベリュトス（現ベイルート）がイスラーム勢力の支配下に入ったことにより，同地の法学校が再開する見込みが失われたのもこの時期である。また，勅法による立法活動もこの後約１世紀間にわたり途絶えてしまう。

しかし，８世紀半ば頃には再興の兆しがみえ始めた。レオン３世の治世下で編纂された「抜粋集（エクロガ）」は，「ローマ法大全」の法文をギリシア語で整理したものである。８世紀後半になると勅法による立法も細々と復活したが，それが本格化するには９世紀を待たなければならない。

９世紀後半になると，バシレイオス１世は長期にわたる治世と対外状況の安定とを背景として，「ローマ法大全」の全面的なギリシア語版の作成を命じた。「バシリカ」として知られるこの法典は，その子レオン６世の時代に完成した。「バシリカ」には，前後して著された教本である**「法律便覧（プロケイロン）」**[3]および**「法学入門（エイサゴーゲー）」**が付属していた。「ローマ法大全」に代わる主要な法源として，以降数々の注釈が付されてゆく「バシリカ」は，ビザンツ帝国における法整備事業の最大の業績と評価されている。

2 大規模法典と小規模法典

「ローマ法大全」は，同時代のいかなる需要にも応答できるよう，あらゆる法学分野に関する規定を包括的に備えた，いわば大規模法典であった。これに

▷1　**ビザンツ帝国**
この呼称は後世の人々による用語である。この呼称が東ローマ帝国のどの時期を指すのか論者によって異なるが，本書ではユスティニアヌス没後の帝国を指して用いる。

▷2　**ギリシア語**
古代ギリシア文明にその端を発する言語。ラテン・アルファベットとは異なる，ギリシア文字で表記される。コイネー（共通ギリシア語）はヘレニズム諸国家で公用語として使用され，ローマ帝国時代にも東地中海地域の主要言語だったが，西欧地域ではさほど定着しなかった。ビザンツ帝国では，コイネーから用語法や表記が変化した中世ギリシア語がバルカン半島・アナトリア半島を中心として用いられた。

▷3　**「法律便覧」「法学入門」**
これらの教科書は，「バシリカ」の規定の要点を主題の関連性に沿って章立てて

対して，その後しばらくの間ビザンツ帝国における立法または法学の活動は，この大規模法典に対する注釈・補足，およびその一般化に終始した。とくに「抜粋集」に代表される比較的小規模な法整備事業は，「ローマ法大全」のラテン語法文をギリシア語に翻訳したうえで，実務で使いやすいように法文を短くまとめたり，扱う分野を限定したりしたものである。これらはより小規模な法典であって，中央政府の官僚，裁判官，あるいは法学者によって，人材の育成や日常の業務において活用されたり，注釈の対象となったりした。

しかし，ギリシア語を母語とする人々が大多数を占める環境においては，生活の基盤となる法規範はギリシア語で示されていることが必要であり，ビザンツにおける大規模法典の編纂は求められ続けていた。「バシリカ」の編纂は，このような需要に応えるものだった。実際，「抜粋集」はわずか18章で，扱う分野も主に婚姻法や刑法に限られていたのに対し，「バシリカ」は60巻555章からなり，当時のあらゆる法分野を包括するものとなっている。8～10世紀のビザンツ帝国は，国家がその用途に応じて大規模法典と小規模法典を使い分けることで，法を必要とする人々の需要に応えていた時代だったのである。

3 「ビザンツ」法は「ローマ」法なのか？

ビザンツ帝国におけるこれらの法整備事業の成果には，時として「ローマ法大全」のローマ法にない要素がみられることもある。例えば，「抜粋集」には新たな離婚要件や切断刑の導入など，「ローマ法大全」にはみられなかった法規範が法文に盛り込まれている。また，「法学入門」では，皇帝や**コンスタンティノープル総主教**[4]の地位に関する規定のような公法的な項目が冒頭に置かれており，単なる紛争解決のための手引とは性質を異にしている。これらの変更点からは，ビザンツ帝国における法が，「ローマ法大全」までのローマ法とは性質を異にするようにみえるかもしれない。

しかし，これらの変更点は，「ローマ法大全」の中でも「学説彙纂」と「新勅法」において異なる法規範が規定されていることがあるように[5]，ローマ法が時代状況に応じて変化してきたことを示すものにすぎず，ビザンツ帝国の法がローマ時代からの蓄積を捨て去ってしまったことを示すものではない。

実際，「抜粋集」や「バシリカ」のようなビザンツ帝国における一連の法整備事業は，一貫して「ローマ法大全」の法文をよりどころとしていた。さらに，これらの法文の意図が明らかでない場合には，「ローマ法大全」の法文を可能な限り受け入れるのが，ビザンツの法学や裁判における慣行であった。このように，「ローマ法大全」が潜在的にビザンツの法学者にとって法規範または判断枠組みとして機能し続けていたことから，ビザンツ法はローマ法から連続的に発展しつつ，部分的に変容を遂げたものと理解すべきなのである。

（渡辺理仁）

並べたもので，教科書といっても法典に近い体裁で編纂されている。これらの教科書は，ユスティニアヌスの「法学提要」と同じく国家によって編纂され，その記述には法としての効力が認められた。

▶4 コンスタンティノープル総主教
キリスト教五本山の一つであるコンスタンティノープルの主教（カトリックの司教に対応）の称号。正教会における最高位の聖職者であり，ビザンツ帝国における宗教上の最高権威としての役割を果たした。首位権を主張したローマ司教（教皇）と対立した。

▶5 3世紀前半までの古典期ローマ法学の学説を集めた「学説彙纂」と6世紀の皇帝であるユスティニアヌス以降の勅法を収めた「新勅法」では，300年近い時代の経過による社会的・宗教的変化を反映して，婚姻や遺贈のような分野では相反する規定がみられる。

読書案内
本節で扱った時期のビザンツ帝国が置かれていた状況に関しては，井上浩一『ビザンツ——文明の継承と変容』（京都大学学術出版会，2009年）が簡潔に説明している。また，同時代のビザンツの国家による制定法については，ジュディス・ヘリン（井上浩一監訳）『ビザンツ——驚くべき中世帝国』（白水社，2010年）の第7章「ローマ法」に詳しい。

2　帝国の東西分裂からフランク王国までの法

6 卑俗ローマ法

図1　ゲルマン人が信仰したオーディン

出典：Gerhard Munthe: Illustration for Harald Hårfagres saga. Snorre 1899-edition. vignett 3.

▶1　**ポスト・ローマ期**
西ローマ帝国が滅亡した5世紀末から，800年にカール大帝が教皇レオ3世から「ローマ帝国皇帝」の帝冠が与えられるまでの時期。

▶2　Ⅰ-1-8 ▶6参照。

▶3　**専制君主政**
3世紀末のディオクレティアヌス帝によって築かれた，皇帝を神として礼拝させ，絶対の権力者とする統治形態。皇帝に立法，司法，軍事，行政権を集中させた。

▶4　Ⅰ-2-3 ▶4参照。

▶5　**テオドシウス2世**
在位408～450年。東ローマ皇帝。彼の命で438年に発効された「テオドシウス法典」は東ローマ帝国だけでなく，西ローマ帝国でも439年に発効された。なお，キリスト教を国教としたローマ皇帝テオドシウス1世とは別人である。

376年から始まるゲルマン人の大移動により，混乱の中で西ローマ帝国は滅亡した。そして旧西ローマ帝国内には西ゴート王国，東ゴート王国，ブルグンド王国，フランク王国，アングロ=サクソン七王国，ヴァンダル王国，ランゴバルド王国などゲルマン人の国が次々と建国された。ゲルマン人はローマ的なスタイルで新しく成立した王国を統治しようとしたため，ローマ法はゲルマン人の中においても重要な意味を持ち続けた。

1 卑俗ローマ法とは

「卑俗ローマ法」とは，**ポスト・ローマ期**[1]の旧西ローマ帝国の領域において，ゲルマン部族国家の支配下でも効力を持ち続けたローマ法を指している。この時期のローマ法が「卑俗」と形容される理由は，古典期（元首政期[2]）の厳密で正確なローマ法と比べて内容が簡易化され，それぞれの社会に適合させるために独自の解釈や変更が加えられた結果，ずさんで衰退したような印象を与えるからである。

卑俗化は，ローマの政治的経済的衰退の中で起こり始めた。財政不振や異民族の侵入により，ローマ帝国自体の統率力が低下し始めると，古典期に作られた法概念や用語は徐々に混乱し，曖昧になっていった。**専制君主政**[3]に移行した後，こうした混乱を抑えるため法創造は皇帝一人に握られるようになり，かつて存在していた法創造のシステムは制度的にも姿を消した。そして4世紀になると，実務において複雑繊細な古典法の理解は極めて困難となった。

このようにローマ法は衰退期であったが，ゲルマン人にとってローマの官僚制的支配は先進的であり，ゲルマンの諸王に法典の編纂を促すことになった。

ゲルマン人は，属地主義によって支配地域を一体として一つの法で支配するのではなく，属人主義によって自民族とローマ人とで異なった法を用いることにしたため，個別にそれぞれに適用される法典を作成した。そのため，ゲルマン諸部族法典は，ゲルマン人に適用される法典と，ローマ人に適用される法典，そしてゲルマン人とローマ人双方に適用される法典から成っていた。こうしてゲルマン人固有の法が編纂されただけでなく，ゲルマン人支配下のローマ人に適用される法としてローマ法も編纂されることになった。

このときにゲルマン人に大きな影響を与えたのが，コンスタンティヌス帝[4]から**テオドシウス2世**[5]までの**勅法（皇帝法）**[6]を編纂した「テオドシウス法典」であった。しかし，この法典をそのまま適用することは難しく，それぞれの地域に合わせて簡素で限定的なローマ法が編纂されることになった。まさにこのようにして，卑俗ローマ法は成立したのである。

その具体例としては，まず西ゴート族の法典である「エウリック王の法典」（475年頃）が挙げられる。これはゴート人とローマ人に共通に適用されるもので，内容的にもローマ法に近い。この後に制定された「西ゴートのローマ法典（アラリック抄典）」[7]（506年）は，スペインと南フランクに住むローマ人に適用され，12世紀までローマ法の主要な法源とされた。次いで，東ゴート族の「テオドリック王の告示法典」（500年）が挙げられる。これはゴート人とローマ人に等しく適用された。さらにブルグンド族の「ブルグンドのローマ法典」（500年頃）も挙げられる。

2 卑俗ローマ法の意義と範囲

この卑俗ローマ法の歴史的意義の重要性が注目を浴びるようになったのは，1951年のレヴィの研究からである。レヴィは，古典期以後の時代における西ローマ世界の諸制度や概念の卑俗化を検証し，卑俗法という一つの体系的な法秩序の構成を試みた。その結果，古典期の法とは異なる独自の意義があることが解明され，ユスティニアヌスの「市民法大全」[8]やゲルマン諸部族法典を理解するうえで不可欠な研究領域であることが確認されたのである。また12世紀以降の中世ローマ法についても，古典法よりはむしろポスト・ローマ期における卑俗ローマ法やゲルマン諸部族法典が大きな影響を与えていることが明らかとなった。このため卑俗ローマ法はポスト・ローマ期から始まる中世の法を理解していくうえで欠かせない法だといえる。

ただ，レヴィが卑俗ローマ法の意義を明らかにしてからすでに70年の時が過ぎており，その歴史的意義はもはや自明のこととなったものの，レヴィの研究それ自体には賛否両論が加えられている。

レヴィによれば，卑俗法は属州[9]の実務の中から民衆の慣習によって成立し，国家権力あるいは勅法によって承認され，実際に作用する法として公式に存在したとされる。しかし，卑俗的傾向を帯びた規範の中から，勅法がどのようにして卑俗的な規範と卑俗的でない規範を選別し，どのような手続を経て卑俗法として公布したのかは不明である。また卑俗法と勅法が区別され，卑俗法のみが実務の法として捉えられたことを示す史料は存在しない。さらに，専制君主政期には慣習法を法源とする史料が存在しないことから，専制君主政期における卑俗法とは，実定的な法ではなく，制定法が「卑俗的に」適用された現象であった。西ローマ帝国崩壊後のかつての属州において，ゲルマンの諸王に編纂されたローマ法こそ，「卑俗ローマ法」だったのである。　（鈴木明日見）

▷6　**勅法（皇帝法）**
元首である皇帝の意思・命令で法律としての効力を有するもの。

▷7　I-1-11 ▷3参照。

▷8　I-2-4 参照。

▷9　I-1-5 ▷3参照。

読書案内
日本におけるローマ卑俗法に関しては，吉野悟『ローマ法とその社会』（近藤出版社，1974年）が挙げられる。内容としてはレヴィに依拠しているため，レヴィの研究理解にもつながるだろう。ただ，難易度が高いため，ローマ卑俗法，およびローマ法をもとに作成されたゲルマン諸部族法典に関しては，勝田有恒・森征一・山内進編著『概説西洋法制史』（ミネルヴァ書房，2004年）55-59頁が読みやすい。以降，本著の編著者名，出版社，発行年は略す。

2　帝国の東西分裂からフランク王国までの法

7　ゲルマン法

バルト海沿岸を原住地としていたゲルマン人は，紀元前後頃にはライン川から黒海沿岸にいたるまでの広大な地域に広がり，ローマ帝国と国境を接するようになった。**カエサルの『ガリア戦記』**[1]や**タキトゥスの『ゲルマーニア』**[2]によれば，この頃のゲルマン人は数十の部族に分かれ，各部族が一人の王や数人の首長をもっていた。

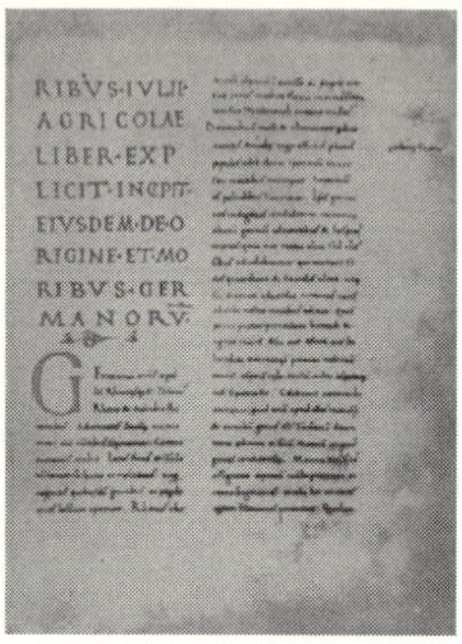

図1　タキトゥス『ゲルマーニア』1631年の写本の冒頭部分の写し

出典：Rudolf Till, Handschriftliche Untersuchungen zu Tacitus Agricola und Germania, Ahnenerbe-Stiftung Verlag edition, German / Deutsch. 1943.

1　古ゲルマン社会

ゲルマン法とはゲルマン人の古法を指している。慣習法であり，文字で記録されたのではなく，口頭で伝えられた。このため，この頃のゲルマン社会を確認する史料としては，ゲルマン人の手によって書かれたものではなく，ローマ人であるカエサル『ガリア戦記』やタキトゥス『ゲルマーニア』に頼っている。

それによれば，ゲルマン人はすでにいくつかの身分に分かれ，少数の貴族，社会の担い手である自由人，非自由人，奴隷から成っていた。このうち自由人と非自由人が「平民」にあたる。自由人とは，親族共同体であるジッペ（氏族）に保護され，完全な権利を有する人々のことである。彼らは武装能力を有している限り，政治的権利の担い手であり，民会や裁判に参与する。同時にまた相互的な法的共助の義務を負担していた。非自由人は，解放奴隷のことである。彼らは人として承認され，自由人より少額とはいえ人命金（殺害されたときに支払われる贖罪金）も定められていた。

ゲルマン社会における重要な事項は，成年男性自由人の全体集会である民会において，全員一致で決められた。重要な事項とは，国王の選出，武装能力の付与，他地方への移住・侵攻，宣戦布告，平和の締結などである。聴衆は武器をもち，賛意を表現するために，槍を打ち鳴らした。武器を有し，集会に参加することは自由と自立の証だったのである。

人々の生活は，親族集団であるジッペを単位としており，家父によって治められていた。この家父のもつ成員に対する支配権をムント[3]という。また家父は物（奴隷も含まれる）に対してゲヴェーレという支配権ももっていた。

家父は支配権をもつだけでなく，ジッペの成員である家族に責任を負っていたため，紛争が起こった際に家族が被害者となった場合には，被害者の名誉を回復するために復讐を行った。犯行から一夜明け，現行犯で加害者を殺害でき

▶1　**カエサル『ガリア戦記』**
前58～52年。古代ローマの政治家カエサルのガリア地方遠征の記録。全8巻。後世の歴史家に資料を提供する名目で，簡潔明晰，客観的に記述しており，当時のゲルマン社会を知るうえで重要な文献となっている。

▶2　**タキトゥス『ゲルマーニア』**
98年。帝政ローマ期の歴史家タキトゥスによる著書。『ガリア戦記』とともに古ゲルマン社会を知るまとまった民族誌となっている。ゲルマーニアとは，ドナウ川より北でライン川から東の地域に対してローマ人よりつけられた呼称である。

▶3　Ⅰ-2-11 ▶5参照。

ない場合は，組織的な復讐（フェーデ）が行われた。このとき加害者自身に復讐しても，加害者の位置に相当する人に復讐してもよかった。時にフェーデは大きな被害をもたらしたため，しばしば途中で贖罪金の支払などで，和解の道が探られた。

一方，宗教上の犯罪や大逆罪，夜間の犯罪や強姦などの破廉恥罪（はれんちざい）については，公益に関わるため自力救済の対象にならず，公的な処罰の対象であった。これをアハト（平和喪失）事件という。こうした罪を犯した者は平和喪失者となり，ジッペからの保護（平和）を失い，追放された。親族も彼らをかくまうことを禁止された。追放された者は「人間狼」とみなされ，森で彼を見つけた者はいつでも彼を殺害してもよいとされた。

このようにゲルマン社会とは，血縁的相互扶助の体制が敷かれており，自力救済が強い社会だったのである。

2 ドイツ法史学における「ゲルマン法」

「ゲルマン法」は「ゲルマン人の古法」という意味だけでなく，ドイツ法史学において特有の用いられ方をしてきた。すなわち，ドイツ法の根源はゲルマン法にあり，ドイツ法史は中世の末にいたるまでゲルマン的特徴を帯びていたと考えられてきたのだ。このため，カエサル『ガリア戦記』やタキトゥス『ゲルマーニア』を史料とした，古ゲルマン時代のゲルマン人の法だけでなく，中世初期のゲルマン諸部族法典，中世盛期のドイツの法書やヴァイステューマー（判告集，荘園記録），フランス中世の慣習法記録なども法源とされた。またイギリス諸法源や北ヨーロッパの諸法も重要と考えられていた。

こうした考え方は，15世紀にタキトゥス『ゲルマーニア』の写本が発見され，刊行された後，16世紀にそれをもとにしたゲルマン人像が形成されたことに始まる。さらに1530年と57年にゲルマン部族法典の最初の活字本の公刊がなされたことで広まった。そして19世紀に入り，**歴史法学派**[4]のゲルマニストたちにより，ドイツ法史学の根本見解となったのである。

法学においてゲルマニストとは，ゲルマン法をドイツの自然法とみなして法生活の中心に置こうとする学者たちのことである。こうした考え方はナポレオンにより神聖ローマ帝国が解体されたのち，神聖ローマ帝国の枠組みではない「ドイツ」の創造を求める声の中で，キリスト教以前のゲルマン社会に遡る歴史が追究されたことで起こった。こうしてゲルマン法は近代国家創設において極めて重要な意味を付与されたのである。

このような背景により，階層分化の程度が低く，自由平等な自作の農民である一般自由人が土地を共有する，素朴で原始共産制的な古ゲルマンの社会像がかつて説かれたが，現在では見直しが進んでいる。（鈴木明日見）

▶4 **歴史法学派**
19世紀にドイツを中心に広まった，法の民族的特性を重視する法学。19世紀の初めにサヴィニーにより確立され，以後約1世紀にわたりドイツ法学の主流となった。Ⅳ-7-7も参照。

読書案内
「ゲルマン法」がドイツ法学において特別な意味をもってきたことの妥当性については，屋敷二郎「中世ゲルマン法と歴史法学——「古き良き法」と民族精神」森村進編『法司法の水脈』（法律文化社，2016年）96-119頁参照。
古ゲルマンの法と社会における学説史を踏まえた詳細な流れは，『概説西洋法制史』39-50頁が読みやすい。19世紀の歴史家たちによって語られた古ゲルマン社会像は修正されてきているが，その学説の流れを知ることを通して，ゲルマン社会への理解が深まるだろう。
勝又崇「西洋法史（ゲルマン）——ゲルマン法を考える」一橋法学・国際関係学レクチャーシリーズ刊行委員会『法と社会』（国際書院，2025年）は，現代ドイツの判例や近年の研究動向もふまえつつ「ゲルマン法」の通史をコンパクトに紹介しており，一読をすすめたい。

2　帝国の東西分裂からフランク王国までの法

8 サリカ法典

図１「サリカ法典」

出典：St. Gallen, Stiftsbibliothek / Cod. Sang. 731 – Lex Romana Visigothorum, Lex Salica, Lex Alamannorum / p. 235

フランク王国は，メロヴィング家の**クローヴィス**[1]によって統一された。他のゲルマン諸国が短命だったのに対し，クローヴィスは異端であるアリウス派キリスト教から正統派の**アタナシウス派（カトリック**[2]）に改宗することで，ローマ人貴族を取り込むことに成功した。そしてカール大帝のときに西ローマ皇帝の帝冠を受けたことで，フランク王国はローマ的・ゲルマン的・キリスト教的要素の融合による西ヨーロッパ世界形成に大きな影響を果たした。

1 「サリカ法典」にみる諸部族法典の特徴

「サリカ法典」は，フランクで主流となったサリ支族の**慣習法**[3]を成文化したもので，ゲルマン諸部族法典の一つである。

フランク族はサリ支族やリブアリア支族などに分かれていたが，５世紀末にサリ支族出身のクローヴィスが，フランク族を統一し，王国を建設した。「サリカ法典」はクローヴィスの晩年，おそらく507年から511年の間に編纂された。この法典はフランク人の服する法としてヨーロッパ各地で効力を有していただけでなく，他のゲルマン諸部族法典にも強い影響を与えた。またフランク王国が西ヨーロッパ世界形成に大きな影響を果たしたこともあり，「サリカ法典」第59章の女性の土地所有を禁止した規定は，近代にいたるまで女性の王位継承を禁止する典拠とされた。

クローヴィスはアタナシウス派への改宗によってローマとのつながりを強化し，さらに法典を発布することでローマ的な支配のあり方を目指した。そのため，法典を作成するにあたり，ローマ人法律家の助力を得たといわれる。とはいえ，「サリカ法典」は諸部族法典の中でもゲルマン古法の伝統を多く保持している。なお，オリジナルのテクストは現存していないが，80種ほどの写本が今日に伝えられている。豊富な写本が残されていることからも，極めて重要な影響を残した部族法典の一つであるといえよう。

とくに，犯罪や不法行為に対して固定化された金額で賠償する贖罪金についての規定が多いことが特徴である。ゲルマン諸部族法典では今日のような刑罰規定はなく，窃盗，略奪，殺人などの罪を犯した場合，自由人であれば身体刑に服することなく金銭の支払で賠償を行った。そのため種々の犯罪について個々の事例ごとに贖罪金の額を規定しており，まさに「贖罪金のカタログ」のようである。例えば，自由人１人を殺害した場合，牛60頭分にあたる200ソリ

▶1　**クローヴィス**
在位481～511年。フランク王国メロヴィング朝の創建者。

▶2　**アタナシウス派（カトリック）**
アレクサンドリアの司教アタナシウス（295～373年）の説を信奉するキリスト教の一派のこと。ニカイア公会議で正統と認められ，のちにこの派の説がローマの国教となり，父なる神と子なるイエスと精霊の三位一体説に発展した。カトリックは，ギリシア語のカトリコス（katholikos，普遍的）が語源であり，異端教会に対する真の教会という意味に用いられた。ローマ教皇を一致して首長に仰ぐ教会。

▶3　**慣習法**
その社会の成員に広く承認されている伝統的な行動様式である慣習が，法としての効力を認められたもの。

ドゥスの支払が求められた。200ソリドゥスはかなり高額であるが，殺人ですら身体刑を科せられないのは，王権の力が弱く，行為者を処罰できなかったためである。自力救済が原則であったため，たとえ裁判で贖罪金を受け取ったとしても，名誉を回復するために復讐（フェーデ）に発展することもあった。

同様に他のゲルマン諸部族法典も，贖罪金の規定や訴訟手続規定が多かった。私法的規定は少数であり，国制や行政法の規定はほんのわずかである。また当該部族民にのみ適用される属人法であった。諸部族法典の例としては，西ゴート族の「エウリック王法典」(475年)，ブルグンド族の「ブルグンド法典」(616年以後)，フランク族の「リブアリア法典」(7世紀前半)，ランゴバルド族の「ロタリ王の告示」(643年）とその後の付加勅令（「リウトプランド王付加勅令」が有名)，アングロ=サクソン族の「エセルビルフト王法典」(600年頃)，「イネ王法典」(668～694年頃）などがある。フランク王国によって編纂を促された部族法典としては，「アレマンネン部族法典」(712～720年)，「バイエルン部族法典」(741～743年)，「ザクセン法典」(802年）などがある。

2 「サリカ法典」は実際に使用されたか

ゲルマン諸部族法典は，もともと慣習法が成文化されたものであり，法秩序と司法の本来の基盤は慣習法にある。このため，実際の法律行為や裁判において成文化された「サリカ法典」が使用されていたかどうかは，1970年代以降論争となってきた。その論争の中において，写本伝存状況から法典の編纂そのものが司法より政治的プロパガンダのための行為だったのではないか，という見解も出されている。

現存する「サリカ法典」の写本は，大きく３つのグループに分けられる。

(1)クローヴィスが作成した「65章」版。「サリカ法協約」として知られている。クローヴィスの子のキルデベルト１世やクロタール１世，孫のキルペリク１世によって「序文」と６個の勅令が付加された。

(2)**カロリング王ピピン３世**[4]が行った法改革の際に作られた「100章」版。65章より長い「序文」とメロヴィングの諸王の勅令が付加された。また裁判所で用いられていたフランク語の註釈であるマルベルク註釈をつけている。「マルベルク」は裁判所を意味している。これは798年にカール大帝によって改訂され，「改訂サリカ法典」として知られている。

(3)カール大帝によって802年から803年にかけて改訂された「70章」版。「65章」にいくつか勅令を加えたもので，マルベルク註釈はない。

「サリカ法典」のマルベルク註釈や改訂からは，法文を実務において使用し，その後の法発展に合わせようとする意図も窺える。実際に「サリカ法典」が法律行為や裁判において使用されていたのか，また王権にとって法編纂がいかなる意味をもっていたのかは，今後も検討の必要がある。（鈴木明日見）

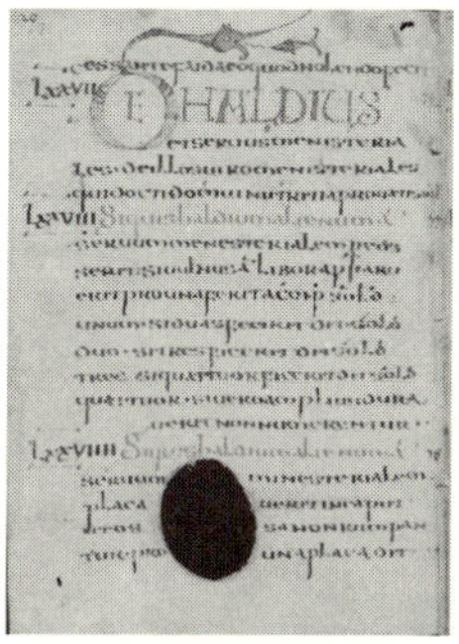

図2 ロタリ王の告示

出典：St. Gallen, Stiftsbibliothek, Cod. Sang. 730 : Edictum Rothari (Veterum Fragmentorum Tomus III) Europeana.

▷4 **カロリング王ピピン3世**
在位751～768年。フランク王国カロリング朝初代王。短驅王。宮宰のカール・マルテルの子。

読書案内
「サリカ法典」の概要に関しては，『概説西洋法制史』65-75頁が読みやすい。さらに興味が高まったならば，ぜひ久保正幡『サリカ法典』（創文社，1977年）に挑戦してほしい。贖罪金のカタログとして眺めるだけでも楽しい。

2　帝国の東西分裂からフランク王国までの法

9 マルクルフの書式集

図1　中世の書記（左）と依頼者（右）

出典：大英図書館蔵（BL Add. MS 10292）。

▶1　Ⅰ-2-6 参照。

キリスト教の拡大とともに教会の勢力も強まっていったが，世俗性も増していった。これに危機感を覚え，6世紀頃から，キリスト教の教義に純粋に従うために人里を離れ，敬虔や禁欲に励むことを目指した修道会が各地に生まれた。そこで修業を続けた人々が修道士である。文字の読み書きができた修道士は書写に励み，フランク王国では卑俗化されたローマ法[▶1]の影響をうかがわせる法的「書式集」も残された。

1 「書式集」とは何か

ローマ帝政後期には，贈与や売買といった法律行為のために証書を用いることが一般化していた。こうした証書制度は，ゲルマン部族王国においても維持されており，証書の記載事項のうち，日付や当事者の氏名，具体的な内容を空白とし，書記がそれら必要事項を記入すれば，そのまま証書として通用する書式をまとめたものを「書式集」と呼ぶ。したがって，「書式集」とは，日常生活に必要な証書を作成する際に，法実務家や当事者が参照するためのひな形集であり，とくに司法や行政に関する証書を作成する人々にとっては，法の手引書でもあった。

このような「書式集」の写本には，トゥール，アンジェ，ブールジュといった都市に由来するものと，サン=ドニ，フラヴィニー，ザンクト=ガレンといった修道院に由来するものがある。それらは，さまざまな筆記者が200年以上にわたって書き写してきたものであり，一貫性をもった完全な記録とはいえない。しかしながら，カロリング朝期より前の証書は，原本はもちろん写しの形で伝来しているものすら極めて少なく，メロヴィング朝期の一般的な文字史料（同時代史や文学作品）では正面から扱われることのない，一般人の法生活におけるさまざまな局面を描き出す貴重な史料である。

2 『マルクルフの書式集』の特徴

▶2　**書面作成術**
ラテン語の文書作成における修辞表現に関する教育。とくに11世紀以降，法学教育において重視されるようになった。

この書式集の最大の特徴は，**書面作成術**[▶2]の教師であったと目されるマルクルフという名の修道士が単独で著した，という点にある。献辞によると，この書式集はランデリクス（650～656年のパリ司教または7世紀末のモー司教）の依頼で作成された。内容は国王証書のひな形40通と私証書52通の2部構成であり，目次が付されていることから，おそらくはメロヴィング朝期の行政における文書の重用を支える若い書記の養成を目的としたものと思われる。したがって，『マルクルフの書式集』は，メロヴィング朝期の法実務のありようばかりでなく，マルクルフが所属していたであろう王の書記局における証書作成業務や，サン=ドニ大修道院に置かれた文書庫の実態を端的に示すものである。

また，この書式集はカール大帝統治下で改訂され，『カール大帝時代のマルクルフ書式集』として好評を博しており，カロリング朝初期においても，法実務家の間で公式の書式集のように用いられていたと推測される。

3 『マルクルフの書式集』の内容

『マルクルフの書式集』に収録された書式で扱われる内容は，当時の法生活を反映して多岐にわたるが，以下２つの書式を代表例として紹介したい。

【例①】王に対する人民一般の忠誠宣誓（I，40）

「王Ａより伯Ｂへ。余の貴顕の総意により，余は栄えある息子Ｃが余のＤ王国を統治すべきことを決めた。よって汝は，フランク人，ローマ人，その他いかなる出自の者であろうと，管区の民をすべて招集し，彼らを都市，村落，砦といった然るべき場所に集め，余が当該目的のために代理人として派遣した貴顕Ｅの立ち合いの下，聖人ゆかりの場所で，かの者に持たせた聖遺物にかけて，優秀なる余の息子と余に対する誠実と従順を彼らに約束させ，誓わしめよ」

この書式は，父王と**分王国**[▷3]の王となった王子に対する，人民による包括的な忠誠宣誓を求めるもので，６世紀後半に遡るとされる。従来，こうした宣誓要求は，メロヴィング朝期後半にいったん廃れ，カール大帝の下で復活したと考えられてきたが，この書式から７世紀後半にも生き続けていたことがわかる。

【例②】離婚（II，30）

「Ａとその妻Ｂとの間で，神による愛ではなく不和が支配し，そのために彼らは共に生きることがまったくもって不可能であるなら，双方はかつての婚姻による結びつきから離れるべく心を決めるのが望ましい。よって彼らは，双方の間で書かれ署名された同じ内容の証書２通を揃えることを決め，それによってお互いが各自の望みにしたがって，修道院において神への奉仕に入ること，別の婚姻による結合に入ることが認められ，それらを理由として反対当事者から異を唱えられるべきではない（以下略）」

この書式は，双方の合意に基づく離婚の存在を示すものであり，別居によって明らかとなる不和の事実による離婚の簡易性がうかがわれる。（藪本将典）

▷3 分王国
男子均分相続を基本とするメロヴィング朝フランク王国では，領土が分割相続された。その結果，統治権をめぐる抗争が頻発したが，６世紀後半にはアウストラシア（東北部）・ネウストリア（中西部）・ブルグンディア（東部）の３つの分王国に集約される。このような分割相続による分国化は，王権の失墜を招き，宮廷を取り仕切る宮宰（major domus）の台頭を招いた。アウストラシアの宮宰カール・マルテルが，720年に分王国すべての宮宰職を掌握したことは，カロリング朝フランク王国への転機として位置づけられる。

読書案内
中世ヨーロッパにおける証書のあり方一般については，堀越宏一・甚野尚志編著『15のテーマで学ぶ中世ヨーロッパ史』（ミネルヴァ書房，2013年）第６章「文書と法による統治」が要領よくまとまっており，大いに参考になる。さらに，中世ヨーロッパにおける「音声社会」から「文字社会」への移行という，より広汎な歴史的文脈からの理解を深めるには，大黒俊二『声と文字　ヨーロッパの中世６』（岩波書店，2010年）を足掛かりにするとよい。

2　帝国の東西分裂からフランク王国までの法

10 カピトゥラリア

800年，フランク王カールが西ローマ皇帝に即位したことで，フランク王国はビザンツ帝国に比肩する政治勢力となり，西ヨーロッパ世界に政治的安定がもたらされた。この広大な領域（カロリング帝国）を支配すべく，カール大帝は各地に行政官（伯や**巡察使**[1]）を派遣し，多数の勅令（**カピトゥラリア**[2]）を発している。

1 カピトゥラリアの古典的分類

メロヴィング朝からカロリング朝期（とくにカール大帝治世下）のフランク王ないし皇帝が発した勅令は，「カピトゥラ」という項目（章）に分けられている，という形式上の特徴から「カピトゥラリア」と呼ばれる。これら勅令の内容は多岐にわたるため，早い時期から主題に則した章立てによる分類が求められていた。827年，フォントネルの聖ワンドリル修道院長アンセギスは，同様の規定をまとめ重複を避ける形で４編（①カール大帝による教会関係の勅令，②**ルイ敬虔帝**[3]による教会関係の勅令，③カール大帝による世俗関係の勅令，④ルイ敬虔帝による世俗関係の勅令）からなる集成を編んでいる。これはほどなく公式の勅令集としての権威を付与され，829年以降ルイ敬虔帝によって引用されているが，集録された勅令の数は26にすぎない。その後も勅令は公布され続け，858年までにはベネディクトゥス・レヴィタなる人物（偽名）によって，３編からなる新たな集成が作られた。その目的は，アンセギスの集成を補完することにあったが，多くの偽文書や改ざんが含まれている。さらに，これらの集成がまとめられ，後に計７編の勅令集となったが，現代の研究者にとって後半の第５～７編は参照の用をなさない。

こうした「カピトゥラリア」の原本は一つも現存しないが，その写しは９～10世紀に遡る写本群のあちこちで大量に見出されるので，研究の際には写本間の対照が必要である。ちなみに，最後のカピトゥラリアは９世紀末の皇帝ランベルトによって発給された。

ゲルマン史の包括的史料集『モヌメンタ・ゲルマニアエ・ヒストリカ（MGH）』でカピトゥラリアの部分（1883年刊）を担当したボレティウスは，①宗教的事項に関連した問題を規律した「教会勅令」，②世俗的事項（主に司法・行政）を規律した「俗事勅令」，③宗教的事項と世俗的事項の双方を規律した「混合勅令」という３つの類型に史料を分類している。

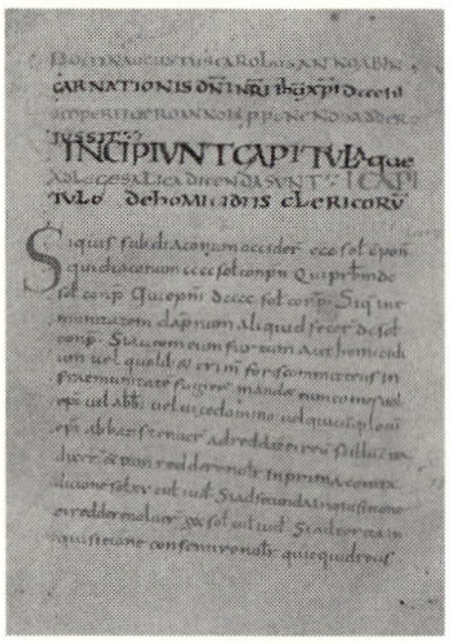

図１　カール大帝による部族法典付加勅令（803年）の写本

出典：アウグスト公図書館蔵（Cod. Guelf. 299 Gud. Lat.）。

▶１　巡察使
史料上初めてその存在が確認されるのは，753年，カール大帝の父ピピン（在位751～768年）の時代である。フランク王国の地方行政官である伯（comes）を牽制するため，カール大帝は802年以降これを制度化し，825年には王国全土に管区（missaticum）を設け，王の代理人たる聖俗１名ずつの巡察使（missi dominici）を毎年巡回させた。彼らは巡察使令に基づく強大な権限により，伯の監察の他，王国各地への宮廷命令の伝達，巡回裁判の主宰，民衆の不満をはじめとするさまざまな事項の調査・報告を任務とする。カール大帝の死後，制度は徐々に形骸化していった。

▶２　カピトゥラリア
この名称は，779年のカール大帝の勅令が発祥とされさらに，俗事勅令は「部族法典付加勅令」・「独立勅令」・「巡察使令」の３つに分類される。①部族法典付加勅令は，メロヴィング朝期に公布された部族法典[4]に対し，歴代のフランク王が内容の修正・補充を付け加えるものであり，適用を受ける部族による「人民の同意」が必要とされた。②独立勅令は，王の単独意思から発し，王国内のすべての人々に遵守が義務づけられた政治的決定であり，しばしばローマ皇帝に倣って「告示」や「勅法」のタイトルが付けられている。③巡察使令は，カール大帝とその後継者たちが各地に派遣した巡察使に与えた訓令であり，特定の年次に全巡察使へ宛てた「一般巡察使令」の他，特定の管区の巡察使に宛てた「特別巡察使令」があり，巡察使によって各地に伝達されるべき行政命令を含んでいる。

2 古典的分類の問題点

以上の古典的分類は，当時のフランク王国が制度的に整った国家であったかのような印象を与えるが，実態は異なる。むしろ，フランク王国は地域や部族の伝統と自立性を認めつつ，それらを包括する人的結合国家であった。そのためカピトゥラリアも，個別具体的な問題に当座の解決を与えるものにすぎず，内容・形式・分量はさまざまである。従来カピトゥラリアは，フランク王が主宰する聖俗貴顕の集会で，参集者の同意に基づいて発せられた勅令と考えられ，いわゆる「人民の同意」の問題がカピトゥラリアの効力の法的根拠と結びつけられ，論じられてきた。しかし，そうした例はごくわずかであり，「人民の同意」を一般化して近代的な立憲君主政の理念を投影することは，史料上の妥当性を欠いている。

また，カピトゥラリアが宮廷において体系的に保管されてきた，という古典的理解も誤りであり，ごく一部の特殊な例を除き，カピトゥラリアはその伝達を担った巡察使が各自で保管するものであった。したがって，研究者が用いるような学問的総称としての「カピトゥラリア」の概念，すなわち「雑多なテクストを包括する独立した文書類型」という理解は，後代のテクスト収集過程で徐々に形成されたと考えられる。同時代の史料にフランク王が大量の立法を行った旨の記述がないのは，当時カピトゥラリアが文書類型を構成するという認識が存在しなかったことの証左であり，「ユスティニアヌス帝に並ぶ大立法者」として，カピトゥラリアの全盛期を体現するカール大帝の伝説的イメージは，今や相対化されつつある。

つまり，現状において史料上確かなのは，①王の集会における決定のうち，文書化されるのはとくに重要なものに限られる，②カピトゥラリアとみなされてきた文書のうち，同時代の史料に言及のないものは本来勅令ではなく，王の集会での議題や審議の覚書・巡察使が参照する覚書・巡察使への指示といった「情報伝達の際の補助的文書」にすぎない，ということである。（薮本将典）

る。メロヴィング朝期には，「決定（decretum）」・「告示（edictum）」・「命令（praeceptio）」といったタイトルが付けられていた。

▶3　ルイ敬虔帝
在位813～840年。カール大帝の子。813年，父の共同皇帝に指名され，翌年父の死に伴ってフランク王を継承し，単独皇帝としての統治を開始した。信仰に篤い反面，政治的には無能であったとされる。817年の「帝国整序令（Ordinatio imperii）」によって帝位継承とフランク王国の分割相続について定めたが，これが後に子らの間で抗争の火種となり，ヴェルダン条約（843年）による王国の３分割（現在のフランス・イタリア・ドイツの原型）をもたらした。

▶4　Ⅰ-2-8 参照。

読書案内

カピトゥラリア研究の動向については専門的な論考もいくつか挙げられるが，差しあたり，それらの理解の前提となる，近時の研究成果を踏まえた新たなカール大帝像とカロリング朝フランク王国の実態に関する手引書として，佐藤彰一『カール大帝（世界史リブレット人029）』（山川出版社，2013年）を挙げておく。簡単にカピトゥラリアの具体的な内容に触れたい場合は，『西洋法制史料選Ⅱ　中世』（創文社，1988年）およびヨーロッパ中世史研究会編『西洋中世史料集』（東京大学出版会，2000年）所収の抄訳ならびに解説を参照されたい。

2　帝国の東西分裂からフランク王国までの法

11 私法からみた中世

図1　封建契約の図（ザクセンシュピーゲル）

臣下が主君に両手を差しだし臣従を誓っている。その一方で，他の手で土地を指し，封土の貸与を確認している。

フランク王国の時代に始まる封建的主従関係は，自己の土地を有力者に寄進しその保護下に入ることによってその土地を恩貸地として貸与されるというローマの恩貸地制度と，自由人の子弟が有力者に忠誠を誓ってその従者となるゲルマンの従士制に起源をもつ。自由民や貴族が強者に保護を求め，強者を主君とし，主君に与えられる土地（封土）とひきかえに家臣として奉仕するという関係が封建的主従関係である。その関係は双務的な契約関係として結ばれた。

1　国制の基本としての契約関係

中世の基本的な政治的，社会的体制つまり国制を構成し，運動させる仕組みは契約であった。従士制にその一つの起源をもつ封建的主従関係の要は双務契約であった。双務契約の前提は契約当時者の対等性にある。封建社会は身分社会であったが，封建契約を取り交わす主君と家臣は，当事者としては，本来は平等な自由人であった。むろん，通常の契約と違い，契約にあたって主君に仕えることを象徴する**託身（オマージュ）**[1]という独自の儀式はあった。しかし，主君は保護を与え，土地（レーエン）を貸与することと臣下が勤務し戦場に出かけることは双務的な義務であった。戦場に出かける期間は40日間と定められていた。期間がすぎれば，帰ることは自由だった。主君が契約に違反すれば，家臣は自由に契約を解除することができた。契約を解除したのちには，もとの主君に対して武力を行使することすら合法と考えられていた。

それどころか，この契約関係はより弱い形で領主と農民との間にも存在した。

領主に隷属する農奴の場合でも，もともとは武力を有する領主の保護と引き換えに自由人が土地を寄進して貸与され，そのときに多くの負担を受け入れるという契約関係があった。契約はその一回で終了し，自由に解除はできなかったが，「**シュヴァーベンシュピーゲル**[2]」で語られているように，領主が農民を守らなければ，農民は「領主に奉仕する義務はない」とも考えられた。農民は農奴であっても，荘園の領主裁判に参加した。領主によって一方的に権利が侵害された場合には，農民はしばしば逃散した。逃散は，契約の解除であった。

2　中世的所有権

中世の所有，とくに土地所有はこの保護と勤務あるいは奉仕の関係と深く結

▶1　**託身（オマージュ）**
封建契約を取り交わす際の儀式。封臣となる者が封主となる者に臣従を誓って両手を差しだし，主君となる者がその手を両手で包み込み，受け入れることを示す。

▶2　**「シュヴァーベンシュピーゲル」**
1275～76年に作成された法書。「ザクセンシュピーゲル」を改作したもので，アウクスブルクの修道士によって編纂されたもの。法書や「ザクセンシュピーゲル」については，Ⅱ-3-5をみよ。

▶3　**川島武宜**
東京大学教授。民法学者で，日本における法社会学の先駆者。民法研究に歴史的視点を取り入れることを重視し，『所有権法の理論』

びついていた。土地とそこに住んでいる人々に対して実力によって現実に保護を提供している状態が，支配と一体化した所有であった。中世的所有権はドイツではゲヴェーレと呼ばれたが，ゲヴェーレとは占有の実行によって確認される，物や土地に対する支配権のことである。**川島武宜**[3]は，近代的所有権の特質をその観念性のうちに認めている。観念性とは現実に占有していることを必要としないということで，それが可能なのは公権力が所有権の在りかを確認，保証し，最終的に力によって担保してくれるからである。公権力が存在しない中世においては，所有もまた自己の実力によって守らざるをえないので，所有者であると認められるためには現実に支配権を行使せねばならず，この支配権行使の事実から逆に権利（ゲヴェーレ）の存在が推定された。

したがって，自分で人や土地を守り切れない者は強者に保護を求めた。強者は保護を与えるが，土地を貸与物として返還し，その利用を認めた。封建制は契約によって何重にもその関係を形成した。上は皇帝，国王から大貴族，中小貴族，騎士，最後に農民にいたるまで契約した。中世的所有者は複数存在し，併存することができた。農民は従属したが，土地に住み，利用する権利は強固だった。この関係を中世ローマ法学は上級所有権，下級所有権と呼んで，一つの土地に複数の所有権が併存することを説明した。このように同時に併存する所有権は**分割所有権**[4]と呼ばれる。しかし，併存するが，上級，下級の区別はあった。上級所有権者は処分を，下級所有権者は利用する権利をそれぞれ所有権として享有した。封建契約が皇帝，国王と大貴族，大貴族と中小貴族，中小貴族と騎士との間で交わされるならば，そのたびに上級所有権者と下級所有権者の関係は入れ替わっていく。最終的に存在するのは荘園の領主と農民である。農民は最後の下級所有権者だった。したがって，上級所有権者が土地を売っても，下級所有権者にはその効力は及ばない。農民は下級所有権者として，そのまま土地を利用し，収益を得ることができた。

中世の国支配は上級所有権者としての支配だった。皇帝や国王は最高の上級所有権者だった。したがって，その支配は領域全体に対する主権による支配ではなく，自己の下級所有権者に対する上級領主的支配でしかなかった。上級所有権者は下級所有権者を保護し，その権利を尊重することを義務とした。その契約の連鎖の中で国としての秩序を形成したのが中世ヨーロッパであった。

3 家父権

中世においては，個人ではなく，家が政治秩序の最終的単位だった。家の支配者は家父で，家の内部に権力は介入しなかった。妻や子，下僕など家に属する者たちに対する家父の支配権は家父権（**ムント**[5]）と呼ばれた。家父権も保護を義務とした支配権で，専制的ではなかった。しかし，家父のみが政治に参加し，経済活動ができたので，家父権は女性の自立を妨げ続けた。（山内　進）

（岩波書店，1949年）で近代的所有権の観念性と絶対性を中世的所有権との対比の中で明らかにした。

▷4　分割所有権
イタリアの註解学派によって形成された理論。近代的所有権の絶対性は排他性を意味し，一つのものに対しては一つの所有権しか存在しえないが，分割所有権は同時に性質の異なる所有権者が存在することを認めるもので，土地に対する封建的な支配関係をローマ法的に説明するものであった。フランス革命で貢租徴収権を含む上級所有権が明確に否定され，近代的所有権の考え方が確定した。

▷5　ムント
家に属する人や物に対する家父の支配権。ローマの絶対的で一方的な支配権としての家父権（パトリア・ポテスタス）に比して，保護権力的性格が強いといわれる。

読書案内
ハンス・K・シュルツェ（千葉徳夫・小倉欣一他訳）『西欧中世史事典』（ミネルヴァ書房，1997年）は従士制やレーエン制，荘園制などに関する詳細で基本的な知識をあたえてくれる。村上淳一『近代法の形成』（岩波書店，1979年）は，ヨーロッパ中世的政治社会と中世所有権との緊密な関わりについて非常に深い分析を示している。難しいが，上級編の著作として，いつか挑戦するようにすすめたい。

第 II 部

ヨーロッパ中世の法と社会

3　地域固有法の世界

1 総　説

本章では，中世初期における地域固有法の発展を取り上げる。近年の研究によれば，700年間に及ぶヨーロッパ中世という時代は，均質的な停滞ではなく，むしろ社会に大きな変容がもたらされた時期を含んでいた。中でも11世紀から13世紀は，十字軍に代表される対外的拡張の動きや中世都市の勃興と商業活動，生産能力の向上と相関した人口の安定的増大をもたらした時代として特徴づけられる。このような動きは各地域の固有法にも映し出されている。

1 法制史におけるヨーロッパ中世の変容

古代をギリシア・ローマに代表される叡智の時代，またルネサンス以降の近代を啓蒙の時代と特徴づけ，それとの対比で中世を「**暗黒時代**[1]」と考えるのが古典的なヨーロッパ史観だった。大陸ヨーロッパの法制史もまた，中世をローマ法のプレゼンスが失われ慣習法[2]に基づく固有法が無秩序な展開をみせた分裂と停滞の時代とみる見解を通説化させていた。しかし，ヨーロッパ史学における中世の再定位の試みと同調して，ヨーロッパの中世法に関しても，こうした伝統的な見方に囚われない再評価がなされ始めた。

中世の大陸ヨーロッパにおいて，古代からの伝統に基づいた固有法が，領邦国家あるいは都市といった地理的区分や貴族（騎士），市民，商人，農民といった身分的区分等を単位として支配的な効力を有していたことは確かであるが，他方でこれらの区分を超越する法の統一的運用の可能性を意識した新たな立法がなされた例も見受けられる。

また，従来はローマ法およびカノン法の影響が否定されるか，もしくは極めて限定的に理解されていた固有法の展開に関して，それらの法が無視できないほどの意義を有していた可能性も示唆されている。中世法が備えていたこうした特徴は，続く時代のローマ法の本格的継受と，それがいわゆる普通法として普遍的な効力を認められていく発展の礎となったと考えられる。

こうした状況はイングランドにおいても基本的には共通しており，中世初期においてはノルマン人の征服によって封建制や決闘裁判など大陸ヨーロッパの伝統的な法制度が導入されていたが，王法としてのコモン・ローの支配が確立されたことと，マグナ・カルタが制定されたことにより，イングランドにはいち早く法の統一と全体的な発展の可能性がもたらされた。

図1 『ベリー公のいとも豪華なる時禱書』絵暦（3月）に描かれた荘園の様子

出典：Wikimedia Commons.

▷1　**暗黒時代**
ルネサンス期や啓蒙時代の学者たちは，自分たち以前の時代について，ローマ帝国の崩壊による社会の混乱，それに伴う知識や文化の停滞，そしてカトリック教会による文化や思想に対する抑圧を理由として「暗黒時代」と名づけていた。

▷2　Ⅰ-2-8 ▷3参照。

2 法の分裂と統一的運用に対する意識

中世法の分裂を基礎づけた歴史的背景は多岐にわたる。フランク王国での属人主義の採用，神聖ローマ帝国における帝権の後退と諸侯権力の自立化，レーエン制の確立，さらには自由都市の成立と発展などにより中世の大陸ヨーロッパには多様な法とそれを扱う裁判所が乱立し，かつそれらは重なり合い，同一人物が原告となる場合であっても相手方の身分や相互の関係，発生地などによって適用される法が異なる，法の多層化と呼ばれる状態をもたらした。

しかしその一方で，中世の神聖ローマ帝国における代表的立法である帝国ラント平和令は復讐[3]や自力救済による紛争解決を前提とする慣習法的観念を抑制することを目的としつつ，帝国全土で統一的に運用されることを目論んで制定されたものであった。また，「法書」は従来，慣習法を記録したものとされてきたが，その代表格ともいえる「ザクセンシュピーゲル[4]」はすでに周辺領域における統一法を整備するための事業の一環という位置づけを与えられていたとされる。法の分裂と多層化の克服はこの頃から帝国や領邦国家における政策課題として意識されていたのである。

▶3 I-2-7 参照。

▶4 II-3-5 参照。

3 ローマ法およびカノン法の影響

上述の通り，大陸ヨーロッパの中世法はそのほとんどが慣習法に基づく固有法によって構成されており，その源流は南フランスなどの例外を除きゲルマン部族法的な法伝統に遡るとされている。これに対してローマ法は，6世紀にユスティニアヌスによる法典編纂[5]がなされていたにもかかわらず，少なくとも中世初期のドイツ・フランス領域においてはほとんど言及されることすらなかったというのが通説である。12世紀に端を発する中世イタリア法学によるローマ法の学識的継受の開始が西洋法制史における重大事件とされるのも，同時代のこうした法状況を前提としていたためであった。

しかし，中世におけるローマ法の影響はそれほど単純なものではないことが近年明らかにされつつある。部族法典に対して卑俗ローマ法[6]が与えた影響については前章ですでに触れたが，それに加えて，慣習法を記録したものだったはずの法書すら，「ザクセンシュピーゲル」の作成にあたっては，ローマ法のエッセンスを内包したカノン法に関する文献が参照されており，またフランスにおける法書の代表例とされる「ボーヴェジ慣習法書」はローマ法の学識をもつ人物によって編集され，ローマ法およびカノン法[7]を慣習法と融合する試みがなされていたことが示されている。イタリア以外の大陸ヨーロッパにおける本格的なローマ法継受の開始は15世紀以降のこととされるが，それに先立つ時期におけるこうした動きによって継受の土壌が育まれていたことが，その後の発展に重要な寄与を果たしたと考えるべきであろう。　（藤本幸二）

▶5 I-2-4 参照。

▶6 I-2-6 参照。

▶7 II-4-5 ▶2 参照。

読書案内

歴史学が明らかにした中世の実像を知るためには，ウィンストン・ブラック『中世ヨーロッパ――ファクトとフィクション』（平凡社，2021年）を読むことを強くおすすめする。

3　地域固有法の世界

2　宣誓・神判・決闘裁判

図1　神判の挿し絵

「ザクセンシュピーゲル」の挿し絵。左から決闘，熱湯，熱鉄による証明を示している。

中世の大部分は**封建社会**[1]であった。封建社会は，封土を仲立ちとした主君と家臣との間の封建的主従関係と彼らが所有した荘園を基本的な構成要素とする。荘園の領主は，国王の役人の立入を拒むことのできる不輸不入権をもち，荘園で働く農民たちを**農奴**[2]として自由に支配した。領主は農民に対して領主裁判権をもち，農民を裁いた。

1　裁　判

中世ヨーロッパの裁判にはさまざまな形態があったが，封建社会の裁判は一般的に，ゲルマン時代の民会の性格を受け継いでいた。民会は，武装能力のある自由人からなる会議で，裁判も司り，全員の参加が原則だった。たしかに，封建社会の荘園では領主の権限は非常に強かったが，それでも領主が主催する裁判には農奴を含む荘園の全構成員が参加した。領主が自分に有利な判決を勝手気ままに下せるわけではなかった。封建的主従関係にあった主君と家臣の間では同輩者による裁判という性格はいっそう明らかだった。いずれの裁判所でも，有罪か無罪かを決めるのは，仲間の前で行われた，被告自身による無実の証明の成否であった。その証明方法は宣誓，神判，決闘の３つであった。

2　宣　誓

自由人は，自己の主張や無実を宣誓によって証明することが許されていた。しかし，決められた文言を間違いなく唱えることが必要だった。少しでも間違うと敗訴とされた。厳格な形式主義，儀式の遵守がこの時期の裁判の特徴である。儀式が神意を明らかにすると考えられていたからである。

宣誓は，自己の人格と財産を賭けた被告の主体的行為だった。偽誓した場合には，雷などの自然力がその者を滅亡させると考えられていた。宣誓は単独で行われることはまれで，通例は宣誓者の宣誓を保証する宣誓補助者を必要とした。宣誓補助者の数は事件の内容によって異なる。被告を含めて３名，７名，12名などの数による宣誓が行われた。宣誓補助者は証人ではない。証人や証言も裁判で用いられることはあったが，宣誓補助者の場合に必要とされたのは被告の人格に対する確信だった。宣誓補助は，被告によって偽りのある宣誓がなされるはずがないということの保証だった。

原告は，被告の宣誓が成功した場合には，これを受け入れた。

▷1　封建社会

この概念はフランスの歴史家マルク・ブロック（フランスの社会経済史学者でアナール派の礎を築いた）によって示されたものである。レーエン（封）を仲立ちとする契約関係を重視する法制史的封建制概念と，経済活動の中心となった荘園制（領主制）という経済史的封建制概念をともに含む包括的な概念として高く，評価されている。

▷2　農　奴

ゲルマン社会においては武装能力ある自由人が同時に農業を営んでいた。フランク王国の時代に格差が広まり，力のない者が力のある者に安全の保障と引き換えに土地を寄進し，貸与される形で土地の保有を認められ耕作に専念する動きが進んだ。力のある有力者は領主となった。この過程で，弱い者たちには，貢納や賦役など多くの負担が課せられ，強者への従属が進んだ。武装能力を失い，奴隷ではないが，移動の自由を

3 神 判

宣誓は，明確な証拠や証人が存在しない場合に用いられる，自由人に許された基本的な証明方法だった。奴隷や外国人の場合，また自由人でも人格そのものが疑われるような事件については，宣誓ではなく，神判が用いられた。姦通や父性といった性に関わる争い，密殺や夜間の窃盗など卑怯な秘密裏の犯行，異端や異教など外には見えない内面の問題などがその対象とされた。

神判は自然を通じて神に問い，答えを求めるものだった。水，熱湯，火（熱鉄）などを用いて，超自然的結果を得るときに神判は確定する。水神判は清められた水に浮かぶか沈むかによって判定が下された。清められた水は無垢の者を受け入れ，悪しきものを退けるから，沈んだ者が無実とされた。熱湯神判は日本の**盟神探湯**[◁3]にあたる。熱湯の中から石を拾い出し，火傷か否かを調べた。火による神判は，熱鉄をもって歩くか，火の中の熱くなった犂の刃の上を歩くもので，これも火傷しているか否かが判定の鍵だった。

神判は聖俗未分離の世界にみられる紛争解決方法だった。機能主義的に理解すると，神判は，狭い共同体の中に生じた深刻な亀裂を神の権威によってふさぎ，共同体の仲間の間に元の秩序と平和をもたらす役割をもっていた。

4 決闘裁判

神判の性格をあわせもった証明方法が決闘である。これは，当事者が自己の正当性を一対一の戦いによって明らかにするもので，自由人以上の者にのみ許される名誉ある証明方法だった。神判は前近代的世界では多くの地域にみられるが，裁判の黒白を決闘でつけるという決闘裁判はヨーロッパにしかみられない。双方が公平な条件のもとに公開の場で武器をもって戦い，勝者が正しいとされた。敗者は殺されることもあるし，腕を切り落とされることもあった。弱者であっても，神が判定するのであるから，正しい方が勝つとされた。しかし，実際には，老人や女性は代わりに戦う「代闘士（チャンピオン）」をたてることが許された。代闘士には職業的決闘士もいた。

神判は1215年に開催された**第４回ラテラーノ公会議**[◁4]で神を試すものとして禁止され，その後消滅したが，決闘裁判は続いた。決闘裁判は自律した個人の自力救済という側面を有していたからである。19世紀初頭の英国の裁判でも，「通常かつ合憲の審理方式」と判断されている。

決闘裁判は，自身の利害と名誉を自身の実力で守ることを正しいとする考えと結合していた。決闘は，いわば「権利のための闘争」だった。その意味で，これは当事者主義的だった。もちろん，当事者主義は個人的自律の理想と密接に結びついた近代的訴訟原則である。しかし，個人的自律の精神を共有するという意味において，決闘裁判はその先行者であった。（山内　進）

含めて領主に従属した人々が農奴である。

▷3　盟神探湯
『日本書記』（720年）に記録されている神判。神に無実を誓わせたのちに，湯が沸いている窯の中に手をいれさせ，泥をさぐるなどしたのちに火傷したか否かをみて有罪が無罪かを決定した。

▷4　第４回ラテラーノ公会議
公会議は，教義など信仰上の重要議題を論ずるために全司教区から代表を集めて審議するキリスト教会最高の決議機関である。地名を冠して呼ばれる。インノケンティウス３世（1160～1216）によって招集された第４回ラテラーノ公会議は異端や十字軍のことなどを主要な議題としたが，このとき神判へ聖職者の関与を禁止することも決議された。

読書案内
ヨーロッパにおける神判については，R・バートレット（竜嵜喜助訳）『中世の神判――火審・水審・決闘』（尚学社，1993年）が学説を踏まえた考察を行っている。山内進『決闘裁判――ヨーロッパ法精神の原風景』（ちくま学芸文庫，2024年）は，神判とともに，とくに決闘裁判に焦点をあてて「ヨーロッパ法精神」の本質に迫っている。日本における神判については，清水克之『日本神判史』（中公新書，2010年）がある。

3 コモン・ロー の形成と マグナ・カルタ

図1　マグナ・カルタ

出典：N. Vincent, *Magna Carta: The Foundation of Freedom 1215-2015* (2nd edition), Third Millennium Publishing Ltd, 2015, pp. 76-77.

▷1　Ⅳ-7-2 参照。

▷2　Ⅲ-5-3 ▷2参照。

▷3　Ⅲ-6-9 ▷7参照。

ノルマン人の征服により封建制が導入されたイングランドでは，国王ヘンリ2世がコモン・ローの形成につながる司法改革や軍制改革で成果をあげた。しかし，ジョン王はローマ教皇に破門されるという失政を重ね，フランス国王と争って大陸における領地の大半を失ったうえ，戦争費用を賄うために重税を課して貴族の反発を受け，マグナ・カルタ[◁1]への署名を余儀なくされた。

1 マグナ・カルタ

イングランド法においてもっとも重要な文書の一つであるマグナ・カルタは，ジョン王によるフランスへの外征と敗北が招いた負担に耐えかねた貴族からの要求事項を書き連ねたもので，諸侯の代表とジョン王の会見時に署名捺印され，発布された。要求事項は，後世の歴史家によって63項目（条）にまとめられており，教会の自由，ロンドン市の特権，民事・刑事の裁判，国王役人の職権乱用，度量衡の統一，商人・商取引，狩猟林に関する事項などに大別される。

1215年に最初に発布されたマグナ・カルタは，9週間後に無効とされたが，その後ヘンリ3世によって1216年，1217年，1225年に若干の修正を施したうえで再発布された（現在も有効とされるものの最古は1225年版）。いずれの版も，国王が王国の自由人に特権を授与するという形式をとっている。

マグナ・カルタは，13世紀中には法律家や裁判官の法的な議論や判決の中で用いられるようになり，14世紀半ば以降，コモン・ロー法曹養成機関であるインズ・オブ・コート（法曹学院）[◁2]が制定法解釈の講義を開始すると，マグナ・カルタもその中に組み込まれるようになった。

17世紀までに，マグナ・カルタは政治的な場面で繰り広げられる論争において重要な位置を占めるようになった。クック[◁3]たちは，マグナ・カルタが古代の国制の重要な要素であるとし，国王と臣下たちの間の基本的な契約の存在を主張した。さらに，彼らによりマグナ・カルタはその解釈を通じて，人身保護令状や陪審を確固たるものにしたり，議会の同意のない課税や特権付与から臣下を守るために用いられた。

2 コモン・ローの形成

1066年にノルマンディ公ギョームは合法的な相続権を主張し，イングランド人に彼らの古き法を守ると約束したうえで，イングランド国王ウィリアム1世として即位した。ノルマン人の征服により，イングランドに**決闘裁判**[4]や封建制が導入され，教会裁判所が共同体から分離した。

この当時のイングランドは，国王が州長官を通じて支配する統治機構を備えた国家であり，国王の印璽を付した文書を通じた行政が行われていた。この状況に，ノルマン人とアンジュー伯家の後継者たちが強権的な政治手法と行政手腕を持ち込んだ結果，アングロ=サクソン諸王の下で未発達にとどまっていた裁判所が成長を遂げ，国王の正義が施される司法制度が生み出されることになった。

12世紀になると，ヘンリ2世は，正義の源泉としての国王に人々がアクセスしやすくすることで，イングランド全土に多数存在した地方の裁判所に王の支配を広げようとした。そのための手段が，復命（報告）を要する令状の利用であった。令状は，州における司法，行政，財政などの権限を引き受けていた最高の地方役人であるシェリフに特定の行為を行うよう命じるものであり，シェリフは実際に何をしたかを令状に裏書して戻すよう求められた。令状の手引になったとされる「**グランヴィル**[5]」は，国王裁判所へのアクセス方法と出廷時になすべきことが記載されたもので，コモン・ローについて書かれた最初の文献とされる。

当初，訴訟は国王に随伴して王国内を移動するクーリア・レーギス（国王の宮廷）において王自らが審理していたが，次第に家臣が務めるようになり，家臣が定期的に国内を巡回するようになった。また，行政官がウェストミンスターに常駐し始めたことに伴って，家臣間の事件を審理するための裁判所がウェストミンスターに定着するようになった。これが人民（間）訴訟裁判所であり，マグナ・カルタには「民間訴訟は国王の宮廷に伴って移動することなく，ある一定の場所において開催されなければならない」と記載されている。13世紀末までに，専門職としての裁判官が弁護士の中から任命されるようになり，裁判官職と弁護士職が法曹階級として一元化された。国王の裁判がイングランド全土に行き渡ることを通じて，コモン・ローは形成されていった。

国王裁判所において原告になろうとする者は，**大法官府**[6]で訴訟開始令状を発給してもらう必要があり，この令状によって事件の審理権限が裁判所に与えられた。当初，令状は原告になろうとする者の要求に応じて作成されていたが，ある程度常用される方式が確立してくると，定型化された訴訟方式の中から自らの主張に適合するものを選ぶことになり，選択を間違えると敗訴した。また，あらかじめ陪審に付託される質問を誤解のないものにし，当事者の間に生じている問題点を限定するために法廷で討論が行われた。これが，法曹にとってもっとも重要な仕事とされる訴答である。このようにコモン・ローの骨格は訴訟方式により提供され，その周辺に実体的なルールが形成されていった。

（高　友希子）

▷4　決闘裁判
神は正しき者に味方するという信念の下で訴訟当事者を決闘させ，勝利した者の主張が正しいとする審理方式。イングランドにおいては，（重罪）私訴追や権利令状に基づく不動産訴訟で多用されたが，次第に用いられなくなり数世紀間廃れていたが，1818年に認められてしまったことをきっかけに，1819年に正式に廃止された。II-3-2も参照。

▷5　「グランヴィル」
公式名は *Tractatus de Legibus Consuetudinibus Angliae*。かつては，通称名となっているグランヴィル（裁判官，政治家）自身が著者とされていたが，現在は，国王裁判官の一人によって，1187～89年頃に書かれたものとされる。

▷6　大法官府
国王の書記として国璽を保管していた大法官が主宰した役所で，中世以来，国璽を付したすべての令状を発給した。コモン・ロー裁判所で訴訟を開始するために必要な訴訟開始令状もこの中に含まれていた。

読書案内
マグナ・カルタについては，J・C・ホウルト（森岡敬一郎訳）『マグナ・カルタ』（慶應義塾大学出版会，2000年）が手に取りやすいだろう。コモン・ローの形成をはじめイングランド法の歴史全般を知りたい場合には，J・H・ベイカー（深尾裕造訳）『イギリス法史入門（第5版）第1部〔総論〕』（関西学院大学出版会，2023年）をおすすめする。

4 ボーヴェジ慣習法書

中世フランスのカペー朝王権は，当初パリ周辺の王領地を支配下に置くのみであった。しかし，フィリップ２世が国内のイングランド領の大半を奪還して王権伸長の礎を築き，ルイ９世はアルビ十字軍を契機として南仏を支配下に置くと，地方によって異なる法のあり方が認識され，「慣習法書」が編纂された。「慣習法書」は各地の慣習法や裁判実務のあり方を伝える一方，随所に学識法[1]の影響がうかがわれる。

1 史料としての「慣習法書」

11世紀後半を画期として，中世ヨーロッパが「音声社会」から「文字社会」に移行すると，文書利用の復活によって，それまで口承であった慣習法が成文化されるにいたる。モンペリエやトゥールーズといった南仏の自治都市では，13世紀の段階で慣習法が公的に編纂・公布されたものの，北仏では，中世末期（15世紀）まで慣習法の編纂は私的な段階にとどまった。

このように，「法学者また実務家が，自身の地域またはその近辺の諸地域の慣習法について，個人的に編纂した著作物」（フランソワ・オリヴィエ=マルタン）を「慣習法書」と呼ぶ。以下は，13世紀後半に現れた典型例である。

「友への助言」（1254～58年）。ヴェルマンドワの**バイイ**[2]であったピエール・ド・フォンテーヌが，ルイ９世からの依頼で，友である親王（後のフィリップ３世）のために編纂した。任地ヴェルマンドワ一帯の「すっかり消え失せた」慣習法の他，それらを補充すべく，1220～30年頃に仏訳されたと思しき「貧者の書」[3]から多数の法文を借用している。

「裁判と訴訟に関する書」（1260年頃）：編者不詳（おそらく，**オルレアン**[4]に縁のある人物）。全342章のうち，オルレアン慣習法に関連するのは96章にすぎず，残りはすべてローマ法とカノン法の仏訳であり，それらは教皇をオルレアン司教に，ローマ皇帝をフランス王に，古代の法学者を同時代の法律家に読み替えている。

「ルイ聖王法令集」（1270年頃）：冒頭にルイ９世による２つの王令が掲げられていること，そして後世に付加された序文の内容から，公式の法典であると信じられてきたが，偽文書によって王の権威を装った慣習法書である。トゥーレーヌ=アンジュー地方の慣習法とオルレアン慣習法を収録しているが，ローマ法およびカノン法の参照・引用や王令からの借用が大部分である。ポワ

図１　13世紀の写本

出典：フランス国立図書館蔵（BnF fr. 18761）。

▷１　Ⅱ-4-1 参照。

▷２　**バイイ**
中世フランスの地方行政官。北仏では「バイイ（bailli）」，南仏では「セネシャル（sénéchal）」と呼ばれる。両者は，その性格に差異も認められるが，管轄区（bailliage/sénéchaussée）において王の利益を代表し，王令の施行や治安の維持，巡回裁判・上訴裁判の主宰，軍隊の招集や徴税を任務としていた。彼らは，管轄区における最高裁判官であり，行政の最高責任者でもあった。

▷３　Ⅲ-5-4 ▷１参照。

▷４　**オルレアン**
教皇ホノリウス３世の「大勅書」（1219年）により，パリでのローマ法教育が禁止されたことも相まって，13世紀後半にはフランスのローマ法研究の中心はオルレアンに移った。法文の仏訳が行われ，ジャック・ド・レヴィニーやピエール・ド・ベルペルシュと

トゥーからシャンパーニュにかけての一帯とブルターニュで用いられた。

2 「ボーヴェジ慣習法書」の特徴

これらフランスにおける慣習法書の白眉が「ボーヴェジ慣習法書」(1283年頃)である。編者のフィリップ・ド・ボマノワールは，ガティネのバイイを務めたボマノワール卿フィリップ・ド・ルミの次男として生まれた。おそらくオルレアンでローマ法の教育を受け，1274～83年までクレルモン=タン=ボーヴェジのバイイを務めている。その後，騎士叙任を経て，ポワトゥーに次いでサントンジュのセネシャル，ヴェルマンドワ，トゥーレーヌ，サンリスのバイイを歴任した他，法実務家としてパリの**高等法院（パルルマン）**◁5にも出入りしていた。また，1289年にはローマ法の専門家として，教皇とさまざまな法律問題を協議すべく，カノン法学者でオクセール司教のギヨーム・デ・グレズとともに大使としてローマに派遣されている。

「ボーヴェジ慣習法書」と先に挙げた慣習法書との大きな違いは，学識法に影響を受けつつも，あからさまにローマ法やカノン法を参照・引用するちぐはぐさはなく，それらを巧みに慣習法と融合させている点にある。したがって，「ボーヴェジ慣習法書」から学識法的要素を分離することは容易ではない。ローマ教皇庁に派遣されていることからも，ボマノワールがラテン語に通じていたことは明らかであるが，彼はあえて日常語であるフランシアン（パリ周辺の王領地の方言）を用いて慣習法を著述している。法律用語として，ラテン語ではなく話し言葉を用いているのは，「市民法大全」の俗語訳の展開という13世紀後期の時代的特徴もさることながら，同時代の慣習法書のように，慣習法と学識法を対置して学識法に基づく解決を接ぎ木するのではなく，学識法に慣習法を補完する先例としての役割を求めていることの証左である。ボマノワールの考えでは，まずボーヴェジで生きている慣習法とそれに基づく判例に立脚すべきであり，次いで近隣地域の判例，そして「フランス王国全土に共通の法」つまり一般慣習法に立脚すべきなのであった。

「ボーヴェジ慣習法書」の影響力に関しては，写本数の多さ（現存13部，逸失11部）にもかかわらず，13世紀から14世紀にかけての地域的なものにとどまり，後代の慣習法書に影響を与えることはなかったと考えられている。

（薮本将典）

いった高名な法学者を輩出するなど，オルレアンは「北のボローニャ」として一時名を馳せた。II-4-4▷5参照。

▷5 **高等法院（パルルマン）**
ルイ9世統治下で，諸侯の封建会議である「王会（curia regis）」から，王の諮問機関としての「国王顧問会議（Conseil du roi）」が派生し，さらにこの国王顧問会議から，封建領主の争訟や上訴を専権事項とする組織として独立した，フランス王国の最高司法機関である。パリ・シテ島の王宮内に常設されたが，百年戦争による王国内の混乱を契機として，地方にも高等法院が置かれるようになった。

読書案内
ボマノワールが生きた時代をよりよく理解するには，封建王政という制度史的な観点が不可欠である。これについては，渡辺節夫『フランスの中世社会』（吉川弘文館，2006年）が要領よくまとまっている。「ボーヴェジ慣習法書」には以下の全訳があるが，格調高い訳文と分量の多さから，通読は困難である。とはいえ，中世フランスの雰囲気を味わうべく，あえてページをめくってみるのも，面白いかもしれない。『塙浩著作集〔西洋法史研究〕2』（創文社，1992年）。

3　地域固有法の世界

5 ザクセンシュピーゲル

図1　アイケが「ザクセンシュピーゲル」を書いたとされるアルトツェレ修道院跡

出典：Wikimedia Commons.

▶1　**シトー修道会**
フランスのブルゴーニュ地方で設立された修道会。聖ベルナルドゥスのもとで大きく発展し，清貧と労働を重んじて大開墾時代の推進力となった。

▶2　Ⅱ-3-4 参照。

▶3　Ⅱ-3-3 ▶5参照。

▶4　Ⅲ-5-4 ▶4参照。

▶5　**レッピシャウ**
現在でも人口500人に満たないデッサウ近郊の村だが，中世盛期ドイツでもっとも繁栄した都市の一つであるマクデブルクから約50kmしか離れていないことを考えると，アイケは「最新情報に触れる機会のある大都市近郊居住者」のイメージで捉えるのが妥当だろう。

▶6　**絵解本**
ドレスデン，ハイデルベルク，オルデンブルク，ヴォルフェンビュッテルの4つの写本には法文理解のための挿絵が付されており，こ

11～13世紀の大開墾時代を主導したのは，1098年に創設された**シトー修道会**[1]だった。同じ頃盛んに行われた十字軍やレコンキスタもまた，それぞれイェルサレムやサンチャゴ=デ=コンポステラへの聖地巡礼熱と連動したものであり，教会改革運動の中心にあったクリュニー修道会がこれらを奨励した。イスラーム教徒の支配下にあったシチリア島をノルマン人が征服して誕生したシチリア王国では，13世紀にシュタウフェン朝のもとで最盛期を迎え，国際的な融合文化が花開いた。

1 法書の時代

商業の復活とともに情報の流通が活性化した12～13世紀のヨーロッパでは，イタリアにおけるローマ法学の復活に刺激されて，各地で「法書」と総称される法文献が生み出された。

法書は，①伝統的な不文慣習法をもとに編纂されたこと，②単なる記録ではなく編纂者にとって重要と思われたものだけが採録されたこと，③しばしば編纂者は法学識をもたなかった（大学でローマ法・カノン法を学んだ経験がない）こと，④私人により私的名義で編纂されたこと，④それにもかかわらず裁判の場で公的権力による立法のように扱われたこと，などの特徴をもつとされている。法書の代表例としては，ドイツの「ザクセンシュピーゲル」（1225年頃？），フランスの「ボーヴェジ慣習法書」[2]（1283年頃），イングランドの「グランヴィル」[3]（1115年頃）および「ブラクトン」[4]（1250年頃）などが有名である。

2「ザクセンシュピーゲル」の伝統的評価

伝承によると，東ザクセンの小村**レッピシャウ**[5]に生まれた自由人アイケ・フォン・レプゴウは，法学識をもたず，参審人としての法実務経験をもとに「ザクセンシュピーゲル」を編纂した。それゆえ「ザクセンシュピーゲル」は，「ザクセン人の鏡」という意味の表題にふさわしく，ザクセン地方の伝統的な不文慣習法を忠実に反映したものと考えられてきた。アイケは当初これをラテン語で私的に採録したが，主君であるファルケンシュタイン伯ホイヤーの求めにより，伯の城内で「しぶしぶ」ドイツ語に訳したというエピソードもよく知られている。

こうして成立した「ザクセンシュピーゲル」は，**絵解本**[6]も作られるほど普及し，やがて裁判所で公的立法のように扱われた。これを基盤として発達した普

通ザクセン法は実に19世紀まで効力を有し，ザクセン地方への包括的なローマ法継受を妨げる役割を果たしたとされる。また「ザクセンシュピーゲル」は，「**ドイッチェンシュピーゲル**」や「**シュヴァーベンシュピーゲル**[7]」（ともに1275年頃）などドイツ各地の法書にも強い影響を与えた。

このような説明を読むと，「ザクセンシュピーゲル」は法書の特徴として挙げられるものをすべて兼ね備えており，しばしば「もっとも典型的な法書」と称されてきたことも当然と思えるだろう。

3 統一法としての「ザクセンシュピーゲル」

しかし，アイケはなぜザクセン地方の慣習法をラテン語で採録したのだろうか。地域固有の不文慣習法は，アイケが「しぶしぶ」訳すまでもなく，「もともと」現地の方言（低地ドイツ語）だったはずではないか。とすれば，むしろアイケが「わざわざ」ラテン語で書いた理由こそ問われなければならない。

ドイツのカノン法史学者ランダウによる一連の研究は，こうした謎を解く鍵となる。ランダウの文献学的調査によると，アイケはファルケンシュタイン城ではなくアルトツェレにあったシトー会の修道院で，アングロ・ノルマン学派[8]のカノン法文献を参照しながら「ザクセンシュピーゲル」を編んだのだという。またランダウは，アイケがファルケンシュタイン伯ホイヤーではなく，アンハルト侯ハインリヒ１世の封臣だったことも示した。

当時の神聖ローマ帝国では，ホーエンシュタウフェン朝の**フリードリヒ２世**[9]が皇帝の地位にあった。シチリア王フェデリーコ１世として最盛期のシチリア王国をも統治していたフリードリヒは，イスラームやノルマンさらにビザンツの影響のもとで，諸部族の連合体にすぎなかった帝国を領域的支配国家に脱皮させようと試みていた。この皇帝と縁戚関係にあるアンハルト侯ハインリヒ１世がアイケの依頼主だったとすれば，「ザクセンシュピーゲル」にはアンハルト侯国の領域的支配をもくろんだ統一法整備事業という側面があったことになる。統一法の整備が主眼であったならば，当時の最先端の知見であったカノン法文献を拠り所としても何ら不思議ではないし，そう考えるならば，なぜ「わざわざ」ラテン語で編んだのかという疑問も氷解するだろう。またカノン法に依拠していたのであれば，「ザクセンシュピーゲル」がザクセン地方を越えてドイツ各地に（それどころか遠くウクライナのキーウ[10]まで）受容されたことも，何ら不思議ではなくなる。もちろん，実務経験からアイケが慣れ親しんでいたはずのザクセン法が必要に応じて「採録」されたことはいうまでもない。

ヨーロッパ各地で法書が生み出された背景には，11～13世紀ヨーロッパにおける社会像や国家観の変容があった。この時代状況に対応すべくアイケが生み出した「ザクセンシュピーゲル」は，その限りにおいて，当時の法状況の変化までも極めて忠実に反映した「もっとも典型的な法書」であった。　（屋敷二郎）

の法書の「読者」層の広さがうかがわれる。

▶7　**「ドイッチェンシュピーゲル」「シュヴァーベンシュピーゲル」**
アウクスブルクのフランチェスコ会修道士によって「ザクセンシュピーゲル」にローマ法，カノン法，バイエルンの慣習法などを加えた「ドイッチェンシュピーゲル」が作られ，これをもとに編纂された「シュヴァーベンシュピーゲル」はチェコ語やフランス語に訳されるなど広く普及した。

▶8　Ⅱ-4-6 ▶7参照。

▶9　**フリードリヒ２世**
鷹狩に関する著作を残すなど学問と芸術を好み，その優れた知性から「世界の驚異」とも称えられた。正教・イスラーム教・ユダヤ教の信仰を認め，ギリシア語やアラビア語の文献を翻訳させるなど異文化への理解が深かった。医薬分業を導入した人物としても知られる。Ⅱ-4-10 ▶1も参照。

▶10　Ⅱ-3-6 ▶6参照。

読書案内
法史における「ザクセンシュピーゲル」の位置をより広い角度から検討したものとして，屋敷二郎「中世ゲルマン法と歴史法学」森村進編『法思想の水脈』（法律文化社，2016年）がある。

3　地域固有法の世界

6　中世商人と都市法

図1　都市自治のシンボルであるローラント像（ブレーメン）

出典：Wikimedia Commons.

11〜12世紀のヨーロッパでは，皇帝・国王その他の諸侯から特許状を与えられた自治都市が発達した。自立した諸都市は商業上の利益や特権を守るため都市同盟に結集した。代表的な都市同盟としては，リューベックを盟主として北海・バルト海交易を支配したハンザ同盟がある。遠隔地貿易に従事した大商人たちは商人ギルドを結成し，市参事会を構成して市政運営にあたった。これに対して手工業者たちは同職ギルド（ツンフト[1]）を結成し，13世紀以降，都市自治への参画を求めてツンフト闘争を繰り広げた。

1　都市の自由

例えば，農奴[2]が荘園から逃亡し，荘園領主から訴追されることなく1年と1日にわたって都市に滞在し続けると，その農奴は領主の支配権から離脱することができた。「都市の空気は自由にする[3]」である。ただし，支配権から離脱した元農奴が都市の自由民として受け入れられるのか，それとも今度は滞在都市の隷属民として扱われるのかは，当該都市の法によって異なった。

もともと都市法は，市民の定期集会において1年の期限付きかつ全会一致で協定されるものだった。13世紀頃からは，立法や政治的意思決定に際して多数決原理が採用され，参事会が都市を代表するようになった。いずれにせよ都市法は市民の意思を何かしら反映していた。すなわち，都市法の多様性は，それぞれの置かれた状況の違いに応じたものだった。例えば，成長のさなかで人口を増やしたい都市では逃亡農奴も自由民として好んで受け入れたかもしれないが，すでに安定成長に入った都市では自由民の増加を嫌ったかもしれない。

とはいえ，相違点ばかりではない。荘園法や教会法など他の法源と比較するならば，細かな差異を捨象して「都市法」として一括りにできるような特徴もまた存在した。参事会の構成員として自治を担った大商人たちは，国王から直接の保護を受けて早くから地域を越えたコミュニティを形成してきた。商法[4]の起源は，衡平に基づく仲間内のルールとして大商人たちが育んできた手形や会社などに関する特別法である。都市法に緩やかな共通性がみられるのは，こうした商人たちの特別法を基礎として形成されたためである。

2　都市法家族

他の理由から，都市法の内容が一致する場合もある。都市法家族である。母

▶1　[Ⅳ-7-8] ▶2も参照。

▶2　[Ⅱ-3-2] ▶2参照。

▶3　同時代の法諺ではなく，19世紀のゲルマン法学者によって定式化された。

▶4　商法は，ローマ法継受以前から独自に発展していたことから，19世紀ドイツにおいて「ゲルマン法」（[Ⅰ-2-7] 参照）。に分類され，商法担当教授にはゲルマン法に関する研究業績が必須とされた。

法都市から娘法都市に都市法が授与されることで，都市法家族が形成される。新たな都市を建設するとき，ゼロからルールを作り上げるのは必ずしも効率的ではない。むしろ，すでに定評ある既存の都市法をまるごと受け入れてしまう方が，簡単かつ確実であろう。母法都市が娘法都市の建設者で，両者に人的なつながりがある場合はなおのことである。また，遠隔地貿易の拠点となるような都市を母法都市とすれば，娘法都市は有利な条件で交易を行えただろう。

娘法都市では授与された都市法に基づいて裁判を行うが，疑義が生じた場合には母法都市に法の教示を求めた。その際，しばしば母法都市の審判人団による法判告の形式が取られたが，これはあくまでも法の教示であって，上訴審判決ではなかった。母法都市の一例として，エルベ河畔の都市マクデブルクがある。もともとマクデブルクは，エルベ川の東に居住するスラヴ民族にキリスト教を布教するための拠点として建設された。そのような都市の性格にふさわしく，マクデブルクの都市法は「ザクセンシュピーゲル」[5]とともにドイツ東部から遠くウクライナ[6]にまで広がった。マクデブルク審判人団の法判告は，この広大な地域の法を緩やかに統一するものとなった。

▶5 Ⅱ-3-5 参照。

▶6 ウクライナの首都キーウには，1802年に建立されたマクデブルク法記念碑が，かつて同地までザクセン=マクデブルク法が伝播したことを伝えている。

3 都市同盟

都市同盟もまた都市法の共通性をもたらす要因だった。ハンザ同盟のように強力な都市同盟の場合はなおさらである。ハンザはもともと外地で商業を営むドイツの遍歴商人たちの仲間団体にすぎなかったが，14世紀後半には課税や外交を独自に行うだけでなく，独自の艦隊や要塞すら擁するまでにいたった。ハンザの勢力は1370年のシュトラールズント講和条約で頂点に達した。このときハンザ「都市同盟」はデンマーク「王国」と対等に交渉に臨み，デンマーク王位継承に対する拒否権までも獲得した。それゆえハンザからの追放は政治的にも経済的にも大打撃をもたらしかねなかったので，加盟都市はハンザ会議でなされた決議（ハンザ協定）を遵守した。最盛期には200とも300ともいわれる都市がハンザに加盟したことから，ハンザがヨーロッパ北部の都市法に一定程度の共通性をもたらしたこともまた想像に難くないだろう。

もちろん都市同盟のすべてがハンザのように強力だったわけではない。1346年に結成され，1815年にウィーン会議で解体されるまで存続したオーベルラウジッツ六都市同盟は，ドイツでもっとも長く続いた都市同盟だが，名前の通り加盟都市はわずか6つだった。六都市同盟は域内平和にこそ寄与したが，緩やかな連携にすぎず，対外的影響力はほとんどなかった。盟主はバウツェンで，会議はレーバウ（現ポーランドのルビニェツ）で行われ，経済的にはゲルリッツが主導した。西スラヴ系少数民族のソルブ人が居住するドイツ東部ラウジッツ地方からポーランド南西部シレジア地方にかけて加盟都市が分布したこともあり，バウツェンは現在もソルブ文化の中心地となっている。　（屋敷二郎）

読書案内

『概説西洋法制史』第6章「封建社会」は，中世都市成立期の社会状況について概観を与えてくれる。H・プラーニッツ（林毅訳）『中世ドイツの自治都市』（創文社歴史学叢書，1983年）は，中世都市法史を代表する研究者によるコンパクトな解説である。

3　地域固有法の世界

7　神聖ローマ帝国と金印勅書

東フランク国王オットー１世の皇帝戴冠（962年）により成立したとされる神聖ローマ帝国は超国家的性格をもつものであった。オットーのザクセン朝からザーリアー朝を経てシュタウフェン朝の崩壊までこの帝国はその普遍性を主張したが，やがて実質的には「ドイツ帝国」へと転化し，またその国内統治も諸邦分立状況へと進む。その転換点となったのが「金印勅書」（1356年）であった。

1　神聖ローマ帝国の成立とシュタウフェン朝までの展開

異教徒マジャール人の侵入を斥けることにより「皇帝」と呼ばれていたオットーがローマ教皇により加冠されたことは，理念的には800年のカール戴冠による西ローマ帝国再興の再現であった。これによりドイツ[1]国王がキリスト教世界を守護するローマ的皇帝権をも担うことになり，「ローマ帝国」「神聖帝国」あるいは「神聖ローマ帝国[2]」と呼ばれる超国家的領域が成立した。

ドイツ王権にとって皇帝としての使命を果たすことは単なる理念上の問題ではなく，西ヨーロッパの諸王よりも優位な存在であることを示し，またドイツ国内での権力基盤を確立するという実質的な意味をもっていた。この点で重要なのが後述の帝国教会政策とイタリア政策である。前者の大前提は皇帝が教会に対する支配権を有していることであり，そのため歴代ドイツ国王は皇帝戴冠のためイタリア遠征を行った。ザーリアー朝まで帝国統治の根幹であった帝国教会政策は叙任権闘争によって揺らぐことになり，シュタウフェン朝のもとで12世紀の皇帝フリードリヒ１世（バルバロッサ）がイタリアからの利益を求め，皇帝権力の新たな根拠を求めつつ精力的にイタリア遠征を行った。これらの政策は帝国の普遍的支配を維持するためのものであったが，その歴史的過程には後の諸侯権力自立化の芽が内在していた。

2　帝国教会政策とイタリア政策

治世の前半に有力な部族勢力の自立化に悩まされていたオットーは，超部族的存在である教会と結んで国内を統治する政策をとった。「王かつ祭司」として教会に対する人事権，具体的には司教や修道院長などの高位聖職者の任命権（叙任権）を有する限り教会領は世襲化の心配がなかったため，教会に不輸不入の保護を与えると同時に帝国の維持と拡大のための統治機関と位置づけたので

図１　アーヘン大聖堂

カール大帝が建立したアーヘン大聖堂。神聖ローマ帝国の多くの皇帝がここで戴冠式を執り行った。
出典：Photo by CEphoto, Uwe Aranas.

図２　金印勅書

神聖ローマ皇帝カール４世による1356年の金印勅書。
出典：Wikimedia Commons.

▶１　オットーの時代に「ドイツ」は正式な国名としては登場しないが，この時代に「ドイツ」が徐々に形作られてくることから，以降の記述では「ドイツ」を用いることにする。

▶２　「神聖ローマ帝国」という呼称が公文書に現れるのは，皮肉なことに皇帝の普遍的支配権の実体が失われていた大空位時代であった。

▶３　Ⅱ-3-11 参照。

▶４　バルバロッサは皇帝権について教皇を介してで

ある。しかし，叙任権闘争[3]を終結するために締結されたヴォルムス協約（1122年）において皇帝は封建君主としての授封の権限は確保したが，教会支配に対する宗教的基礎を失うことになり，教会領は封建諸侯化し，ドイツ特有の聖界諸侯という政治勢力を生み出すことになった。

皇帝による世界支配という中世的理念を追求し[4]，イタリア政策を精力的に展開することで王権を再建しようとしたのがシュタウフェン朝のフリードリヒ1世であった。彼は皇帝権の根拠をローマ法に求め，イタリアの諸都市における皇帝大権を主張した[5]。他方，ドイツ国内ではザクセン公ハインリヒの帝国追放によって得られた大公領（ザクセンとバイエルン）の分割と配分を契機に，今までの大公領より小ぶりな公領を封（レーエン）として諸侯と主従関係を結ぶことにより，封建制の再構築が行われた。皇帝から直接授封されるこれら有力者たちは「帝国諸侯」と呼ばれる。皇帝はこれら諸侯に領内の支配を認めた。ここにおいて王国を構成するのは国王と帝国諸侯という枠組みが生まれることになる。

3 金印勅書

封を媒体とした主従関係による統治が安定するかどうかは王権の力に依存する。バルバロッサの孫フリードリヒ2世の死後わずか4年後にシュタウフェン朝は途絶え，帝国を担う皇帝不在の「大空位時代」（1254～73年）となった。空位期はハプスブルク家のルドルフの選出をもって終わるが，その後も異なる王朝から短期間にめまぐるしく国王が選出される状況が続いた。この混乱状況を収束させたのがカール4世の「**金印勅書**[6]」である。

金印勅書の国制上の重要な点は国王（神聖ローマ皇帝）の選出と選帝侯の特権が定められたことであるが，いずれも13世紀以来の慣行および慣習法を成文化したものであった。国王の選出は7人の選帝侯の単純過半数によること，選挙結果に従わない場合は選帝侯位を失うと定めて対立国王を生み出していた二重選挙を封じ，選挙結果に教皇の承認は必要ないとして皇帝選挙はドイツ国王選挙によって完結することが確認された。

ここで重要なのは選帝侯に与えられた特権である。フリードリヒ2世の諸侯法[7]により帝国諸侯にはすでに多くの特権が付与されていたが，金印勅書では選帝侯に対して国王大権に属する裁判高権，鉱山採掘権，関税徴収権，貨幣鋳造権に加え，不移管・不上訴特権が与えられ，選帝侯領は投票権の混乱回避のために不分割（単子相続）とされ，選帝侯への敵対な行為は禁止された。ここにおいて選帝侯には領国における「主権」が帝国基本法によって実質的に承認されたことになる。その後，他の帝国諸侯も同等の権利を獲得するようになり，神聖ローマ帝国は皇帝と帝国の諸身分（帝国等族）とによって構成される等族国家への道を歩むことになる。　　　　（村上　裕）

はなく神に直接由来するものであると主張し，「神聖帝国」という呼称を正式に用いた。

▶5　第2回の遠征時にバルバロッサはロンカリアの地で開催した帝国議会にボローニャから4人の博士を招き，裁判権，貨幣鋳造権，関税権などは王権（レガーリア，regalia）に属すること，また，ローマ法の命題に基づき皇帝は立法権を有することを主張した。Ⅱ-4-3 も参照。

▶6　**金印勅書**
勅書の印璽に黄金を用いたためこのように呼ばれ（図2参照），このカール4世の金印勅書がもっとも有名である。

▶7　フリードリヒ2世は息子ハインリヒをドイツ国王に選出させる代償として聖界諸侯に特権を付与した。ドイツ国王となったハインリヒ（7世）が王権強化を進めたことに対して諸侯は反発し，聖界諸侯と同等の特権を要求し，フリードリヒはこれを認めざるをえなかった。諸侯に対するこの2つの協定を「諸侯法」という。

読書案内
本節では金印勅書までしか説明できなかったが，山本文彦『神聖ローマ帝国――「弱体なる大国」の実像』（中公新書，2024年）は序章で神聖ローマ帝国の基本的な枠組みとその歴史を考察する際の2つの視点を提示したうえで，帝国の終焉（1806年）までの通史を描いており，最近の帝国評価を含めて神聖ローマ帝国を理解するのに有益な文献である。

3　地域固有法の世界

8　ラントにとって有害な人々

図1　中世ヨーロッパの「耕す人」

出典：HORAE B. Mariæ. Virginis et Officia varia. A Book of Hours. A man with a horsedrawn plough.

11世紀後半から13世紀にかけて，西ヨーロッパ中世世界は大きく変容した。レーエン制の確立や農業生産力の向上は人々の生活に安定をもたらし，商工業の発展を促すとともに人口を増大させた。それを受け，西ヨーロッパ世界は，十字軍や東方植民，レコンキスタ等により周辺に向けて膨張を進めた。12世紀ルネサンスによる文化的な興隆も含め，充実した時代を迎える中で，法もまた社会生活の変容に応じ少しずつその姿を変えていった。

1　中世社会の変容と紛争解決

生産力の向上と人口の増加は，法との関係ではまず，社会的分業のさらなる発展として影響を及ぼした。13世紀の詩人**フライダンク**[1]が詠った「祈る人」「戦う人」，そして「耕す人」の区分がそれである。従来，経済力や戦闘能力における格差のほぼ存在しない水平的な社会においては，その中で生じた紛争に対してはフェーデ（私戦）と呼ばれる自力救済による対応が基本として考えられていた。フェーデによる対応は，しかし延々と繰り返される復讐による危険を社会全体にもたらすことになった。これを抑制する必要性は理解されていたが，当事者にとって伝統的な自力救済は有用であり，これを完全に代替しうる別手段が存在しなかったことから制度として維持されてきた。しかし，社会的分業，とくに兵農分離の進展がもたらした生活形態の多様化は，その中で生じた紛争の少なくとも一部に対しては自力救済によって対応することを困難なものとした。すなわち，ある程度以上の武力を用いた略奪[2]がなされた場合，農民や都市の市民は自力救済によってこれに対応することはほぼ不可能だった。そのため自力救済に代わる新しい紛争解決手段が求められたが，中世法に突きつけられたこの課題に対する解決もまた，社会構造の変化によってもたらされることとなった。

2　ラントにとって有害な人々

自力救済に代わる新たな紛争解決手段として位置づけられたのは，ラント平和令[3]による生命刑・身体刑を中心とした刑罰の賦課という概念であった。一定程度以上の戦闘力を備えた者に対峙できるのは公的な権力しかありえず，刑罰はフェーデ禁止への違反者だけではなく，実質的に自力救済の対象となりえない武装した盗賊的加害者にまでその対象を拡大させた。例えば，居所を転々と

▶1　**フライダンク**
シュヴァーベン地方出身の吟遊詩人。代表作に『世間知』。

▶2　後の時代にはフェーデ権の行使を悪用し，略奪を行うことで生計を立てる盗賊騎士と呼ばれる存在すら現れ，都市全体がその攻撃にさらされることもみられた。

▶3　II-3-10 参照。

しながらラントの街道端で狼藉をはたらく神出鬼没の常習犯罪者たちである。彼らは，農民や市民たちからなる一般社会に無視しえない重い負担を負わせる存在として「ラントにとって有害な人々」と呼ばれ，その悪行は現代的観点からも刑事手続と呼ぶにふさわしい新しい紛争解決手段によって対処されることになった。

この概念の発展に強い影響を与えたのは，宗教的観念を背景とした，風評に対する見解の変化であった。手続において被告とされた者に悪しき風評があるかないかによってその後の扱いを変える，ローマ法からカノン法に引き継がれた考え方は，ハインリヒ4世[4]のラント平和令や第2次マインツ・ラント平和令にもみられ，このことが「ラントにとって有害な人々」すなわち悪しき風評のある者に対する特別な手続や科刑を後押しすることとなった。

3 公的機関による手続

「ラントにとって有害な人々」に関しては，その犯罪の訴追は公的機関の使命であるとされた。彼らが捜査の対象とされるためには，原告による訴追意思の表明は必要とされず，ただ罪を犯したとの風評があれば十分だった。手続そのものは前時代の現行犯手続に由来していた。通常の手続であれば犯罪の容疑を課された被告には雪冤宣誓[5]等による無罪証明の機会が与えられたが，現行犯手続においては原告が被告の有罪を証明できれば被告に反対証明のチャンスはなかった。風評によって開始される「ラントにとって有害な人々」に対する手続も同様に，ラントにとっての有害性が証明されれば，被告たる彼らに対し雪冤宣誓への道は閉ざされることとなった。さらにこの証明には原告による宣誓と規定の人数による補助宣誓があれば足り，14世紀の半ば以降，とくに諸都市はこの手続を用いて「ラントにとって有害な人々」に対する対処を容易に——あるいは短絡的に——行ったとされる。

このようにして，公権力による犯罪訴追は続く時代にはもはや当然のものとして定着するにいたり，ラント平和令に基づく刑罰制度の実効性を高めた。また，被告または被告人から能動的な無罪証明の機会が失われる流れが受け継がれたために，やがて各地域において刑事手続の危険性が増大していくことになった。これらは，中世後期に，ローマ=イタリア法学によって理論的に形成された糾問訴訟や法定証拠主義の継受による刑事手続の変革を促す背景事情となった。各ラント平和令や「ザクセンシュピーゲル[6]」とは異なり，その精華である「カロリーナ刑事法典[7]」には，もはや「ラントにとって有害な人々」に関する記述は見出せないが，大逆・反乱や魔法など共同体全体を危険に陥らせる犯罪類型を例外犯罪[8]とし，通常のものとは異なる科刑や手続の行使を可能とする考え方は受け継がれている。この継受は，とりわけ魔女裁判という形で近世の西ヨーロッパ社会に大きな影響を及ぼすこととなる。　（藤本幸二）

▶4 Ⅱ-3-11 参照。

▶5 Ⅱ-3-2 参照。

▶6 Ⅱ-3-5 参照。

▶7 Ⅲ-5-7 参照。

▶8 例外犯罪，あるいは魔女裁判については Ⅲ-6-1 参照。

読書案内

「ラントにとって有害な人々」とそれにまつわる刑事手続の発展については，やや難解ではあるが若曽根健治『中世ドイツの刑事裁判——生成と展開』（多賀出版，1998年）が詳細に論じてくれている。

3　地域固有法の世界

9 神の平和

フランク国王で西ローマ帝国を復活させたカール大帝（742～814年）は広大な王国を支配するために全国を州に分け，地方の有力豪族を州の最高権力者である伯に任命し，伯によって各州を統治させた。また，伯の統治を監督するために巡察使[▷1]を送った。しかし，その死後フランク王国は分裂し，東フランク，西フランク，イタリアに分かれた。ノルマン人やマジャール人，サラセン人などの侵入もあって，王国の統治は弱体化し，国内は乱れた。

1 神の平和の誕生

弱体な王権のもとで勢力を拡大していったのが伯をはじめとする大小の封建貴族であった。封建貴族は領土を有するので領主でもあった。領主たちはそれぞれ城砦を有し，そこを拠点として互いに自己の利益の拡大を目指し，紛争もまたしばしば自身の武力によって解決しようとした。そのために戦争や暴力は絶えず，武器をもたない聖職者や農民たちは大きな被害を被った。

このような状況の中で現れたのが「神の平和」である。神の平和とは，大司教や司教が管轄する区域内の領主たちを含むすべての人々を集めて，聖職者など特定の人々に対して，また教会など特定の場所において，集会に参加した人々，とくに貴族や騎士たちが理由なく暴力を振るわない，と神の前で誓い，決議することである。大きな被害を被っていた教会の司教などが発起人となって，そのための**教会会議**[▷2]を平和集会として開催し，神の名のもとに平和を誓ったことから，これを神の平和という。

最初の神の平和は，989年にフランスのアキテーヌ地方にあるシャルー修道院で開かれた教会会議であった。ボルドーの大司教がその大司教区の司教たちを集め，「すべての男女」とともに「神の慈悲の支援」を求めて，次の３つのことを決議した。すなわち，①教会に侵入し強奪を行った者は破門[▷3]とすること，②農民その他の貧者から財産を略奪する者は破門とすること，③武器を携行していない聖職者を襲撃する者は破門とすること，である。

貴族や騎士に対する襲撃や強奪の禁止は規定されていない。彼らは武器をもっているので自衛が可能だからである。神の平和は武器をもたない者たちやその者たちの住居に領主などが武力によって攻撃し，その生命や財産を奪うのを防ぐことが目的であった。教会など特定の場所と聖職者や農民，貧者など人について限定的に暴力の行使を禁止するというこの方式は，その後の平和決議

図１　クレルモン教会会議

1095年11月18～28日にかけて開催され，神の平和と神の休戦などが11月27日に決議された。その後，同日中に，修道院の外で，十字軍が呼びかけられた。

▷1　[Ⅰ-2-10]▷1参照。

▷2　**教会会議**
司教たちが集まって教義など信仰に関わる議案を審議する会議。司教や大司教が主催する場合もあれば，ローマ教皇が主催して多数の司教たちを集める大規模な教会会議もある。ローマ教皇が全教区の司教たちを集め開催する会議は，とくに公会議と呼ばれる。カトリックの公会議は325年のニカイア公会議以降，1962～65年の第２回バチカン公会議にいたるまで21回開催されている。

▷3　[Ⅱ-4-7]▷7参照。

のひな型となった。

2 神の平和の拡大と神の休戦

平和決議はその後，対象を農民や商人などの生命，財産にまで拡大しつつ，フランスの各地に広がっていった。アキテーヌからアルル，リヨン，ブルゴーニュからさらに各地において平和のための教会会議が開かれていった。人々は司教の呼びかけに応えて集まり，神に向かって「平和！ 平和！ 平和！」と叫んだという。平和の誓約はさらに進み，ブールジュの大司教アイモは1038年に教会会議を開いて，平和の約束に反し，平和を乱す者たちに対しては武器をもって攻撃すべきことを約定とする，という決議を定めた。アイモは平和部隊を率い，当初は近隣の領主たちを破り進軍を続けた。しかし，最後に決定的な敗北を喫し，700名もの聖職者を失ったという。こうして神の平和運動は挫折し，その後，教会は一定の領域の一定の期間を平和の対象とする神の休戦へと方向を変えた。その期間とは，キリスト教の神聖な日とされる木曜日から日曜日まで，さらに各種の祝祭日やクリスマス期間のことである。一定範囲内の，すべての人と場所が平和の対象となった点で，神の休戦は領域の一元的平和化へと一歩進んだものだった。神の休戦も多くの教会会議で決定された。

3 神の平和と十字軍

神の平和や神の休戦はより大きな範囲でも決定された。1095年，ローマ教皇**ウルバヌス２世**[4]はクレルモンに教会会議を開き，300名を超える司教たちを集めて，修道士，聖職者，女性たちは常に平和を守護されねばならない，と神の平和を決議した。また，その他の者たちについても，木曜日から月曜日に加害がなされた場合には侵害者は処罰されねばならない，という神の休戦を定めている。平和が決議された後，ウルバヌス２世はさらに野外で演説を行い，騎士たちにキリスト教徒の間で暴力を行使することをやめるように訴えた。

しかし，その訴えは，より重大な別の勧説と結びついていた。十字軍の派遣である。神の平和が求められるのはキリスト教徒相互の間でのことで，騎士たちの武力はすべて異教徒に対して向けられねばならない。聖地イェルサレムはイスラーム教徒によって汚されている。イェルサレムを解放し，浄化しなければならない。ローマ教皇はそう演説した。人々はその演説に熱狂した。

ウルバヌス２世は教皇革命[5]の推進者で，ローマ教皇と教会の優位を確保しようと努めていた。十字軍は神の平和と連動して，ローマ教皇の権威を高めることに成功した。しかし，その一方で，世俗権力もまた十字軍に協力しつつ，自己の側からの平和秩序形成に向かっていった。神の平和に代わる，世俗権力による平和形成はラント平和（ラントフリーデ）[6]と呼ばれた。　（山内　進）

▷4　**ウルバヌス２世**
1088年からローマ教皇。クリュニー副修道院長を経て，グレゴリウス７世の枢機卿として叙任権闘争（教皇革命）の推進に中心的な役割を果たした。グレゴリウス７世の次の次の教皇となり，困難な状況を克服して，ローマ教皇の地位と権威を決定的に高めることに成功した。クレルモンの教会会議で俗人の叙任権の否定を確認し，ローマ教皇の権限として罪の赦免を与えることを，十字軍への最初の呼びかけの中で伝えた。

▷5　Ⅱ-3-11 参照。

▷6　Ⅱ-3-10 参照。

読書案内
堀米庸三『ヨーロッパ中世世界の構造』（岩波書店，1976年）は，神の平和の歴史的重要性を指摘した論稿を含む西洋中世国制史の基本書である。今野國雄『ヨーロッパ中世の心』（NHK 出版，1997年）は第三章に「戦争と平和――『神の平和』と十字軍」を載せており，有益である。神の平和にも目配りをした池谷文夫『ウルバヌス２世と十字軍――教会と平和と聖戦と』（山川出版社，2014年）は簡潔でわかりやすい。神の平和そのものを主題とした著作としては，「民衆運動」とのつながりに着目したＢ・テップァー（渡部治雄訳）『民衆と教会――フランスの初期「神の平和」運動の時代における』（創文社，1975年）がある。

3　地域固有法の世界

10 ラント平和

図１　第３回十字軍

出典：Schlacht von Arsuf, Eloi Firmin Feron (Wikimedia Commons).

▶1　Ⅱ-3-7 参照。

▶2　Ⅰ-2-7 参照。

▶3　Ⅱ-3-9 参照。

▶4　Ⅱ-3-11 ▶2参照。

▶5　Ⅱ-3-5 ▶9，Ⅱ-3-7 ▶7参照。

第３回十字軍（1189～92年）は，神聖ローマ皇帝フリードリヒ１世[1]，フランス王フィリップ２世，イングランド王リチャード１世という最高権力者たちが参加したことで有名である。この３人はまた，分権的な中世的体制から集権的な近代的体制への変換に道筋をつけたという点においても重要である。

1　フェーデ制限の試み

ゲルマン諸部族が部族国家を成立させた時期からすでに，自らの伝統でもあったフェーデ[2]による紛争解決は共同体に大きな危険をもたらすという認識が存在し，統治者にとってフェーデは抑制されるべき対象となっていた。部族法典による贖罪金の明示は代替策を示すことによるフェーデ抑制手段の一つであったが，こうした取り組みは神聖ローマ帝国内においても引き続き大きな政策課題として考えられていた。教会による神の平和[3]の試みとその成功が大きなヒントを与えたことは，皇帝ハインリヒ４世[4]が帝国を対象として発した最初のラント平和令である第１次マインツ帝国ラント平和令が，すでにマインツで宣言されていた教会による神の平和のあとに発せられたということから明らかである。国家的な平和と秩序の形成に向けた動きはその後も続き，フリードリヒ１世の大ラント平和令はその効力範囲を全帝国にまで拡大させ，フリードリヒ２世[5]の第２次マインツ帝国ラント平和令（1235年）は，それまでのラント平和令が期間を限って発せられていたのに対し，無期限でフェーデを強く制限するものであった。これにより，騎士や貴族，あるいは市民が自分の権利が侵害されたと感じたとしても，フェーデに訴えることはもはや正当ではないと考えられるようになった。もちろん，これでフェーデがすぐになくなったわけではない。フェーデが完全に廃止されたのは，さらに260年後の「永久ラント平和令」（1495年）によるものである。

2　ラント平和令の規定内容

ラント平和令は神の平和と同様に，フェーデを直接的に制限することを目的としていた。永久ラント平和令以前，フェーデはまだ完全に禁止されていなかったが，曜日や対象者，場所によりその実行は制限されていた。また，紛争はまず法廷に持ち込まれ，法的拘束力のある判決が下されなければならないとされた。しかしこうした制限が実効性をもつためには，平和を破りフェーデを実行した者に対し何らかの制裁が働く必要があった。神の平和では破門[6]が担っていたこの役割を担ったのが，行為者の生命または身体に加えられる懲戒としての刑罰である。例えば第２次マインツ帝国ラント平和令は次のように定める。「第１条　所定の平和時に他人を殺した場合，決闘で自分の命を守るために行ったことを証明しない限り，死刑に処せられなければならない（後略）」。「第３条　所定の平和時に他人を傷つけた者は，決闘で自分の命を守るために行ったことを証明しない限り，その右手を切断される（後略）」。

ここからわかる通り，ラント平和令は現代のわれわれが慣れ親しんでいる刑罰および実体刑法の源流なのである。

しかし，伝統的な慣習を抑圧するためにこれほどまでに強力な権限を公権力，とくに帝国が行使することに対しては，とりわけイタリアの諸都市からの反発が強く浴びせられた。ミラノやクレモナといった諸都市はフリードリヒ１世のラント平和令に公然と反旗を翻し，平和は発布からわずか数カ月で破られた。他方，フリードリヒ２世の第２次マインツ帝国ラント平和令には刑罰規定の他に，裁判所や貨幣，税関，交通，要塞建設，教会の領地などについての規定が含まれ，神聖ローマ帝国の基本法の一つとして効力を持ち続けた。

3 歴史的意義

このように帝国ラント平和令は，政治史的な意味合いとしては立法という手段により諸侯に対し帝国における帝権を確立することを目指したもので，その試み自体は限定的な成功を収めたにとどまった。しかし，フェーデの抑圧という直接的な目的との関係においては，神の平和との複合により少なからぬ前進が示されたといえるだろう。折しも，「ラントにとって有害な人々[7]」の出現等により，治安と従来の紛争解決手段に対する不安が広がりつつあった中世初期ヨーロッパにおいて，公権力の能動的な介入による刑罰の賦課という形で解決が図られる可能性が示されたことは，伝統的な法観念に反するものだったにもかかわらず好意的に受け止められたものと考えられる。

犯罪訴追による治安の維持が他ならぬ領主の義務であることが明示され，領主たちはそのための機関を整備し，人員を配置し，はじめは被害者等の私人による訴えに応じて，後にはそうした訴えがなくとも犯罪に関する風評や通報等を受けて刑事手続[8]を起動し，仲裁や調停にとどまらない強制力を伴った訴訟を主催し，判決に基づいて生命刑や身体刑を科すことができるようになった。民事責任と刑事責任との区別が進み，実体刑法が発展を開始する基盤が形成されたのである。しかし，この時代の刑事手続は各地域の慣習に基づいて形成されたものであり，制度間の差異も激しく，またとくに証明手続における非合理性の克服は大きな課題として次の時代に持ち越されることとなった。

（藤本幸二）

▶6 Ⅱ-4-7 ▶7参照。

▶7 Ⅱ-3-8 参照。

▶8 風評に基づく刑事手続については Ⅱ-3-8 参照。

読書案内

ラント平和令についてまとめられた邦語文献は限られるが，渡辺節夫編『ヨーロッパ中世の権力編成と展開』（東京大学出版会，2003年）収録の土浪博「ドイツ中世におけるフェーデ・ラントフリーデ・国制」が参考となる。

3　地域固有法の世界

11 教皇革命と合理化

ゲルマン社会にキリスト教を布教したのはローマ教会だった。6世紀末の教皇グレゴリウス1世の時代に布教は進み，その後カール大帝はザクセン人などを征服，改宗させ，キリスト教世界の拡大に成功した。皇帝の後援を得て，教会は権威を高め，大司教や修道院長などは荘園をもつ大領主にもなった。皇帝や国王は親族などの俗人をその地位につけ，政治に利用した。これに対する改革運動の中から勃発したのが叙任権闘争だった。

1 教会改革

中世前期の社会は聖俗混淆の世界であった。皇帝や国王が「キリストの代理人」とされ，ローマ教皇と教会の保護者であった。ローマ教皇は特別の権威を有するとはいえ，皇帝の保護のもとにある「聖ペトロの代理人」にすぎなかった。司教を任命し，その権威を象徴する指輪と杖を司教に与えたのも皇帝や国王であった。任命された大司教や司教もまた聖的事柄だけでなく，世俗的活動も行い，帝国や王国の政治や軍事に関わった。武器を自ら携帯する聖職者すら存在し，妻帯や性的放縦，聖職売買も珍しくなかった。このような状況に対して，10世紀のはじめにクリュニー修道院から教会改革運動が始まり，その動きは全ヨーロッパに拡大していった。

2 教皇革命としての聖職叙任権闘争

クリュニー修道院が求めたのは教会の浄化と純化だった。教会を浄め，教会を純粋なものとすることが大切だった。そのために，世俗的な要素の徹底した排除が求められた。この運動のもとで，聖職者の妻帯や性的放縦，司教や修道院長の権力者による任命，俗人の叙任は決して認められないことが明らかにされた。これは現実を批判し，現実と対立した。その対立は先鋭化し，改革派の戦闘的推進者であるローマ教皇**グレゴリウス7世**[1]のもとで，世俗権力との闘争が発生した。

グレゴリウス7世は，大司教や司教の任命権つまり叙任権はローマ教皇にのみあるとの考えの下に，席の空いたミラノ大司教の任命に俗権が関わることを拒絶し，1075年末に「教会の自由」を主張した書簡をドイツ国王（後の神聖ローマ皇帝）**ハインリヒ4世**[2]に送った。ハインリヒ4世はグレゴリウス7世を廃位するが，グレゴリス7世は逆に国王を破門[3]した。ドイツの諸侯は王権の強化を

図1　カノッサの屈辱（1077年）

カノッサの城主トスカナ女伯マティルダ（右端）とクリュニー修道院長フーゴー（左端）に教皇グレゴリウス7世へのとりなしを求めているドイツ国王ハインリヒ4世（中央）。

▶1　**グレゴリウス7世**
トスカナの生まれ。前名はヒルデブラント。教会改革派の中心人物。教皇庁の幹部となって実力を蓄え，教皇選出後は国王による司教職叙任を禁止して，とくにドイツ国王と対立した。

▶2　**ハインリヒ4世**
ドイツ王国の集権化を目指し，ドイツ諸侯と対立した。グレゴリウス7世との戦いで諸侯の協力を得ることができず，カノッサの屈辱にいたった。ローマに侵攻して神聖ローマ皇帝になったあとも諸侯の反乱にあい，失意のうちに死亡した。

▶3　Ⅱ-4-7 ▶7参照。

▶4　**対立教皇**
ローマ教皇の地位をめぐる争いで，すでに教皇が存在していても，反対派が実力

恐れてハインリヒ４世に従わなかったために，ハインリヒ４世は孤立し，教皇が滞在していたカノッサに向かい，許しを請うことによってようやく破門を解除された。これをカノッサの屈辱（1077年）という。ハインリヒ４世はその後1084年にローマのグレゴリウス７世を襲い，教皇はローマからの脱出と亡命を余儀なくされた。この年，ハインリヒ４世は**対立教皇**[4]クレメンス３世によって加冠され，神聖ローマ皇帝となった。グレゴリウス７世は亡命地のサレルノで死亡した。その後も，教会と皇帝との戦いは続いたが，**ヴォルムスの協約（1122年）**[5]で妥協が成立し，ローマ教皇の聖職叙任権が正式に認められることになった。

叙任権闘争の直接的な論点は，皇帝・国王とローマ教皇のいずれが聖職叙任権を有するか，という問題である。しかし，それはさらに大きな歴史的意義をもっていた。その意義とは聖俗の分離とそれに続く合理化の進展である。叙任権闘争によって，「キリストの代理人」という名称は皇帝や国王の手から離れ，ローマ教皇のものとなった。その結果，皇帝や国王はその聖性を大きくそがれ，もっぱら世俗的な権力（俗権）となった。聖性はローマ教皇と教皇によって任命された司教その他の聖職者に限定されることになった。聖と俗の間に境界線が明確に引かれた。相互に対立し，影響を与えることはあっても，混在する曖昧さは消失した。

政治や法が宗教を離れて独自に活動することがこうして始まった。文化や経済もまた宗教とは別の論理で進展することが可能になった。官僚制的要素を備えた王権の登場や商人を中心とした都市の成長，文書化された合理的な法，とくにローマ法によって紛争を解決しようとする動き，ローマ法の精緻な註釈的研究教育の開始，それとともに発生し発達した大学，世俗的専門知識の拡大が聖俗混淆的世界の解消によって始まった。これは革命的な構造的変化であった。それゆえ，アメリカの法制史家バーマンは，叙任権闘争とその一連の動き，そしてその後の変革を指して「教皇革命」と呼んでいる。「教皇革命」は聖俗分離を決定的にもたらしたという点において，歴史的な大事件であった。

3 合理化

聖俗分離は，ヨーロッパに合理化をもたらした。聖俗分離によって，政治や組織，経済や社会の世俗化が進み，合理的精神や制度が発達した。教皇革命を経た教会は聖職者に対し神判[6]に関与することを禁止した。神判は，自然と超自然の結合，聖俗混淆の地域共同体の存在と深く関わっていたからである。一方で，世俗の大学は宗教から離れた専門知識を生み出し，知識を武器にして生きる専門家を育て始めた。政治や社会，経済，法と法制度は合理化という近代への道を歩みだした。法の世界でその動きを決定的に進めたのは都市を舞台に成長した学識法学とその担い手である学識法曹[7]であった。　（山内　進）

によってたてる教皇。この場合，教皇が併存する。クレメンス３世（在位1080～1100年）はハインリヒ４世によって擁立され，グレゴリウス７世の後継者たちとも対立して，教皇として活動した。グレゴリウス７世から２代目にあたるローマ教皇ウルバヌス２世がローマに帰還したのは1093年であった。

▷５　**ヴォルムスの協約（1122年）**
皇帝ハインリヒ５世と教皇カリクストゥス２世との間で取り交わされた協定。教皇が教会に「指輪と杖によるすべての叙任」を委ねることが認められた。しかし，司教は封建君主としての側面については国王の大権に従うことも定められており，妥協的な性格を有している。

▷６　Ⅱ-3-2 参照。
▷７　Ⅱ-4-11 参照。

読書案内
叙任権闘争のおおまかな流れについては，木村靖二編『ドイツ史　上』（山川出版社，2022年）がある。より本格的な記述としては，オーギュスタン・フリシュ（野口洋二訳）『叙任権闘争』（ちくま学芸文庫，2020年）が挙げられる。「教皇革命」については，その概念の提唱者であるハロルド・J・バーマン（宮島直機訳）『法と革命Ⅰ　欧米の法制度とキリスト教の教義』（中央大学出版部，2011年）が詳しい。

4　学識法の成立と展開

1 総　説

図1　12世紀の写字生エアドウィンの肖像

出典：Cambridge, Trinity College, MS R. 17. 1.

手作業で書物を書き写す仕事に従事した写字生は，12世紀ルネサンスの重要な担い手だった。

▶1　12世紀ルネサンス
12世紀ヨーロッパで生じた文化的復興運動。ギリシア・ローマの古典古代の知識が再発見され，ギリシア語やアラビア語の文献の翻訳が活発に行われた。

▶2　Ⅲ-5-2 参照。

▶3　スコラ学
中世のキリスト教神学において，教義の体系化・理論化を目指した学問。古代の権威的テクストの解釈技法を発達させた。元来は教会や修道院付属の学校（スコラ）で行われた学問全般を意味した。

▶4　Ⅱ-4-4 ▶3参照。

本章では，中世盛期から後期にかけての学識法の発展を取り上げる。12世紀における古典文化の復興は，**12世紀ルネサンス**[◁1]と呼ばれる。法の領域では，古代ローマ法が再発見され，大学で学問的取組みの対象となったことに起因して，それまでの法とは一線を画する学識法が形成された。これはその後の法発展に根本的な影響を与える重大な出来事だった。

1 学識法の概念

学識法とは中近世ヨーロッパにおいて大学で教え学ばれた法を指す，講学上の概念である。その法とは主として，皇帝と教皇という中世の普遍的権威に基づくローマ法とカノン法であり，当時の用語法では「両法」や「普通法」（ユス・コムーネ[◁2]）と呼ばれていた。それにもかかわらずわざわざ「学識法」とネーミングをするのには，いくつかの理由がある。

第一に，法の学問化という特徴を強調するためである。ローマ法とカノン法についての学問は，**スコラ学**[◁3]の方法を基礎とした法源の解釈学であり，それに基づいて大学という制度の中で専門的・体系的に教授された。ここでは，法は古代から伝承されてきたテクスト（原典）の解釈という学問的検討を経た結果として認識された。ゆえに，註釈や註解などの形で表された法学者の学説それ自体も法的規範とみなされた。

ヨーロッパ法史における法の近代化過程は，「法生活の学問化」（ヴィーアッカー）として理解されてきた。すなわち，法の科学的体系化を背景に大学で学んだ学識法曹が社会に進出した結果，裁判，立法，政治，外交などを含む公的生活全体が学問的な知識と方法に基づいて合理的に営まれるようになっていくプロセスとして捉えられる。このような理解に従えば，学識法の形成は法の近代化の出発点として位置づけられよう。

第二に，ローマ法とカノン法を一体的に把握するためである。この2つの法は密接に結びつき，共に当時の法文化の共通基盤を形成していた。ボローニャの学生たちの間で流布していた「ローマ法の知識なしに養成されたカノン法学者は，無知で未熟な者とみなされる」という諺からも窺えるように，完全な法学者とみなされるためには両法に精通する必要があった。中世後期になると両者の結びつきはいっそう顕著になり，統合的な扱いが散見されるようになる。その理由は，14世紀のローマ法学者バルドゥス[◁4]が「カノン法の神聖さはローマ法の高潔さによって装飾され，逆にローマ法の威厳はカノン法の権威によって強固にされる」と述べたように，両者が相互に補い合う関係にあると理解されたためであろう。世俗と教会の法の共働関係はビザンツ帝国においてもみられ，12世紀頃には西欧と軌を一にして，それを学問的に把握する気運が高まった。

とくにドイツにおいては，「ローマ法の継受[5]」は15～16世紀に本格化すると従来考えられてきたが，実際にはそれ以前からカノン法と一体になったローマ法が，とくに教会組織を通じて法生活に深く入り込んでいたことが明らかにされている。ゆえに，中世盛期以降にみられる継受は，「ローマ法の継受」ではなく「学識法の継受」と呼ぶのがより適切であろう。この文脈でも，学識法という概念は両法を統一的に捉えることを可能にする点で有用である。

2 学識法の浸透

ボローニャに大学が設立されると，知識を求める若者たちは経済的犠牲や身体の危険を顧みず大学に集った。ただし，大学で法学を学ぶ動機には単に知識欲だけでなく，現実社会での「実利」への期待もあった。法学を学び終えた卒業生は，教会または世俗における統治や行政の場で重要な地位に就くことが一般的だったからである。実際に，12世紀にボローニャで学んだピエール・ド・ブロワは，「人を法学へと掻き立てる２つのものがある。高い地位への野心と名声の空しい渇望である」と書き残している。こうして輩出された学識法曹を介して，学識法はヨーロッパ中に普及していくことになる。

学識法曹の進出は，とりわけ教会の領域で早期にかつ広範囲に生じた。とくに当初は大学で法学を学ぶ学生の多くがそもそも聖職者身分であったし，教会では組織の維持・運営にあたって専門的な法知識をもつ人材の必要性が早くから認識されていたからである。大学を卒業した学識法曹は教会分野においてはとくに統治・行政のポストに就き，重要な役割を担った。司法の領域では，次第に学識裁判官が支配的になり，学識法に基づいた裁判が行われるようになった。

教会と比べると遅れるものの，領邦や都市などの世俗の領域にも学識法は徐々に浸透していった。こうした動向は，先行する大学のモデルに倣ってヨーロッパ各地に相次いで大学が設立されるとさらに顕著になる。ここでも学識法曹は司法関係だけなく，広く統治・行政の担い手として活動した。

慣習法ないし地域固有法の法集成からも，学識法の浸透が窺える。「ザクセンシュピーゲル[6]」「ブラクトン[7]」「ボーヴェジ慣習法書[8]」といった代表的法書や，フリードリヒ２世の法典「シチリア王国勅法集成[9]」には，さまざまな形で学識法の影響が確認できる。当然，学識法はこれらの法と抵触することもあったため，法適用の優先劣後に関する理論が発展した。しかし他方で，たとえ固有法が優先適用される場合であっても，法の解釈に際しては学識法が指針となり，地域的な法実践に大きく影響したことも明らかになっている。　（川島　翔）

▶5 Ⅲ-5-6 参照。

▶6 Ⅱ-3-5 参照。

▶7 Ⅲ-5-4 ▶4 参照。

▶8 Ⅱ-3-4 参照。

▶9 Ⅱ-4-10 参照。

読書案内

この時代の知的復興のありようを描いた古典的名著として，チャールズ・H・ハスキンズ（別宮貞徳・朝倉文市訳）『十二世紀のルネサンス――ヨーロッパの目覚め』（講談社，2017年）がある。学識法の形成とその意義については，河上倫逸「ヨーロッパにおける学識法の形成と大学」『法学論叢』109巻３号（1981年），１-28頁に要領よくまとめられている。

4　学識法の成立と展開

2 ローマ法の再発見と大学の誕生

図１　ボローニャ大学の紋章

「諸学府の実り豊かな母」という標語が書かれ，最古の大学としての自負がうかがわれる。

図２　パリ大学の紋章

大学の標語は「此処そして地上のあらゆる場所で」。

11世紀後半から西ヨーロッパは経済的成長に加えて著しい文化的成長のときを迎えた。経済活動の活性化や都市生活は人々の知的水準を向上させ，知識や学問への渇望を生み，それが大学の誕生へとつながった。ヨーロッパ最古の大学としては，ボローニャ大学（イタリア，法学），パリ大学（フランス，神学），オックスフォード大学（イングランド，神学），ケンブリッジ大学（オックスフォード大学から分裂），サレルノ大学（イタリア，医学）がとくに有名である。ここでは法学との関連でボローニャ大学について取り上げる。

1　大学の発生と学問の復興

初期の大学は誰か権力者によって創設されたものではなく，学生や教師の団体として自然発生した。前者の例がボローニャ大学，後者の例がパリ大学である。初期の段階の大学には定まった建物もなく，学生が教師に直接講義料を支払う契約形態で，進級や学位取得の制度もなかったが，時代が進んで教師や学生の数が増加していくと，本格的な団体内部の組織化や教育カリキュラムの制度化が考案された。英語のユニヴァーシティという単語はラテン語のウニヴェルシタースに由来するが，これはまさに自治権を有する団体を意味する。

大学における学問や教育の対象の多くは東方からもたらされた。当時のヨーロッパよりも文化水準が高かったイスラーム世界との交易によって文化交流が盛んになり，とくに境界地域であった**シチリア**[◁1]や**イベリア半島**[◁2]を経由して，古代ギリシアやイスラームの優れた学問の成果（哲学，科学，数学など）が西ヨーロッパに伝えられ，大学ではそれらを土台にして研究と教育が行われた。

2　ローマ法の復活

これらの学問領域だけではなく，ローマ法，とくにユスティニアヌス法典の法文も復活した。西ローマ帝国滅亡後，ローマ法も一度廃れてしまい，かろうじてローマ系住民の慣習法[◁3]の形で命脈を保っていた。しかし今や西ヨーロッパの人々は，古代ローマの法と法学の成果を学び，それを自らのものにしようという努力を始めた。商業の発展や都市生活は複雑な法的問題を発生させるが，中世の人々はその解決のいとぐちを古代ローマの叡智に見出した。彼らはここでローマ法の価値を再発見するにいたったのである。イタリアの都市ではすでに公文書や契約文書作成に携わる公証人が活動しており，彼らもより高度な法

▷１　**シチリア**
地中海のちょうど真ん中にある島。ノルマン朝シチリア王国成立（1130年）前はイスラーム勢力の支配下にあった。王国誕生後もイスラーム教徒やユダヤ教徒の住民はそのまま居住を続け，３つの宗教が共存する状態がしばらく続いた。

▷２　**イベリア半島**
後ウマイヤ朝成立（756年）以後，大部分がイスラーム勢力の支配下に置かれたため，キリスト教勢力へ奪還

知識を求めていた。

大学での学問研究の対象となったのは，ユスティニアヌス法典，とくに「学説彙纂」である。これの写本は長い間その真価を知られることなくイタリアの文書館で眠り続けていたが，人々はようやくその価値を再発見し，内容を理解するための作業を始めた。彼らは古典期の法学者たちの学説に取り組み始め，断片的に伝わっていた写本の内容を復元し始めた。彼らの研究と教育の場となったのが，まさにボローニャ大学であった。それ以前には北イタリアのパヴィア（ランゴバルド王国の首都）にも法学校が存在したが，この法学校での研究と教育の対象は主として**ランゴバルド法**[4]であり，ローマ法ではなかった。

3 諸学府の実り豊かな母，ボローニャ大学

ボローニャではすでに11世紀[5]に自由学芸や法学の教師たちが学生を集めて教育を行っていた。1158年に神聖ローマ皇帝フリードリヒ１世（バルバロッサ）は，故国を離れて勉学のためにボローニャへ赴く学生向けの特許状を与えている。法学に関しては，11世紀後半にペポという名の教師がいて教育活動を行っていたことが知られている。しかし何よりもボローニャの名をヨーロッパ各地に広めたのは，「法の灯明」と呼ばれたイルネリウス[6]であった。この人物はもともと自由学芸教師だったといわれており，やがて「学説彙纂」の詳細な解説が評判を呼び，イタリア各地，さらにはフランスやドイツなどアルプス以北の国々からも学生たちを引きつけ，ボローニャはヨーロッパ中から法学生が集まる大学町へと変貌していった。

イルネリウスの手法は「学説彙纂」の法文を詳細に註釈していくというもので，この方法が中世法学の基礎となった。彼のもとで註釈学派という一つの学派が生まれ，弟子たちの中には四博士など，彼同様にヨーロッパ中に名声が知れわたる学者たちもいた。彼らの講義は，ユスティニアヌス法典の法文の講読と説明，法文間の矛盾の調和というスコラ学（神学）の方法で行われ，その後に教師と学生とが法文と解説をめぐって討議を行った。

中世初期の教育は，古代からの伝統に従って，文法・修辞学・論理学の三科と算術・幾何学・天文学・音楽の四科からなる「七自由学芸」が主だったが，やがて法学・神学・（遅れて）医学が上級の学問としてそれらの上に置かれ，上級学部と下級学部の区分ができた。イルネリウスの少し後にグラティアヌスが，カノン法の研究にこの註釈学の方法を取り入れ，それによってこの分野はカノン法学として神学から独立していくことになった。そしてローマ法学とカノン法学は，「両法」についての学問として，中世法学を構成する２つの基礎となった。このようにして，ボローニャで生み出された教育と研究の方法が，学生や教師の移動を通じて西ヨーロッパ中に普及し，西ヨーロッパ大陸における統一的な法学の形成へとつながっていった。（阪上眞千子）

する「レコンキスタ（再征服）」運動が激化し，半島は両勢力の攻防の場となった。そのような中でも両宗教の文化的交流は続いた。

▶3 Ⅰ-2-8 ▶3参照。

▶4 **ランゴバルド法**
ランゴバルド王国はイタリア半島に568～569年に建国されたゲルマン系民族の国家で，首都はパヴィアにあった。774年にフランク王国のカール大帝によって征服され，その統治下に入ったが，その後もランゴバルド系住民たちは彼らの法を慣習法の形で維持し続けた。カール大帝死後のフランク王国分裂によって生まれたイタリア王国の首都となったパヴィアでは，後にランゴバルド法が法学校で教えられるようになった。11世紀にはパヴィアの法学者たちによって諸王の勅令をはじめとするランゴバルドの法令集『パヴィアの書』が編纂された。

▶5 現在ボローニャ大学は公式創立年を1088年としており，大学の紋章にもこの年が書かれているが，自生的に誕生した大学であるため，この年号にとくに意味があるわけではない。

▶6 Ⅱ-4-3 ▶1参照。

読書案内

ボローニャ大学の誕生と発展，学位制度の変容などについては詳細な研究文献である児玉善仁『イタリアの中世大学』（名古屋大学出版会，2007年）がある。社会史文献では，グイド・ザッカニーニ（児玉善仁訳）『中世イタリアの大学生活』（平凡社，1990年）がある。

3 註釈学派

11～12世紀のヨーロッパは，農業技術の発展に伴う生産力の向上や人口増加，商業の復活に伴う都市の復興などに起因して，社会・経済・文化の領域において大きな変化を経験した。こうした動向は，あらゆる種類の法的取引の活発化をもたらしたが，同時に旧来の法的枠組みでは対応できない問題も生じさせた。

1 註釈学派の展開

急速な変化を遂げた社会のニーズに応えるため，新たな法体系が求められていた。再発見されたローマ法はその有用性がすぐに認識されたが，古代とは条件の異なる中世社会で使用できるものにするため，ローマ法のテクストを分析・解釈する活動が行われるようになった。中世におけるローマ法への学問的取組みの痕跡は，すでに11世紀の北イタリアの都市パヴィアでみられるが，本格的な動きはそこからほど近いボローニャで始まった。

画期となったのは，ボローニャの自由学芸教師**イルネリウス**[1]が，12世紀前半にローマ法に対する研究と教育を始めたことだった。彼はユスティニアヌス法典[2]の諸巻に含まれる膨大なテクストに対し，原文の行間や欄外に註釈（グロッサ）を付して，語句や法文全体の意味内容の説明，関連する法文の参照指示，想定される具体的事実関係の解説などを行った。この方法が後のローマ法学者たちのモデルになったため，イルネリウス以降12～13世紀中葉に活躍したローマ法学者は**註釈学派**[3]と呼ばれる。

イルネリウスの後を継いだのは，「**四博士**[4]」と呼ばれる彼の弟子たちだった。すなわち，ブルガルス，マルティヌス，ウゴー，ヤコブスの4人であり，彼らはいずれもボローニャ大学で教鞭を執った。中でも，ブルガルスとマルティヌスとの間にはアプローチの対立がみられ，前者はローマ法の厳格な解釈を擁護したのに対し，後者は衡平を重視した目的論的解釈を好んだといわれる。四博士は，1158年に皇帝フリードリヒ1世[5]によって招集されたロンカリア帝国議会での立法に際し協力を求められるなど，早い時期から大きな権威を認められていた。

四博士の次の世代で際立つのは，ともに12世紀後半に活躍したヨハンネス・バッシアヌスとプラケンティヌスである。前者はブルガルスの弟子として註釈学派の正統を継ぎ，法の一般原則を導き出すための精巧な解釈技法を発展させた。後者はボローニャで教育に従事した後，南フランスのモンペリエに移り法学校を

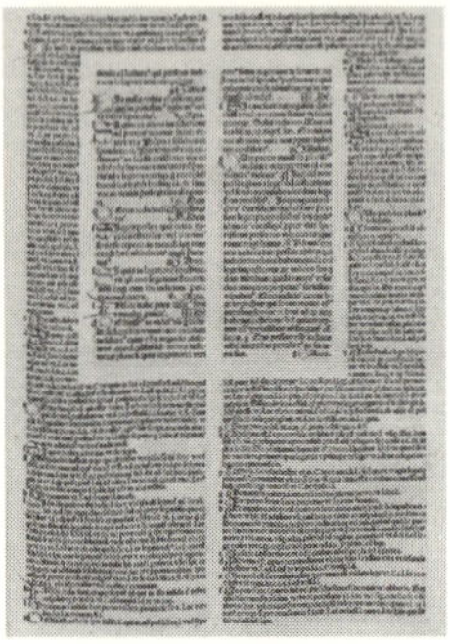

図1　標準註釈

出典：München, BSB-Ink C-604 - GW 7667.
中央に法源の原文が掲載され，それを取り囲む形で註釈が付される。

▶1　**イルネリウス**
トスカナ女伯のマティルダや皇帝ハインリヒ5世の下で法律顧問なども務めた。13世紀の法学者オドフレドゥスの記録によれば，イルネリウスより先にペポという人物がボローニャでローマ法の講義を始めていたが，名声を得ることはなかった。

▶2　Ⅰ-2-4 参照。

▶3　**註釈学派**
大学で研究・教育に携わるだけでなく，そのほとんどが裁判官，弁護士，鑑定人，法律顧問などとしても活躍していた。

▶4　**四博士**
12世紀の歴史家オットー・モレナの伝承によれば，イルネリウスは死の間際に4人を，「ブルガルスは黄金の口を，マルティヌスは豊富な法をもち，ウゴーは法の精神を，ヤコブスは私そ

開設したことで知られ，当時には珍しく古典学の素養をもった法学者だった。

次の世代に登場したアゾは，ヨハンネス・バッシアヌスの弟子で傑出した法学者だった。主著『勅法彙纂要説』（1208～10年）は，ローマ法の案内書として絶大な成功を収め，法学徒の必携書となった。この時期，過去の膨大な註釈の蓄積により，ローマ法の学習に弊害が生じていた。アゾは「諸註釈によりテクストの理解が曇らされ……，熱心な学生が……誤謬の迷路に入り込んでしまうことが実に多い」（同書序文）状況に対処するため，先行註釈を整理すると同時にローマ法のルールを体系的に叙述した。

註釈の集大成は，アゾの弟子であるアックルシウスによって行われた。アックルシウスは，9万6940に及ぶ註釈からなる註釈集を1220～40年に執筆し，イルネリウス以来の法学者たちの註釈をまとめ上げた。この膨大な仕事を成し遂げるために，先人たちの註釈も大幅に利用された。この作品は，すぐに解釈の基準たる「標準註釈」としての地位が認められ，旧来の註釈に取って代わった。裁判実務への影響も大きく，後世には「（標準）註釈が認めないものは法廷もまたこれを認めず」といわれるほどだった。以上の5世代の法学者たちにより，ローマ法学に創造的な成果が多くもたらされた。

2 註釈学派の執筆活動

註釈学派の執筆形態は，その基本的かつ主要な執筆形態である註釈だけに限られず，大学での教育と結びつく形で多彩な文献類型が考案された。

今日の教科書に相当する「**要説**[6]（スンマ）」は，ユスティニアヌス法典の各構成部分に基づいた，ローマ法の体系的叙述である。通常，「勅法彙纂」または「法学提要」の全体に基づき，その配列に従って各章の重要トピックが自由に論じられた。「学説彙纂」の構成は体系的叙述には適しておらず，とくに「勅法彙纂」（当時は9巻と認識されていた）の構成が好まれた。その他，原典全体ではなく独立して個別の章のみを扱うものや，原典の配列とは異なる順序で論ずるものなど，さまざまなタイプの「要説」が登場した。

「**質疑録**[7]」は，現実に生じた事実関係または教室設例として案出された事実関係に即して関連する法律問題を論ずる，事例問題に特化した文献である。典型的には，個別の問題に対して賛成と反対の立場から論証を行い，最後に解決を提示するという構成が採られた。

その他，法学者たちの見解の異同をまとめた「学説異同弁」，法源にみられる法概念の細分化に基づく区別を集めた「分別集」，対照的な法の一般原則を論拠とともに示す「ブロカルダ」，法学者本人または受講者が講義を記録した「講義録」，裁判手続の簡潔な手引書である「訴訟法書」など，さまざまな文献が著された。註釈学派の活動はこれらの多様な文献によって彩られている。

（川島　翔）

のものを体現する」と評した。

▶5 Ⅱ-3-7 参照。

図2 アゾ

出典：Jean Jacques Boissard/Theodor de Bry, Icones quinquaginta virorum illustrium doctrina et eruditione praestantium ad vivum effictae, Frankfurt am Main, 1597.

▶6 **要説**
「勅法彙纂」に対する最古の「要説」は，著者不明の『スンマ・トレケンシス（Summa Trecensis）』（1250年以前成立）で，ロゲリウス，プラケンティヌス，アゾらに影響を与えた。

▶7 **質疑録**
難しい質疑については土曜日の特別講義で検討するのが慣行となっていたため，「安息日の質疑録（Quaestiones sabbatinae）」とも呼ばれる。

読書案内
註釈学派の学問的方法や文献類型については，佐々木有司「中世ローマ法学」碧海純一・伊藤正己・村上淳一編『法学史』（東京大学出版会，1976年）75-116頁が詳しい。また，『西洋法制史料選Ⅱ　中世』（創文社，1988年）には，アゾとアックルシウスの史料翻訳が収められており，中世法学の議論を追体験することができる。

4　学識法の成立と展開

4 註解学派

西ヨーロッパの中世都市は，当初は国王，諸侯，司教などの支配下にあったが，やがて12～13世紀に経済力を背景に自治権を獲得する都市があらわれた。とくに，北・中部イタリアで形成されたコムーネ（自治都市）は，固有の条例（都市法）[1]を定める特権などを獲得し，都市間で同盟を結んで皇帝に対抗するまでの存在となった。

1 註解学派の展開

都市の発展の影響を受けて，法学も新しい局面を迎えた。註釈学派の後にローマ法学を主導したのは，14～15世紀に活動した註解学派と総称される学者たちだった。その名称の由来となっている彼らの主な執筆形態である「註解（コメンタリア）」は，ユスティニアヌス法典の各構成要素を対象とし，語句の釈義ではなく（したがって原文は掲載されない），法文に関係する問題を広く取り上げて論ずる文献だった。また彼らは，都市の法実務において重要性が増していた**助言**[2]（コンシリア）の作成で大きな役割を果たしていたため，助言学派とも呼ばれる。彼らの主な関心は，法源の文言解釈にこだわらずに「法理」を打ち立て，中世後期の現実の法的問題に柔軟に対応することにあった。

註解学派を代表するのは，14世紀半ばに活躍したバルトルス・デ・サクソフェラートである。バルトルスは新興のペルージャ大学（1308年設立）でキヌス・デ・ピストイアの下でローマ法を学び，その後ピサ大学などを経てペルージャ大学に戻り教鞭を執った。彼がとくに精力を注いだのは，当時もっとも論争の的となっていた，都市条例適用の問題であり，その創造的な仕事により国際私法に関する近代的教義の基礎が築かれた。『註解』や『助言集』などのバルトルスの著書は，絶大な名声を得てヨーロッパ中に普及した。その権威は，「バルトルスの徒でなければ，よい法律家ではない」といわれ，意見の対立がある場合にはバルトルスの立場を採るべきだとする法律が制定されたほどだった。

バルドゥス・デ・ウバルディス[3]も註解学派の巨頭と認められている。バルドゥスは，バルトルスに師事してペルージャ大学で学び，その後ペルージャをはじめとする多くの大学で教えた人物で，14世紀末のイタリアでもっとも有名なローマ法の教授だった。彼は両法博士の学位を取得しており，カノン法の豊富な知識も有していたため，「グレゴリウス９世教皇令集」に対する註解も執

図1　バルトルス

出典：Jean Jacques Boissard/Theodor de Bry, Icones quinquaginta virorum illustrium doctrina et eruditione praestantium ad vivum effictae, Frankfurt am Main, 1597.

▶1　Ⅱ-3-6 参照。

▶2　**助　言**
鑑定ともいわれる。これは裁判官または当事者による依頼に応じて作成され，実際の事件に関する法的問題についての評価を専門的見地から示すものだった。個々の助言は助言集としてまとめて出版され，裁判で法解釈の論拠として援用された。

▶3　**バルドゥス・デ・ウバルディス**
その名声からひっきりなしに助言を求められ，出版された助言の数だけでも2500以上にのぼる。国際法分野での貢献も大きく，アルベリコ・ジェンティーリの『戦争法論』やグロティウスの『自由海論』および『戦争と平和の法』では，もっとも引用されている学者の一人である。

筆した。加えて，「封建法書」についても著作を残しており，その研究対象の範囲は非常に広範だった。また，ペルージャの有力な商人組合の弁護士をしていた経験から，都市の慣習によって目覚ましい発展を遂げていた商法の分野に特別な注意を払った最初のローマ法学者でもあった。

バルドゥスの弟子の**パウルス・デ・カストロ**[4]も傑出した法学者であり，アヴィニョンをはじめとして複数の大学で教鞭を執った。パウルスは権威から自由な判断を重視し，批判的な考察なしにバルトルスの意見を採用する当時の風潮を批判した。その評価は後世においても高く，16世紀の人文主義法学者ジャック・キュジャスは，15世紀の註解学派全般に対し厳しい評価を下しながらも，パウルスの著書については「服を売ってでも買うべき」と称賛している。

2 フランスの法学派

14世紀のペルージャ大学における註解学派の興隆は，それに先立ち13世紀に南フランスで独自の発展を遂げていたローマ法学に拠るところが大きい。

南フランスでは13世紀前半に，トゥールーズ，オルレアン，モンペリエに大学が設立されていた。とくに，1219年にパリ大学でのローマ法の研究が禁止されて以降，13世紀後半にオルレアン大学がローマ法学の中心地となり，短期間ではあるが「北のボローニャ」たる地位を築いた。その背景には，ジャック・ド・レヴィニーおよびピエール・ド・ベルペルシュを代表とする，より自由かつ批判的な方法でローマ法の研究に取り組む教授たちの存在があった。**オルレアン学派**[5]のアプローチは，ペルージャ大学のキヌスに多大な影響を与え，その弟子であるバルトルスにも受け継がれていった。

3 条例理論の発展

註解学派がほとんど例外なく取り組んだのは，とくにイタリアでは13世紀末には独自の条例をもたない主要都市がほぼなくなっていた状況において，競合する異なる法の適用範囲をいかに確定するかというアクチュアルな課題だった。この都市条例適用に関する教義は条例理論[6]と呼ばれる。

第一に，普遍的法たるユス・コムーネと都市の固有法たる条例との間の競合が問題となったが，次第に「条例に欠缺があるときにユス・コムーネが補充法として適用される」という考え方（条例優先理論[7]）が優勢になった。

第二に，条例同士の競合が問題となり，具体的には，条例の効力がコムーネ内の外国人に及ぶか，またコムーネ外の市民に及ぶかが議論になった。バルトルスは現在では「法規分類説」と呼ばれる考え方を導入し，契約，遺言および不法行為，任意規定と強行規定，手続法と実体法，人に関わる法と物に関わる法などの区別に応じて，適用すべき法を確定する理論を作り上げた。

（川島　翔）

▶4　**パウルス・デ・カストロ**
「学説彙纂」と「勅法彙纂」に対する註解の他，1000以上の助言からなる助言集も出版されている。実務では，アヴィニョンの枢機卿の下での聴聞官，都市ヴィテルボのポデスタなど，要職を歴任した。

▶5　**オルレアン学派**
伝統的釈義に対する批判的態度が特徴の一つとされる。象徴的な逸話では，ボローニャ大学教授フランシスクス・アックルシウス（『標準註釈』の著者の息子）がオルレアンに招かれて講演をした際，学生の一人として聴講していたレヴィニーはあえて異論を唱え，弁証法を用いて『標準註釈』とは異なる解釈をすべきだと主張したと伝えられる。

▶6　本文で取り上げた第一のケースは「条例適用理論」と，第二のケースは「条例衝突理論」と呼ばれ区別される。

▶7　Ⅱ-4-9 参照。

読書案内

ピーター・スタイン（屋敷二郎監訳／関良徳・藤本幸二訳）『ローマ法とヨーロッパ』（ミネルヴァ書房，2003年）の第2～3章を読めば，註解学派の登場前後の流れを含めた概観を得られる。バルトルスの生涯と学問的活動については，勝田有恒・山内進編著『近世・近代ヨーロッパの法学者たち』（ミネルヴァ書房，2008年）第2章の森征一「バルトルス・デ・サクソフェラート」が詳しい。以降，本著の編著者，出版社，発行年は略す。

4　学識法の成立と展開

5 グラティアヌス教令集と諸教皇令集

図1　グラティアヌス

出典：Wikimedia Commons.

▶1　Ⅱ-3-11 参照。

▶2　**カノン法**（canon, ius canonicum）
棒や物差し，転じて規範や規則を意味するギリシア語に由来し，カトリック教会に関するすべての法を指す。具体的には聖書，教父著作，公会議決議，教皇令などがこれに含まれる。

▶3　**グラティアヌス教令集**
主に公会議決議（最古のもので4世紀に遡る），教皇令（9世紀に作成された『偽イシドルス教令集』が多くを占める），教父著作（ヒエロニムス，アウグスティヌス等），および聖書の標準註釈（12世紀に成立）が集録されている。これらは先行するカノン法令集を通じて収集されたことが明らかになっている。

▶4　**「教皇令集録5巻（Quinque compilationes antiquae）」**
パヴィアのベルナルドゥスに

中世封建社会において，皇帝や国王などの世俗権力は，自身の支配領域内で聖職者の叙任を行うなどして教会に介入するようになった。これに対抗して，11世紀頃から教会改革運動が始まる。教皇グレゴリウス7世[1]は，ときには神聖ローマ皇帝と激しく争いながら，教会の自由の回復を目指した。

1 中世カノン法の発展

こうした政治的な動きと連動し，教会の法にも大きな変化が生じた。ローマ・カトリック教会の法である**カノン法**[2]は，古代末期以降たびたび収集され，数多くのテクストが蓄積していた。11世紀になると，グレゴリウス改革の下で，ヴォルムス司教ブルヒャルトの『教令集』やシャルトル司教イヴォの『パノルミア』に代表される，体系的な配列をもつ法令集が登場した。

カノン法の発展にとって決定的な転機となったのは，グラティアヌスという人物が1140年頃に編纂したとされる通称「**グラティアヌス教令集**[3]」（正式名称は「矛盾するカノンの調和」）の成立である。これは，約4000の法文からなる，過去1000年以上のカノン法の伝統をまとめた集大成だった。画期的だったのは，グラティアヌスが神学の分野で発達していたスコラ学の方法を用い，「グラティアヌスの付言」という註釈を付すことによって法文相互の矛盾や不一致の解消を図り，テーマごとに整理された統一的な法令集をまとめ上げたことだった。「グラティアヌス教令集」はすぐにヨーロッパ全土に広まり，カノン法を学ぶための教科書として権威的な地位を確立した。これは私的な編纂による法令集であり，教会の法律として公的に承認されたわけではなかったが，実際には法律と同等の効力を有した。

時を同じくして，世俗権力からの独立を求めた教会は，中央集権化を推し進めていた。それに対応して，12～13世紀にかけて教皇による法定立が飛躍的に増加していった。教皇立法の中で中心を占めるのは，個別具体的な法的問題を解決するための指針を示した教皇令だった。教皇令は，個人に宛てた教皇の書簡として出されたものだったが，キリスト教世界の最高裁判官たる教皇の判断として一般的な効力をもつ法と認められ，「新法」として法学に取り入れられ教皇令集に採録されることで普及していった。

教皇令の増加に伴って，それを収集・整理する必要が生じた。12世紀末以降に次々に編纂された「**教皇令集録5巻**[4]」は後の教皇令集の基礎となる画期的なものだったが，別々の編者によって作成されたために一貫性がなく，一部には矛盾もみられたため，統一的な新しい教皇令集が求められた。そこで，教皇グレゴリウス９世はボローニャ大学の法学者ライムンドゥスに委託して「**グレゴリウス９世教皇令集**[5]」（「集外法規集〔Liber extra〕」とも呼ばれる）を1234年に編纂させた。グレゴリウスはこれを各大学に送付すると同時にそれ以前の教皇令集の引用を禁じたため，グレゴリウスの教皇令集が従来の教皇令集に取って代わることになった。しかし，その後も新法の収集は続けられ，「第六書」「クレメンス集」「ヨハネス22世集外教皇令集」「普通集外教皇令集」が編纂された。

「グラティアヌス教令集」が編纂された12世紀中葉以降の中世カノン法は，古典カノン法とも呼ばれ，カノン法の発展に大きく貢献した。この時期に編纂された上記の諸法令集は，やがて「**カノン法大全**[6]」として一体的に把握されるようになり，20世紀に「カトリック教会法典」が施行されるまで法律としての効力を有した。

2 「グラティアヌス教令集」は誰がどのように作ったのか

「グラティアヌス教令集」はカノン法史上類をみない傑出した作品であったが，実はその編纂者についてはわかっていないことが多い。編纂者とされるグラティアヌスについての伝承は，確かな事実として確証されるものはほとんどない。ボローニャでカノン法の教師をしていたことは確実視されるが，修道士またはキウジ司教であったとする説も唱えられている。

他方，成立過程については，従来から編纂にいくつかの段階があったことが指摘されていたが，21世紀に入り議論に大きな進展がみられた。中世史家ウィンロースによって「グラティアヌス教令集」の第一段階の写本が発見され，それまで知られていたテクスト（ウルガタ版という）は大幅に手が加えられた第二段階に基づくものであることが明らかにされたのである。その結果，第一段階は第二段階と比べて約半分の規模しかもたないこと，より論理的な構成が採られていること，ローマ法文の集録が少ないこと，「グラティアヌスの付言」部分の比率が高いことなど，さまざまな違いがあることが判明した。そのため，第一段階をグラティアヌス自身が手がけたことは有力とみられているが，第二段階は別人が編纂した可能性が高いと考えられている。

また，最近では第一段階よりも短い写本が見つかっており，さらに先行する編集段階があったとの仮説も唱えられている。いずれにせよ，この教令集には複数の編集段階があることは今日の学者たちの共通認識になっており，ウィンロースの言葉を借りれば，「グラティアヌス教令集」を「一人の人間，一つの時期，一つの場所から生まれた均質的な作品として読むことはもはやできなくなった」といえるだろう。

（川島　翔）

よる『集録第１巻（Compilatio prima）』（1177～79年）は，「裁判官」「裁判」「聖職者」「婚姻」「犯罪」という５編別を採用し，後の教皇令集のモデルとなった。

▶5　グレゴリウス９世教皇令集
その中に含まれるグレゴリウス９世自身の教皇令は10分の１程度で，その他の大部分の法文は「教皇令集録５巻」から採られている。

▶6　「カノン法大全（Corpus Iuris Canonici）」
教皇グレゴリウス13世が諸法令集をまとめて，1582年にこの名称で公式校訂版（ローマ版）を公刊した。

読書案内
中世カノン法の歴史的発展についての要を得た解説として，K・W・ネル（小川浩三訳）「中世教会における法発展の担い手――第２部古典期：グラチアーヌスから14世紀中葉まで」『桐蔭法学』11巻１号（2004年）87-113頁がある。また，「グラティアヌス教令集」については，『近世・近代ヨーロッパの法学者たち』第１章の渕倫彦「[ヨハンネス]グラーティアヌス」が詳しい。さらに，アンダース・ウィンロース（松本英実訳）「19世紀および21世紀におけるグラーティアーヌス教令集の校訂――リヒターとフリートベルクから今日まで」『19世紀学研究』５号（2011年）113-122頁を読めば，ウィンロースの研究の概要と併せて，「グラティアヌス教令集」の校訂作業について詳しい知識を得られる。

4　学識法の成立と展開

6 カノン法学

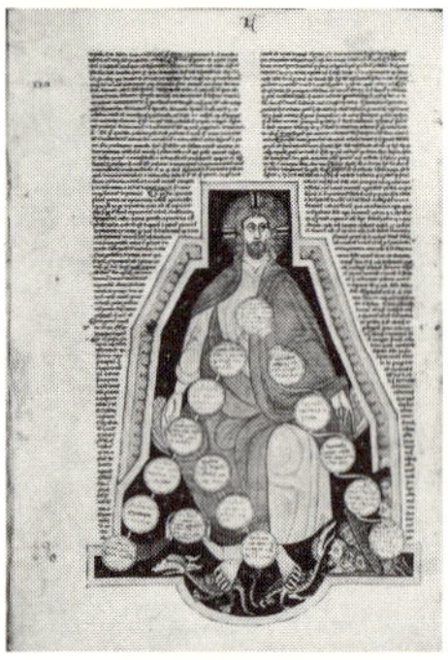

図１　ホスティエンシス『黄金の要説』

出典：München, BSB Clm 14006.

▶１　**教令集学派**
本文に挙げた者の他に，パウカパレア，ロランドゥス，ルフィヌス，トゥルネのステファヌス，ヨハネス・ファウェンティヌス，ラウレンティウス・ヒスパヌスらがいる。

▶２　**フグッキオ**
1180年代にボローニャ大学でカノン法の教授となった。1190年から1210年に亡くなるまでフェラーラ司教を務めた。

▶３　**ヨハネス・テウトニクス**
1210～20年頃にボローニャ大学でカノン法を教えた後，故郷のドイツに戻り教会付属学校で教鞭を執った。彼の標準註釈は，バルトロメウス・ブリクシエンシスにより1245年頃に改訂され，広く普及した。

▶４　**教皇令集学派**
本文で挙げた者の他に，ペナフォルチェのライムンドゥス，パルマのベルナル

古典古代の文化を摂取した中世ヨーロッパのスコラ学は，神学の領域で信仰と理性の調和を図り，キリスト教の教義を体系化した。アリストテレス哲学を導入したトマス・アクィナスの『神学大全』はその代表的著作である。スコラ学の方法は法学にも影響を及ぼし，中世盛期におけるカノン法学の発展に大きく貢献した。

1　古典カノン法学の成立

中世カノン法学の出発点に位置するのは「グラティアヌス教令集」だった。すでに編纂段階において，カノン法への学問的取組みの端緒がみられる。グラティアヌスは伝統的な権威的テクストがもつ矛盾を，別の相反するテクストを提示することで指摘したうえで，自身の註釈を通じてそれを調和させる試みを行っていた。この方法には，とくにシャルトルのイヴォやピエール・アベラールといったスコラ学者のテクスト解釈の技法が明瞭に見て取れる。ゆえに，聖書の標準註釈が数多く採録されていることも踏まえて，「グラティアヌス教令集」は北フランスの早期スコラ学の影響下で成立したと考えられている。

「グラティアヌス教令集」は，1140年頃の編纂の後すぐに，ボローニャだけでなくヨーロッパ各地の大学などで用いられるようになり，それに基づいた研究・教育が始まった。これを担ったカノン法学者は，**教令集学派**[1]（デクレティスト）と呼ばれる。彼らはすでに先行していたローマ法学，神学および自由学芸の方法を参考に，註釈や要説（スンマ）を執筆した。中でも優れた法学者であった**フグッキオ**[2]は『教令集要説』（1188年頃）において，錯綜する先行学説を統合して一貫性のある解決を示した。また，ボローニャで最初のドイツ人法学教授と目される**ヨハネス・テウトニクス**[3]の註釈集（1215年頃）は，標準註釈として認められ大きな影響力をもった。

他方，教皇令の集録が盛んになる12世紀末以降，とくに「グレゴリウス９世教皇令集」が編纂される1234年以降は，教皇令の研究が優勢になっていく。これを担ったカノン法学者は，**教皇令集学派**[4]（デクレタリスト）と呼ばれる。中でも，**ホスティエンシス**[5]は「グレゴリウス９世教皇令集」に対する広範な解説書に加えて，カノン法の標準的な案内書として広く受け入れられた『黄金の要説』（1253年頃）などを著し，当時から高い評価を受けていた。また，**ヨハネス・アンドレアエ**[6]は，「グレゴリウス９世教皇令集」だけでなく「第六書」や

「クレメンス集」に対しても註釈を執筆し，14世紀前半の法学界において絶大な影響力をもった。1140年頃に「グラティアヌス教令集」が編纂されてから，1348年にヨハネス・アンドレアエが亡くなるまでの期間のカノン法学は，古典カノン法学と呼ばれ，カノン法の発展の基礎を築いたと評価される。

カノン法学者は，教会内で高い地位にある者が多かった。それは，カノン法に習熟していることが教会でのキャリアにとって重要視されるようになったことと関係している。12～13世紀における教会は，今日の法治国家に類するような，カノン法に基づいて統治される組織になった。その中で，将来の司教や教皇となって教会の行政や司法に携わる人物には，カノン法の知識が求められるようになったのである。

2 カノン法学者にとってのローマ法

教会の中でも，ローマ法は従来から高い権威が認められていた。中世初期以降「教会はローマ法に従って生きる」という命題が唱えられ，教会はローマ法の強い影響を受けた。事実，ローマ法の規定や法制度は中世のカノン法令集にも多く採用されている。ときおりローマ法が敵視されることもあったが，密接な関係は基本的に維持された。カノン法学者にとってローマ法の知識は必須とされ，「カノン法を知らないローマ法学者はわずかなことしかできず，ローマ法を知らないカノン法学者は何もできない」という格言も残っている。

3 カノン法学の国際性

ローマ法学と同様に，カノン法学において北イタリア，とくにボローニャが研究の中心地の一つであったことには争いはないが，それに先駆けてアルプス以北（イタリア外）のヨーロッパ各地でもカノン法学が盛んだったことが知られている。そこでは，必ずしも大学での専門法律学としてではなく，教会付属学校での神学や修辞学の一環としてカノン法の知識が教授されていた。

イングランドでは，すでに12世紀後半から「グラティアヌス教令集」についての活発な研究を行った者たちがおり，彼らは**アングロ・ノルマン学派**◁7と呼ばれる。フランスでは，とくにパリ，ランス，プロヴァンスにおいて学派が形成された。ドイツでも各地にカノン法学の痕跡がみられるが，とくにケルンはカノン法研究の一大センターとなっていたと目され，そこでは「グラティアヌス教令集」に対する研究が精力的に行われていた。

また，ボローニャ大学には，外国出身の教授が多数在籍していたことが知られている。カノン法の教授のポストには，12世紀にはほとんどの場合イタリア出身者が就いていたが，13世紀前半には外国人教授が大半を占めるようになる（イタリア外の各地に大学が設立されるとこの傾向は収まる）。以上のことは，カノン法学がいかに国際的に広く行われていたかを物語っている。　（川島　翔）

ドゥス（「グレゴリウス9世教皇令集」の標準註釈を執筆），シニバルドゥス・フリスクス（後の教皇インノケンティウス4世）らが有名。

▷5　ホスティエンシス
セグジオのヘンリクス。オスティア司教を務めていたことからこう呼ばれる。ダンテの『神曲』では，グラティアヌスと並んで天国の住人として描かれる。

▷6　ヨハネス・アンドレアエ
ボローニャでカノン法とローマ法を学び，1301年から亡くなる1348年までパドヴァでカノン法を教えた。当時から「カノン法の源にしてラッパ（Iuris Canonici fons et tuba）」と褒め称えられていた。

▷7　アングロ・ノルマン学派
オックスフォード，エクセター，リンカーン，ノーサンプトン等で，1160年代以降デクレティストの活動が確認されている。

読書案内
中世カノン法学の展開については，Wilfried Hartmann/Kenneth Pennington (ed.), *The History of Medieval Canon Law in the Classical Period, 1140-1234*, Washington D.C. 2008が最近の研究動向を踏まえてまとめている。アルプス以北のカノン法学については，西川洋一「一二世紀ドイツにおけるカノン法学の普及――解説にかえて」『国家学会雑誌』124巻7-8号（2011年）598-611頁が，研究史を要約しながら解説しており参考になる。

7 ローマ=カノン法訴訟

図1　ローマ教皇庁裁判所（ロータ・ロマーナ）

出典：Ingrid Scheurmann (ed.), Frieden durch Recht: Das Reichskammergericht von 1495 bis 1806, Mainz, 1994.

その名称は，審理が行われた部屋の床が車輪（ロータ）模様だったことに由来する。

▶1　Ⅱ-3-11 参照。

▶2　**秘　跡**

聖なるしるしを意味し，目に見えない神の恵みを目に見える形で与えるための表現である。カトリック教会では，7つの秘跡（洗礼，堅信，聖体，告解，終油，叙階，婚姻）が認められている。

▶3　**司教代行裁判官** (officialis)

12世紀末以降に主に司教区で，委任に基づき司教に代わって裁判権を行使した。1236年のトゥール教会会議では，最低5年間の修学または十分な裁判実務の経験がその要件として定められた。

ローマ=カトリック教会は，中世ヨーロッパにおいて普遍的権威を確立した。ローマ教皇を頂点に，大司教，司教，司祭などの序列からなる聖職位階制が形成され，教会の組織的基盤が作られた。ヨーロッパ中に張り巡らされた教会の行政区において，教会は固有の裁判権を行使すると同時に，独自の裁判制度を発達させた。

1 教会裁判権

ヨーロッパ中世の社会は，多元的な法秩序をもつ世界だった。カノン法の他，帝国法，王国法，封建法，都市法，荘園法などが併存し，適用される法は場所や身分などに応じて定まったが，それぞれの管轄領域の境界線は曖昧だった。カノン法が適用される領域，すなわち教会裁判権の管轄については，11世紀以降の教会改革により聖俗の領域の区別が明確になったことで[1]，その輪郭がはっきりしていった。

第一に，教会裁判権は特定の人に及んだ。何よりもまず聖職者は，世俗裁判所では裁かれないという裁判特権を有し，教会裁判所の排他的管轄の対象となった。その他，教会の特別な保護下にある者，例えば社会的弱者（困窮者，寡婦，孤児），十字軍兵士，学者，ユダヤ人，旅人，商人，船員，さらに聖職者の家に属する者は，教会の管轄下に置かれた。第二に，教会裁判権は当事者の身分を問わず，特定の種類の事件に及んだ。主として，信仰と**秘跡**[2]（サクラメント）に関わるすべての事柄は教会の管轄下にあった。とくに，婚姻，遺言，聖職禄（土地などの教会財産から一定収入を受領する権利），宣誓付契約などに関わる事件がこれにあたった。また，カノン法上の犯罪，例えば聖職売買，異端，高利貸，姦通などの事件は教会裁判所が管轄した。

その他，教会裁判所が管轄権をもつことにつき両当事者間に合意がある場合や，管轄権をもつはずの世俗裁判所が法的救済を行わない場合など，さまざまな場合に教会裁判所が事件を取り扱うこともあり，その裁判権は広範に及んだ。

教会裁判所では聖職位階制に基づき審級制が採用され，下位の裁判所から上位の裁判所へ（典型的には司教からは大司教へ，大司教からは教皇へ）上訴することが可能だった。最上級の裁判官たる教皇の下には，次第に数多くの訴訟事件が送付されるようになったため，12世紀半ば以降，教皇の委任により任命された特任裁判官が事件の処理にあたるようになった。14世紀初頭には教皇の裁判権の機能分化がさらに進み，常設の裁判所としてローマ教皇庁裁判所が設置された。裁判機能の分化は司教区でも生じ，司教から委任を受けた**司教代行裁判官**[3]が司教区での裁判を担った。

2 教会裁判所の訴訟手続

中世盛期以降の教会裁判所で用いられた訴訟は，ローマ=カノン法訴訟（または学識法訴訟）と呼ばれる。この訴訟のやり方は，12～13世紀にかけて教皇や司教の裁判所を中心とする教会裁判所の実務の中で形成され，**タンクレドゥス**[4]や**デュランティス**[5]などのカノン法学者の著作によりその普及が促進された。ここで用いられた合理化された手続には，いくつかの特徴的な要素が見出される。

第一に，訴訟は秩序づけられた順序（オルドー）に従って進行した。段階的に進行する訴訟の中で，両当事者と裁判官の訴訟行為（例えば召喚，抗弁主張，証人提出等）の適切な順序が定められた。やがて各訴訟行為は各期日に割り当てられ，訴訟は一連の期日から構成されるようになった。審理の順序も定められ，先決問題や付随問題は本案に先立ち別途審理された。ただし，14世紀以降普及する略式手続では，順序の形式性は緩和された。

第二に，手続の文書化が大幅に進展した。手続全体は口頭・書面混在で行われたが，訴状の提出や書面による判決言渡が重要視された他，すべての訴訟行為を調書に記録することが義務づけられた。これにより，裁判官の訴訟進行や判断を検証することが可能となった。

第三に，措問手続（または項目手続）と呼ばれる効率的な争点整理手続が，証拠調べ手続の前に設けられた。そこでは原告が請求の基礎となる諸事実を箇条に分解して提示し，被告がそれぞれについて認否を行い，否認された事実のみが要証項目として証拠調べの対象となった。

第四に，独立した合理的な証拠手続が行われた。証明方法としては，決闘や神判[6]に代わって証書や証人の証言が重視された。その他，鑑定人の検証による証明やさまざまな推定による証明も認められた。裁判官は確信にいたらない場合にはいつでも当事者に質問し立証を促すことができた。証拠の評価とそれに基づく法の適用は裁判官に委ねられた。

第五に，判決は教会裁判所の裁判官により自ら行われ，西欧のキリスト教圏全体で強制力をもった。執行手段としては財産の差押などの物的執行も行われたが，**破門**[7]により履行を間接的に強制する方法が好んで用いられた。

ただし，すべての教会裁判所で画一的なルールが適用されたわけではなく，地域の裁判慣行に応じて修正された形で裁判は行われた。ともあれ，教会裁判権の領域で形成された諸ルールは，総体として訴訟法の近代化に寄与し，世俗の訴訟法にも影響を与えることになる。

（川島　翔）

▶4　**タンクレドゥス**
ボローニャでアゾ，ラウレンティウス・ヒスパヌスらの下で法学を修め，1214年にボローニャでカノン法の教師となった。主著『訴訟手続論（Ordo iudiciarius）』（1216年頃）で，法源に基づき精巧な訴訟手続の体系を提示した。

▶5　**グイレルムス・デュランティス**
リヨンとボローニャでカノン法を学んだ後，1265年からローマ教皇庁裁判所の前身である教皇庁聴聞所で一般聴聞官を務めた。そこでの実務経験に基づき執筆された『法廷鑑（Speculum iudiciale）』（初版1271～76年）はローマ=カノン法訴訟の標準的マニュアルとして広く普及した。

▶6　II-3-2 参照。

▶7　**破　門**
信者の共同体からの排除を意味する。破門された者はすべての秘跡を受けることができなくなった。中世の教会ではもっとも厳しい罰であると同時に，改悛を促すための薬と理解された。

読書案内
ローマ=カノン法訴訟とローマ教皇庁裁判所については，クヌート=ヴォルフガング・ネル（小川浩三訳）「中世のロータ・ロマーナ（ローマ教皇庁裁判所）――教皇庁裁判権，ローマ・カノン法訴訟手続およびカノン（教会）法学の歴史からの概観」『桐蔭法学』12巻2号（2006年）41-77頁がわかりやすく概観を与えてくれる。

4　学識法の成立と展開

8　ビザンツ帝国における教会法

図1　ハギア・ソフィア大聖堂

出典：Wikimedia Commons.

西欧と東欧ではキリスト教を取り巻く事情は異なっていた。西欧ではカトリックの信仰が主流であったのに対し，ビザンツ帝国のキリスト教は，典礼の違いや８世紀の**聖像破壊運動**[1]を原因として，1054年に正教会としてカトリックとは別の一宗派となった。正教はバルカン半島やロシアへと広まり，ビザンツ帝国の文化を当地に伝える手段として重要な役割を果たした。

1　キリスト教圏の分裂と教会法

コンスタンティヌス１世[2]によるキリスト教公認（313年）以降，キリスト教会はローマ帝国の下で制度的に組織化されていった。個々の教会は教会会議[3]における決定を教会法として扱い，ローマ帝国も宗教的要素を多分に含む婚姻のような分野に関しては教会法を尊重する立場をとった。

こうした状況を反映しているのが，「ノモカノン」と称される一連の著作である。国家法（ノモス）と教会法（カノン）を足して作られた言葉であるこの名称は，この著作がその名の通りに国家によって立法された法の集成と，教会による立法である教会会議決定の集成を合併したものであることに由来する。９世紀のコンスタンティノープル総主教**フォティオス**[4]の手による『フォティオスのノモカノン』は，この類型の著作の集大成である。

しかし同時期に教義上の問題をめぐってローマとコンスタンティノープルは緊張関係に入り，これによって西方の司教が出席しなくなったことで，全地公会議が事実上開催できなくなった。以降東方キリスト教圏ではコンスタンティノープル総主教が中心的役割を果たすようになる。結果として12世紀には，コンスタンティノープル総主教府はビザンツ帝国全土の教会に対して法判断を示すことで教会法における立法機関としての役割を果たし，法廷としての機能をもつ教会会議をも常設するようになっていた。こうした事情を背景として，ビザンツにおける教会法学は12世紀に最盛期を迎えることになる。

2　初期教会法と教会会議

共同体内での教義・制度・儀式を示すものとしての教会法は，初期キリスト教時代から聖書や教父書簡の形式で存在していた[5]。しかし，キリスト教共同体の広がりに伴って信徒間での世俗的な問題にも対処する必要に迫られた司教たちは，問題解決のための規範を教会会議で決定するようになっていった。

▶１　**聖像破壊運動**
８～９世紀のビザンツ帝国において，皇帝により聖像（イコン）崇拝が禁止された事件。ゲルマン人への布教に聖像を用いていたローマ教会はこれに反発し，ビザンツ帝国においてもその後787年の第２ニカイア公会議において聖像崇拝の神学的正当性が認められたことで終息した。

▶２　Ⅰ-２-３ ▶４参照。

▶３　Ⅱ-３-９ ▶２参照。

▶４　**フォティオス**
コンスタンティノープル総主教（在位858～867年，877～886年）。総主教就任やフィリオクェ問題（聖霊の性質に関する神学上の議論）に際して，ローマ教会と対立した。また，キュリロスとメトディオスによるスラヴ人への宣教を後援した。知識人としても知られ，「法学入門」の総主教に関する項も彼の手によるものとされる。

▶５　正教会における教会

教会会議決定は，6世紀にはユスティニアヌスの「ローマ法大全」編纂の影響を受けて主題ごとに再編集され，コンスタンティノープル総主教ヨハネス3世による「50章の集成」をはじめとする数々の集成が作られた。しかしこの段階での教会法は，先行して存在したローマ法に比して内容的に不足があり，そのために実務上はローマ法による補足を必要としていた。「ノモカノン」はこうした状況を背景として生み出された著作類型であり，それによって2つの法制度はビザンツ帝国の内で併存（ビザンティン・ハーモニー[6]）したのである。

法の法源としては，691年のクィニセクスト教会会議で，使徒教令，全地公会議での決定，地方の教会会議での決定，教父文書のみが認められるとされた。

▶6　正教会における，皇帝—総主教の共働関係を表す表現。なお，かつてビザンツ帝国に対して用いられた「皇帝教皇主義」という表現は，皇帝が総主教の任免に影響力を発揮したことから皇帝が政教両権を把握していたと説明するものであり，実際には公会議決定を覆せないなど皇帝の教会に対する影響力は絶対的ではなかったことから，現在では不適切とされる。

3　ビザンツ教会法学者の活動

しかし12世紀になると，教会法実務の蓄積が生じ，新たに総主教による命令も法制定手段として機能するようになったことで，これらの新たな規定との関係を明らかにし，当時の法実務に利用できるものとすべく，それまでの教会法には註釈が必要とされるようになった。この必要に対応するため，ビザンツ帝国における教会法学者は，西欧における註釈学派のような役割を果たすことになった。

アレクシオス・アリステノスはハギア・ソフィア大聖堂の助祭として，法的業務を含む教会行政に携わる立場にあった。彼の活動は，教父文書を含む教会法源集である「教会法梗概」に対して行われた。しかし，教会法の法文引用や関係する国家法の解説はほとんど行われておらず，この点では註釈活動というよりも単なる要約に近いものであった。

この時期の教会法学者たちの共通点として，教会組織に身を置きながら，官職や委託によって国家法にも責任をもつ立場にあったことが挙げられる。彼らの活動は，以降のビザンツ教会法学者が教会法にとどまらず，国家法に関しても研究する伝統を築くことになった。

ヨハネス・ゾナラスはドルンガリオス・テース・ビグレース（帝国裁判所長官）にまで上り詰めた人物であったが，晩年は修道士として文筆活動に専念した。彼の活動は歴史や神学にも及び，法学分野では使徒教令以来の教会法源に包括的な注釈を加えた。その際，国家法である「バシリカ」や法源以外の教会文書にも言及したことで，後のバルサモンへ影響を与えた。

ビザンツ教会法への註釈活動は，テオドロス・バルサモンによって絶頂期を迎えた。総主教座の文書館に勤めていた彼は，皇帝マヌエル1世の指示によって既存の「ノモカノン」に対する註釈を作成する際に，その立場から広範な法史料を利用することができた。こうしてバルサモンの註釈は，教会法では同時代の総主教ニコラウス3世による回答，国家法ではユスティニアヌス以降の勅法にまで及び，それらの要約，内容および立法理由の解説，他の教会法や国家法，当時の慣習との矛盾に言及する，同時代の教会法および国家法に対するもっとも包括的な註釈となった。（渡辺理仁）

読書案内

ビザンツ帝国における正教会に関する簡便な紹介としては，ティモシー・ウェア（松島雄一訳）『正教会入門』（新教出版社，2017年）が，基本文献紹介を兼ねており有用である。正教会の国家や法一般に関する理解については，ジョン・メイエンドルフ（鈴木浩訳）『ビザンティン神学』（新教出版社，2009年）の第6章が紹介している。

4　学識法の成立と展開

9 学識法と地域固有法

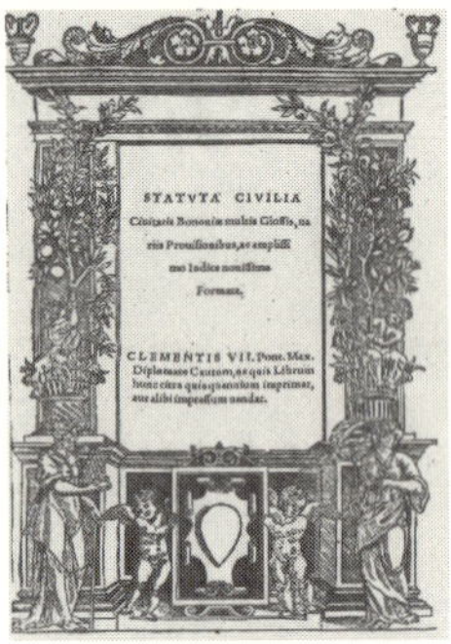

図１『ボローニャ市民事条例集』（1532年刊）の扉頁

11世紀以降，遠隔地貿易の興隆によりヨーロッパの商業が復活すると，商業を担う都市が台頭する。とくに北イタリアでは，教皇や皇帝の権威を後ろ盾に自治特権を獲得する都市国家コムーネが現れた。

1 「コントラ・レゲム」問題とローマ法文の矛盾

13世紀以降，北イタリアの諸都市で慣習法や都市条例の成文化が一般化すると，こうした地域の固有法と神聖ローマ帝国の法とされていたローマ法の序列（法適用に際してどちらが優先されるか）が意識されるようになった。

「法律（レクス）」としてのローマ法に反する（コントラ・レゲム）慣習法の効力をどのように解すべきか，つまり，慣習法がローマ法に優先しうるかについて，ローマ法文は明らかに矛盾している。「学説彙纂」にある法学者ユリアヌス[1]の見解（「学説彙纂」第１巻第３章第32法文第１節）によれば，成文法たる法律の権威が，民会の投票で明示された人民の同意に由来するのと同様に，不文法たる慣習法の権威は，慣行によって示された「全人民の黙示の同意」に由来する。法律と慣習法には，人民の同意が明示的か黙示的かの違いしかない。したがって，「廃用」（法律に反する慣習法を導入したという事実）によって，法律は廃止されうる。これに対し，「勅法彙纂」に収録されたコンスタンティヌス帝[2]の勅法（「勅法彙纂」第８巻第52章第２法文）によれば，慣習法の要素である長期の慣習の権威は重要であるが，理性と法律に反することはできない。

こうした法文の矛盾を前に，中世ローマ法学者たちは，日々重要性を増す地域固有法の現実と学識法の理念をいかに調和させるかに腐心しつつ，「人民の同意」をめぐって精妙な解釈論を展開した。

2 註釈学派による解釈

学祖イルネリウス[3]は，ユリアヌス法文を「人民のもとに立法権があり，暗黙の同意によって法律を廃止できた時代のもの」と解釈し，「すでにそうした権能は皇帝に移譲されており，人民には取り戻し得ない以上，慣習法が法律の効力に影響を及ぼすことはない」として，ローマ法の優位性を強調した。

ボローニャ大学の「四博士[4]」の一人として，学派の主流を牽引したブルガルスは，慣習法を「一般慣習法」と「特別慣習法」に区分し，後者については「確たる認識の下に導入された」，すなわち公知のものである限り，適用地域に

▶１　Ⅰ-1-10 参照。

▶２　Ⅰ-2-2 参照。

▶３　Ⅱ-4-3 ▶１参照。

▶４　学祖イルネリウスの弟子と伝えられる，ブルガルス，マルティヌス，ウゴー，ヤコブスの４名。「法の百合（lilia iuris）」とも呼ばれる。いずれも神聖ローマ皇帝フリードリヒ１世（バルバロッサ）（在位1155～90年）の法律顧問として名を馳せた。Ⅱ-4-3 ▶４，Ⅱ-3-7 も参照。

おいてはローマ法に優先することを認めた。このように「人民の同意」が強調されることで，都市の条例制定権は，「法律に反する」特別慣習法をめぐる「慣習法制定権」へと読み替えられる。さらに，ヨハンネス・バッシアヌスは師の見解を次のように敷衍する。すなわち，「確たる認識の下に慣習法が導入された際，人々は自らの行為を理解していたはずである。よって慣習法は，「勅法彙纂」第８巻第52章第２法文に従って，理性に反してさえいなければ，人々が法律を意識していたか否かにかかわらず有効である」。

註釈学派の掉尾を飾るアゾは，慣習法を「人民の継続的慣行によって導入された不文法である」としたが，弟子のアックルシウスは，都市条例を「成文慣習法」に分類した。

3 註解学派による解釈

註解学派の領袖バルトルスは，「勅法彙纂」第８巻第52章第２法文に関して，慣習法を導入する権能を皇帝が人民から取り上げたという法文が存在しない以上，「皇帝自身が，慣習法を導入する権能を人民に認可し，長期にわたって慣習法を受容することに同意したことが推定される」との自論を展開する。

また，ユリアヌス法文に関しては「グラティアヌス教令集」第１部第５命題における慣習法の定義[▶5]を援用しつつ，「事実たる慣習」と慣習法を峻別する。すなわち，「事実たる慣習」とは単なる慣行・習わしであって，慣習法の「遠因」にすぎず，そこから思量される「黙示の同意」が慣習法の「近因」となる。法律と慣習法との違いは，成文か不文かではなく，明示的か黙示的かの違いであって，「慣習法は，それが文書に編纂されているとしても，それは慣習法である。なぜなら，それ以前に存在したものが文書にされたから」である。そして，都市条例にも成文・不文の二様がある。よって，都市条例と慣習法の違いは「同意が明示的か，黙示的か」であるが，両者は「市民の同意のようなもの」である点において同一である。「黙示的な同意と明示的な同意は等置され，かつ同一の効力をもつ」以上，①法律（ローマ法）の効力は人民の明示的な同意に由来し，他者の承認を要しない，②慣習法は市民の黙示的同意であるから，上位者たる皇帝の承認を要しない（＝ローマ法に優先しうる），③したがって，条例も上位者たる皇帝の承認を要しない，という解釈図式から，有名な「都市はそれ自体の君主である」という命題が導かれる。

かくして，学識法にとっての地域固有法とは，範疇論[▶6]に基づく「種」として本来制限的に適用されるべきものであるが，「類」としてローマ法に優先適用され，地域固有法に欠缺のある場合にのみローマ法が補充的に適用されるという解釈が定着した。

（数本将典）

▶5 「慣習法とは，慣行によって設定された一種の法であり，法律がない場合には法律に代わると認められるものである」。

▶6 論理学の基礎として，アリストテレスによって体系化された概念・言語の分類。２つの一般概念が適用される事物の範囲を比較する際，「類」の下位概念である「種」は，より個別的なものとして，より一般的な「類」に包摂される。例えば，動物と人間を比較した場合，人間は動物に包摂されるので「動物＝類」／「人間＝種」と分類される。アリストテレスを受容したスコラ学に影響を受けた中世ローマ法学では，このように問題を類と種に「区別（distinctio）」する手法が駆使された。

読書案内

イタリア中世都市を中心に展開される，こうした学識法の営為に関して，今のところ手頃な邦語文献は存在しない。それでも，亀長洋子『イタリアの中世都市』（山川出版社，2011年），斎藤寛海他編『イタリア都市社会史入門——12世紀から16世紀まで』（昭和堂，2008年）を読破した後，中谷惣『訴える人々——イタリア中世都市の司法と政治』（名古屋大学出版会，2008年）に挑戦すると，学識法の背景にあるイタリア中世都市の法生活をつぶさに観察できる。イギリス・ルネサンス演劇ではあるが，シェイクスピア『ヴェニスの商人』もイメージの助けとなるだろう。

4　学識法の成立と展開

10 シチリア王国勅法集成

図1　当時の写本に描かれたフリードリヒ2世

▶1　フリードリヒ2世
（シチリア王在位1197〜1250年，皇帝戴冠1220年）。ホーエンシュタウフェン朝の神聖ローマ皇帝ハインリヒ6世（皇帝戴冠1186年）とシチリア王国王女コスタンツァの間に生まれ，両親の死後王位争いを経てそれぞれの国を受け継ぐことになる。父方祖父は皇帝フリードリヒ1世バルバロッサ（皇帝戴冠1155年）である。Ⅱ-3-5 ▶9も参照。

▶2　聖地イェルサレムをイスラーム教徒からキリスト教徒の手に奪還するための軍事遠征。フリードリヒは教皇と対立して破門された状態で聖地に赴き，アイユーブ朝のスルタンと交渉して1229年に無血で聖地をキリスト教徒に回復した。

▶3　ルッジェーロ2世
ノルマン朝シチリア王国初代国王（在位1130〜54年）。父であるシチリア伯から国

12〜13世紀頃の西ヨーロッパにおいて，イングランドやフランスをはじめとする国々が，王権を中心にして国家統合を進め，今日のような形をなしていく現象が顕著にみられた。ヨーロッパの南部でも，イスラーム勢力を駆逐して建国されたシチリア王国において，権力集中化と国家統合の試みがなされた。

1　成立の背景事情

「シチリア王国勅法集成」は，神聖ローマ皇帝とシチリア国王を兼ねた**フリードリヒ2世**[1]が1231年にメルフィにおいて公布した勅法集であり，後に「皇帝の書」や「メルフィ法典」の通称で呼ばれれるようにもなった。これは13世紀の君主権による偉大な立法作品の一つとみなされている。

十字軍の派遣[2]をめぐって敵対していたローマ教皇（グレゴリウス9世）と1230年に和平を締結した後，すぐにフリードリヒは勅法編纂の決定を下し，カプア大司教に作業の主宰を命じた。編纂作業には王国の著名な法学者や官吏らが携わったが，いずれもローマ法の学問的素養のある者たちだった。この編纂作業の噂を聞きつけた教皇は，神に由来する自らの立法権が損なわれることを案じ，このような作業を止めるようフリードリヒに警告し，カプア大司教に任務を降りるよう命じた。そのような妨害があったにもかかわらず，翌年に編纂作業が終了し，メルフィの議会で公布された。その後すぐにギリシア系住民のためにギリシア語版も作成された。

2　「勅法集成」の構成と法源

完成したこの「勅法集成」は3巻で構成されている。当初は第1巻74勅法，第2巻49勅法，第3巻81勅法，総計204勅法からなっていたが，その後数度にわたって新勅法が追加公布され，治世の終わりには第1巻107勅法，第2巻52勅法，第3巻94勅法，総計253勅法となった。

第1巻は王国の司法および行政組織，第2巻は訴訟手続，第3巻は封建法と刑法，およびその他衛生や医者の職務に関する規定などを収めている。一見して明らかなように，今日では主として行政法と訴訟法に分類される規定が大部分を占め，公法中心の内容といえる。私法関連規定はわずかしかなく，これはローマ法と慣習法に委ねられた。

法源としては，前のノルマン王朝の君主たちの立法，とくに**ルッジェーロ2世**[3]

が公布したアリアーノのアッシーセ（法令），以前にフリードリヒ自身によって公布されたカプアとメッシーナのアッシーセ，さらにローマ法が主要なものであるが，少ないながらもランゴバルド法（とりわけ「封建法書」）に由来する規定も含まれている。

3 「勅法集成」の特徴

過去の法素材も利用されているとはいえ，むしろ「勅法集成」の特異性は，伝統的な法源から独立した規定が多いことにある。すなわちこれは真の立法であり法創造であったといえよう。序の部分でフリードリヒは，「勅法集成」の公布をもって，この内容に背反する法律や慣習法は廃されると規定しており，これにより従来妥当していた諸法は効力を失った。既存の慣習法や都市法も君主によって承認されたものだけが存続を許された。王権に基づく法のみに効力を認めるというのは，複数の法源が併存して妥当するのが通例である中世において例をみない。「勅法集成」は君主の単独の立法権に基づいて制定されたものであり，慣習法の再録ましてや「良き旧き法」の復活などではない。

ただし，13世紀にはこの他にも**アルフォンソ10世**[4]の「七部法典」や教皇**グレゴリウス９世**[5]の「グレゴリウス９世教皇令集」など，君主権や教皇権に基づく立法がいくつも公布されており，この「勅法集成」だけが特異なのではない。例えばフリードリヒは序において神に立法権が由来すると明言しており，これは教皇立法権にも通じる理論である。また別の箇所では古代ローマに遡る市民からの立法権の委譲という理論にも言及している。さらに彼は自らを「法の父にして息子」と呼び，自らが法に拘束されることも宣言している。このように，無から全く新しい法を自らの意思で創造したというよりも，既存の法理論を土台にし，それらを巧みに改変して革新を加えたのである。

その他，「勅法集成」において重要な部分を占めた訴訟法関連の規定は，当時のローマ法の訴訟法学を土台としながら手続の迅速化を目指しており，このことは証拠法の箇所に顕著にみられる。フリードリヒが神判や決闘裁判[6]を非合理と非難して廃止したことはよく知られているが，確かにこの合理化された訴訟手続の下ではこれらに存在の余地はないだろう。司法官や財務官の服務規程や権限に関する規定も，制度そのものはノルマン時代のそれを下敷きにしているが，大幅に改変され，とくに新勅法によって規定が詳細になった。

フリードリヒを「玉座についた最初の近代人」と呼んだり，彼のシチリア王国を「絶対主義の先駆」と称したりする言説がいまだに見受けられるが，この評価は妥当ではない。「勅法集成」は，13世紀前後の立法理念に基づきつつ，過去の素材を巧みに改変しながら革新的な内容へと変貌させたものであり，まさに中世盛期の傑作である。それゆえ「勅法集成」は王国分裂後，ナポリ王国でもシチリア王国でも19世紀初頭まで効力を保つことになった。（阪上眞千子）

を受け継ぎ，教皇から国王としてこれを授封された。フリードリヒの母方祖父にあたる。

▶4 **アルフォンソ10世**
カスティーリャ王国国王（在位1252～84年）。ローマ法や王国の慣習法をもとに「七部法典」を編纂させた。

▶5 **グレゴリウス９世**
ローマ教皇（在位1227～41年）。それまでの教皇令をまとめて「グレゴリウス９世教皇令集」を公布した。

▶6 Ⅱ-3-2 参照。

読書案内
フリードリヒ２世の生涯については，膨大な史料の裏付けをもって書かれたエルンスト・カントーロヴィチ（小林公訳）『皇帝フリードリヒ２世』（中央公論新社，2011年）は，約100年前の著作ではあるが今なお読まれるべき基本書である。また彼の時代前後の地中海およびシチリア史に関しては，スティーブン・ランシマン（榊原勝・藤沢房俊訳）『シチリアの晩禱』（太陽出版，2002年）が詳しい。

4　学識法の成立と展開

11　学識法曹

図1　フリードリヒ2世が創設したナポリ大学の紋章

「神の恩寵により常に尊厳者たる皇帝フレデリクス（フリードリヒ）」という標語が記されている。

12世紀の知的・学問的復興は，大学の誕生とローマ法の再発見をもたらした。これによって，いわゆる「祈る人（聖職者）」「戦う人（貴族）」「耕す人（農民）」という中世の三身分のカテゴリーに該当しない，新しい知的エリート層が出現した。それ以前の時代の知的エリートは，学問言語がラテン語だったために，ほぼ聖職者に限られていた。しかし多くの俗人の若者たちが大学で学ぶようになると，その社会構成に変化が生じた。

1　エリート層養成機関としての大学

ボローニャ大学[1]をはじめとして，ヨーロッパ各地に誕生した大学の法学部では，ローマ法とカノン法が学問研究の対象とされた。初期の段階では聖職者身分の学生たちが大きな割合を占めたが，次第に俗人身分の学生たちが中心となっていく。当時の学問は，純粋な知識の探求のためというよりもむしろ実利的な目的，すなわち学問の実際的利用のためのものだった。学生たちは勉学を通じた社会的地位の上昇を狙った。長い年月を費やして学業に励み，晴れてローマ法とカノン法の２つの学位を取得した者たちは「両法博士」と呼ばれ，これが知的・社会的エリート層への登竜門をなした。彼らは新たな身分層として重要な役割を担うことになる。こうして大学はエリート養成機関としての側面ももつようになった。ただし，博士の学位取得には長い年月と資金が必要であり，取得者の数はそれほど多くはなかった。中には教授資格を得て大学にポストを得ようと努めた者たちも多かった。教授資格は高度な学識の証明となり，これをもってよりよい収入を得ようと大学を移動する者たちも現れた。教授たちはギルド（同職団体）を結成して排他的になっていった。

▷1　Ⅱ-4-2 参照。

2　権力への奉仕

中世大学では神学部・法学部・医学部が上級三学部とされたが，その中では法学部の優位が目立った。中世後期になると君主や教皇や都市国家など権力側によって創設された大学が増加したが，これには理由があった。権力に奉仕する行政官などの官僚を他国ではなく自国の大学で養成するという目的が存在したのである。この試みを最初に実施しようとしたのが神聖ローマ皇帝兼シチリア国王フリードリヒ２世[2]であり，彼は13世紀前半に**ナポリ大学**[3]を創設して王国の官僚を養成しようとし，王国出身者が他国の大学で学ぶことを禁止した。ほ

▷2　Ⅱ-3-5 ▷9参照。

▷3　**ナポリ大学**
1224年創設。「最初の国立大学」と呼ばれることもある。現在の正式名称は「フェデリーコ（フリードリヒ）２世ナポリ大学」。フリードリヒ時代より後のナポリ王国時代に，かつてフリードリヒが公布した『シチリア王国勅法集成』の優れた註釈者を多数輩出した。大学の標語は「学問の水源と知の苗床へ」。

ぼ時を同じくしてイベリア半島のレオン国王アルフォンソ９世も**サラマンカ大学**[4]を創設している。また，中世後期に王権が強化されたフランスでは，パリ大学が国王によって王国の「長女」と呼ばれて優遇された。

このように，大学で教壇に立つ以外にも，学識法曹の活躍の場が権力側によって準備された。君主や有力諸侯の法律顧問になった者，あるいは王国・諸侯領や教皇庁や都市国家の行政官僚となった者たちは，尚書局を筆頭に各部局でさまざまな行政実務に携わり，法令の起草作業にも関わった。教皇庁を頂点とする教会組織では，早くから位階制が整えられ官僚組織化が進んだが，学識法曹である聖職者の活躍が目立った。インノケンティウス４世やグレゴリウス９世[5]などカノン法学者としても有名な教皇も多い。フランスでは司法官職を有する学識法曹は**法服貴族**[6]と呼ばれ，実質的に貴族の身分を得た。また，神聖ローマ皇帝や国王（とくに**カペー朝**[7]フランス）や教皇に仕えた学識法曹の中には，彼らのイデオローグとして，その権力の正当化の論拠を法学や神学などの学説理論を駆使して唱えた者たちもいた。

3 司法実務家としての学識法曹

もう一つの学識法曹の重要な役割が，司法実務活動である。何よりも教会裁判所では学識法曹が裁判官を務め，それを介して学問化された訴訟法理論が実務に応用されていった。それだけではなく，とくにイタリアでは註解（助言）学派[8]の時代に訴訟における学識法曹の助言・鑑定活動が盛んに行われるようになった。学識法曹が裁判官を務める以前の時代の13世紀でも，都市国家のポデスタによって訴訟に関する助言が学識法曹に求められ，時には訴訟開始から判決にいたるまでのすべての段階が彼らの助言に従って進行することすらあった。14世紀になると訴訟手続の中で，当事者が攻撃・防御の際に学識法曹から得た助言をもとに主張を行っている例がみられる。これらの鑑定・助言活動は学識法曹にとってはかなり実入りのよいものであったらしく，当時のイタリアでは「法は金を生む」という言葉があったほどである。他のヨーロッパ諸国，とくにドイツでは世俗領域における学識法曹の司法実務活動は少し遅れたが，15世紀になると彼らの活動が各地でみられるようになった。

法実務家の末席には公証人もいた。イタリアでは法律行為に文書を用いる慣行が古くから普及し，そのような文書を作成することを職業とする公証人の数が増加した。彼らは市民にもっとも身近な法律家として重要な存在だった。彼らの大多数は大学教育を受けていないため，学識法曹と呼ぶことはできないが，中には明らかに大学でローマ法を学んだ者もおり，その知識を駆使して「公証人術の書」という公証法学理論および実務の手引書を記している。公証人たちは，エリート学識法曹のローマ法学理論と一般市民との仲介役を果たしたといえるだろう。

（阪上眞千子）

▶4 **サラマンカ大学**
アルフォンソ９世によって1218年創設された現存するスペイン最古の大学。17～18世紀の「サラマンカ学派」の法学理論で名高い。標語は「あらゆる学問の原理をサラマンカが教授する」。なおレオン王国は後にカスティーリャ王国と統合してカスティーリャ王国となった。

▶5 Ⅱ-4-10 ▶5参照。

▶6 **法服貴族**
アンシャン・レジーム期フランスで，司法官職保有によって貴族に匹敵する特権的な身分を保証された人々のことを指す。

▶7 **カペー朝**
中世フランスの王朝（987～1328年）。

▶8 Ⅱ-4-4 参照。

読書案内
中世の学識者と社会との関わりを詳細に論じた文献として，ジャック・ヴェルジェ（野口洋二訳）『ヨーロッパ中世末期の学識者』（創文社，2005年）が挙げられる。学識者たちが何のために学問を修めたかを理解するのに最適である。またとくに学問と権力との関係を論じたものとしては，マルティン・キンツィンガー（井本晌二・鈴木麻衣子訳）『中世の知識と権力』（法政大学出版局，2010年）がある。

第 III 部
近世ヨーロッパの法と社会

5　ユス・コムーネと法の継受

1 総　説

西洋史における近世ないし初期近代とは，ビザンツ帝国の滅亡（1453年）に始まりフランス革命（1789～95年）をもって終わる，中世封建制の衰退と近代市民社会の確立との間の過渡期とされる。この時代はまた，政治・経済・社会・宗教・文化などあらゆる側面で激変が生じた時期でもあった。

1 ローマ法の継受

近世の前半，およそ15世紀後半から17世紀初頭までの時期は，西洋法制史の中でしばしばローマ法の継受期と呼ばれ，中世イタリアで復興と発展を遂げたローマ法の素材と方法論が他の地域へと伝播し，ユス・コムーネ（普通法）[1]として受け入れられ，法の近代化をもたらすという重大な出来事が起きた時代とされる。ローマ法継受の背景には，なおも残存する**帝国理念**[2]を思想的背景にしつつ，千差万別であった各地の固有法を新しく台頭する国民国家の領域規模で統合し合理化するという実務上の要求があった。

そのため，ローマ法はそれぞれの国で異なる待遇を受けた。例えば，イングランドでは，早くも12～13世紀に王国全体に共通する慣習法であるコモン・ローが王権の下で整備されたが，14世紀以降には当事者に特別な救済を認めるエクイティ（衡平法）が形成され，両者が補い合う法体系が成立した[3]。それゆえ，ローマ法は大学でこそ教育・研究の対象とされたものの，海事裁判所などの例外を除き，主要な法源として法廷での実務に入り込む余地はなかった[4]。

2 ユス・コムーネ（普通法）とユス・プロプリウム（地域固有法）[5]

一方，近世前期のフランスでは，北部の「慣習法地域」と南部の「成文法地域」が並立した。このうち北部では王権の下でローマ法を利用しつつ各地の慣習法が統合され，「フランス共通法」が実現していった[6]。

他方，政治的分裂状況にあったドイツでは，ローマ法が，実務の中で迅速に浸透することとなった。ユス・コムーネが法源としての地位を確立するとともに，ローマ=カノン法訴訟の手続が各地の法廷で導入されたことで，ローマ法の知識を修得した学識法曹が帝国や領邦，都市等での司法と行政に携わり，地域固有法が支配していた社会の法活動全体が抜本的な変革を迎えた[7]。

このように，各国が自国の状況に応じて，いかに継受法（ローマ法を中核とするユス・コムーネ）と固有法（地域の条例と慣習）を取捨選択したかは，われわれ

▶1　Ⅲ-5-2 参照。

▶2　**帝国理念**
800年にフランク王カールがローマ教皇により戴冠されたことで，西ローマ帝国が復活し，それがヨーロッパの全キリスト教徒からなる大共同体であるという普遍的帝国の理念が形成された。その帝国の後継者は，境域や名称の変化こそあれ，神聖ローマ帝国であるとされる。皇帝を東フランク=ドイツ国王が兼任する体制が確立したため，中近世のフランス王は，政治的な思惑で，帝国法とされるローマ法の自国への進出を警戒していた。

▶3　Ⅲ-5-3 参照。

▶4　Ⅲ-5-4 参照。

▶5　12～13世紀，ローマ法の復興とカノン法学の発展に伴い，ユス・コムーネ（*ius commune*）とユス・プロプリウム（*ius proprium*）は，ユスティニアヌス法典に記された古典的な意味から，それぞれ，キリスト教世界=帝国の普通法と都市の条例や慣習等地域固有法を指すように変化していた。

▶6　Ⅲ-5-5 参照。

▶7　Ⅲ-5-6 参照。

に，近世前期の法発展を考察するための第一の視座を与えてくれる。

3 公権力による秩序の再建

近世前期の社会では，封建制の解体と，帝国と教会という2つの普遍的権力の失墜が伝統的な価値観に打撃を与え，社会的秩序が揺らいでいた。混乱の収拾と秩序の再建を求める動きの中で，強化されつつある国家の公権力が，いかにその目標に着手したかは，われわれの考察にとっての第二の視座となる。

ドイツでは，神聖ローマ皇帝カール5世は，帝国改造運動の延長線上に，中世ローマ法学の成果を導入し刑事司法制度の改革に着手した。その最大の成果が，公的機関の主導する糾問訴訟を制度化した「カロリーナ刑事法典[8]」の制定である。しかしこの時期はまた，魔女裁判[9]がもっとも苛烈に行われた時期でもあった。実際に，魔女を含む魔術犯罪は，世俗の法廷ではこの法典の規定に基づいて審理されていた。この事実は，近世社会の過渡的性格を物語っている。

また，この時期，社会秩序の回復を求める市民層と呼応し，宗教改革後急速に求心力を失った教会に代わり，都市が公共の福祉の増進を旗印とし市民たちに紀律を与えるさまざまな規定を盛り込むポリツァイ条令を制定するようになった。この動きは，16世紀には帝国レベルまで広がり，やがて，17世紀以降領邦国家の君主が推進する福祉国家建設の政策へとつながることになった[10]。

4 近世の「万民法（ユス・ゲンティウム[11]）」と主権国家体制

この時期は，いわゆる大航海時代とも重なっている。ヨーロッパ人が遠くアジアやアメリカに到達し現地の人々と接するにあたり，そこで遵守されるべき法とは何かという問題が意識され始めた。ヨーロッパ内部でも，互いに戦争と交渉を繰り返しながら台頭した主権国家が，相互に遵守されるべき共通の法を求め始めていた。異なる国家（民族）の人々を等しく規律するこのような法は，ローマ法の伝統に従い万民法と呼ばれ，今日の国際法の前身になった。新しいコンセプトを与えられた近世の万民法がいかに形成されたかは，われわれが近世の法発展を考察する際に，忘れてはならない第三の視座となる。

この問題に率先して取りかかったのは，スペインのサラマンカ学派[12]の神学者たちであった。その代表者ビトリアは，異民族が交流・共存する世界像を思い描き，インディオ（アメリカ先住民）がキリスト教徒と同等の権利を享有すると説いた。その観点は，近世自然法論[13]の先鞭をつけるものとなった。

これに対して，イングランドで活躍したイタリア人法学者ジェンティーリ[14]は，より実証主義的な立場をとり，ヨーロッパの主権国家体制に対する観察をもとに，万民法（国際法）の主体を国家の主権者のみに限定し，国家間の合意や慣習を万民法（国際法）の法源とした。そこでは中世ローマ法学の素材と方法論が多用され，近世におけるローマ法の新しい可能性が示された。（周　圓）

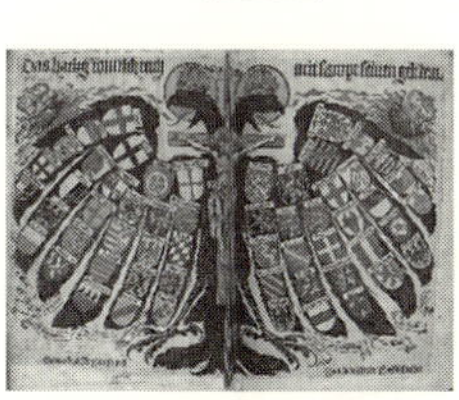

図1　神聖ローマ帝国と領邦国家（1510年頃）

双頭の鷲が有力諸侯や高位聖職者，主要帝国都市等の紋章で飾られる翼を広げ，等族から構成される神聖ローマ帝国のイメージを示している。

▶8　Ⅲ-5-7 参照。

▶9　Ⅲ-5-8 参照。

▶10　Ⅲ-5-9 参照。

▶11　Ⅰ-1-1 ▶7，Ⅰ-1-6 Ⅰ-1-7 参照。

▶12　Ⅲ-5-10 参照。

▶13　Ⅲ-6-6 参照。

▶14　Ⅲ-5-11 参照。

読書案内

長谷川輝夫・大久保桂子・土肥恒之『世界の歴史17　ヨーロッパ近世の開花』（中公文庫，2009年）は，定評のある世界史シリーズに集録されるヨーロッパ近世史を扱う巻。平易な文体で各国の状況を網羅的に紹介し，本格的に法制史を勉強するための基礎知識を提供する。池谷文夫『神聖ローマ帝国——ドイツ王が支配した帝国』（刀水書房，2019年）は，神聖ローマ帝国の歴史と制度をわかりやすく説明する一冊。とりわけその帝国の理念に対する理解を深めたい人にすすめたい。

5　ユス・コムーネと法の継受

2 ヨーロッパ普通法の形成

1992年にマーストリヒト条約が締結され，翌93年にヨーロッパ連合（EU）が成立した。ヨーロッパ統合の理念は，EU のモットーである「多様性における統合」に象徴的に表れている。加盟諸国は，それぞれ異なる文化や政治体制，法律を有していながらも，政治・経済・外交などの面で地域統合を目指したのである。その一環としての法的統合の理念は，古く深いルーツを歴史の中にもっている。

1 ユス・コムーネとは何か

ヨーロッパ中世においては，地域に応じてそれぞれ異なる条例や慣習法などの地域固有法が効力をもっていた。しかし，それとは対照的に，ローマ法とカノン法（両法）からなる**ユス・コムーネ（普通法）**[▷1]が，地域間の相違を超えて一般的に妥当する法として認められていた。というのも，これは皇帝と教皇という２つの普遍的権力が及ぶ範囲で，あらゆる法主体を拘束するもっとも一般的な法と考えられたからである。

ユス・コムーネの形成と浸透の背景には，当時の全ヨーロッパに共通する文化的・社会的基盤があった。すなわち，ラテン語という共通言語が法の言語となり法学の発展を支え，ヨーロッパ中から学生や教師が集った大学においてはカリキュラム，教材，方法の点で均一な法学教育が行われ，そうした教育を受けた者が学識法曹[▷2]という社会集団を形成し，ヨーロッパ各地の司法や行政に携わっていたのである。

このような共通の土台の上に，ユス・コムーネは，12世紀に学識法としてのローマ=カノン法が形成されてから，18～19世紀に各国で近代的法典が編纂されるまで，程度の差はあれヨーロッパに統一的な法をもたらした。

2 ユス・コムーネの歴史的展開

ユス・コムーネの効力は地域固有法との関係で定まったが，時代に応じてヴァリエーションがみられる。

イタリアの法制史家フランチェスコ・カラッソは，ユス・コムーネの歴史的展開を３つの時期に分けて図式的に説明する（ただし例外もある）。第１期「絶対的ユス・コムーネの時代」（12～13世紀）には，ユス・コムーネが他の競合する法源に優先し，それらの法源はユス・コムーネのルールに抵触しない限り効

図１　欧州旗

出典：Wikimedia Commons.
モットーに加え，欧州旗もEU のシンボルとされている。均等に配置された12個の星は（加盟国数とは関係なく）「完璧さ」と「統一」を，星が描く円は欧州市民の「団結」と「調和」を表現している。

▷1　**ユス・コムーネ(ius commune)**
共通法とも呼ばれる。これは古代から存在する概念で，古代ローマでは自然法または万民法（Ⅰ-1-1 ▷7）の意味で理解された。例えば，ガイウスは『法学提要』（Ⅰ-1-11）の冒頭で，「法律と習俗に支配されるすべての国民は，ある場合には自己に固有の法を用い，ある場合にはあらゆる人々に共通の法を用いる」と述べ，固有法を市民法と，共通法を「自然の理がすべての人々の間に定める法」である万民法と説明している。

▷2　Ⅱ-4-11 参照。

力が認められた。第2期「補充的ユス・コムーネの時代」(14〜15世紀)に入ると，地域固有法に主要な法源としての地位が認められ，地域固有法に欠缺がある場合にのみユス・コムーネが補充的に適用された。第3期「特別的ユス・コムーネの時代」(16〜19世紀)においては，国家法が唯一の法源となり，君主が望む限りにおいてのみユス・コムーネの効力が認められた。

3 ユス・コムーネの概念

ユス・コムーネという概念は，歴史的にみれば必ずしも一義的なものではなく，その内容は地域や時代に応じてさまざまに理解された。

例えば，早くから王権により法典が作成された地域では，条例や慣習法などの地域固有法に対して，その制定法がユス・コムーネとみなされることがあった。また，フリードリヒ2世[3]の「シチリア王国勅法集成」(メルフィ法典[4])では，ローマ法とランゴバルド法がユス・コムーネとして規定された。

ローマ法とカノン法は相互補完関係にあることもあれば，領域に応じてどちらか一方が適用されるとの考え方もあった。例えば，註解学派のパウルス・デ・カストロ[5]は，「ユス・コムーネとは皇帝の支配権の領域においては市民法(ローマ法)であり，教会の領域においてはカノン法である」と述べている。また，近世以降になると，宗教改革に加え人文主義法学[6]や自然法論[7]の興隆などを経て，カノン法の適用範囲は理論上狭く解釈されるようになり，ローマ法がユス・コムーネの中で前景化していくことになる。

ユス・コムーネという言葉はローマ法とカノン法が結びついた「両法」を意味するというのが中世盛期以降の一般的理解だったことは確かであるが，以上のように，ユス・コムーネの概念が可変的・相対的なものであることには注意しておく必要がある。

4 ユス・コムーネとグローバル・リーガル・ヒストリー

とくに第二次世界大戦後に活発化したユス・コムーネの研究は，近代化・合理化プロセスの一環としての法の学問化というパラダイムに基づいて進められてきた。これは政治的なヨーロッパ統合の進展と軌を一にして，トランスナショナルなヨーロッパの法制史像を描くのに適していた。そうして，ユス・コムーネは中世以来の伝統をもつヨーロッパ法文化の基礎と位置づけられたのである。

しかし他方で，このような見方がヨーロッパ内の地域的相違やヨーロッパ外との関連を十分に考慮していないこと，多様で複雑な現象を一つの統一的特徴に還元する傾向にあることなどの問題点も指摘されている。近年では，このような方法論的問題を克服するため，とくに近世以降のヨーロッパの拡大により生じたグローバルなネットワークと法的空間を視野に入れた「グローバル・リーガル・ヒストリー」という新しい方法が提唱されている。 (川島　翔)

▶3 Ⅱ-3-5 ▶9，Ⅱ-4-10 ▶1参照。
▶4 Ⅱ-4-10 参照。
▶5 Ⅱ-4-4 ▶4参照。
▶6 Ⅲ-6-3 参照。
▶7 Ⅲ-6-1 参照。

読書案内

戦後のユス・コムーネ研究を牽引した第一人者の著作として，H・コーイング(佐々木有司編訳)『ヨーロッパ法史論』(創文社，1980年)がある。グローバル・リーガル・ヒストリーについては，Thomas Duve, “What is global legal history?”, *Comparative Legal History*, 8 : 2 (2020), 73-115がある。初学者には若干難解だが，上記のコーイングの著書と併せて読めば理解しやすいだろう。

5　ユス・コムーネと法の継受

3 コモン・ローとエクイティ

図1　大法官府裁判所

出典：J・H・ベイカー（深尾裕造訳）『イギリス法史入門（第5版）第Ⅰ部〔総論〕』（関西学院大学出版会，2023年）。

王位継承の正統性をめぐるバラ戦争の後，ヘンリ7世はテューダー朝を興し，絶対王政に道を開いた。続くヘンリ8世の治世下では，国王評議会の一部門が発展して星室（庁）裁判所となった。ウェストミンスター宮殿の星の間で開かれたこの裁判所は，秩序を乱す者を簡易で迅速な手続により処罰したが，次第に暴動や宗教犯罪の訴追に利用されるようになり，17世紀半ばのイギリス革命で王権乱用の象徴として廃止された。

1 エクイティ

イングランド王国全体に共通する法として国王裁判所で運用されたコモン・ローは，令状の仕組みを用いて国王裁判を王国内に行き渡らせたが，その運用は時として厳格すぎた。そこでコモン・ローで救済が提供されない事件に，正義と衡平の見地から救済を提供したのが大法官である。大法官が主宰する大法官府裁判所のもとで発達した法の一団は，コモン・ローと対比してエクイティと呼ばれる。

「エクイティ」自体は「正しさ」や「等しく扱う」という意味をもち，イングランド法に特有のものではない。例えば，古代ギリシアのアリストテレス[1]にとってエクイティは，正義一般に通ずるものであった。またローマ人は，一般的なルールの厳格な適用と個別状況の考慮により導き出される柔軟な結論の違いを知っていたし，カノン法学者にとってエクイティは慈悲によって正義を緩めるものであった。

▷1　Ⅰ-1-3 ▷6参照。

中世イングランドにおけるエクイティは，制定法の目的や精神を考慮して解釈する際に用いられる「制定法のエクイティ」としてコモン・ローの原則において現れ，制定法の文言に従うだけでは対処できない場合に救済を提供するための判断の規準であった。他方で，エクイティは法の一般原則からの例外を認める根拠にも用いられ，この場合におけるエクイティは，法の厳格さと対比され，手続に関するコモン・ロー上のルールを緩和する役割を担った。

▷2　**インズ・オブ・コート（法曹学院）**
当初は，裁判所の開廷期にロンドンに集まる法律家たちの定宿であったが，次第にコモン・ロー法曹を養成する場となり，16世紀にはオックスフォード大学，ケンブリッジ大学に次ぐ「第三の大学」と称されるほど

法の厳格さを緩和するエクイティの本質は，硬直的なルールに縛られない点にあるが，いかなるルールも守られないことになると，同種の事件において当事者が同等の扱いを受けないことになりかねない。それゆえ，「大法官の良心による」とされてきたエクイティの判断の基準はどこにあるのかという難問が，古くからつきまとっていた。この点について，自らの主観に従って判断す

る大法官が存在したのは事実である。だが，17世紀後半になると，大法官はエクイティが大法官自らの内的良心に依拠するという観念をもたなくなった。エクイティが明確なルールによって規律され始めたのである。

2 コモン・ローによる救済とエクイティによる救済

12〜13世紀にかけて形成されたコモン・ローは，ロンドンにある**インズ・オブ・コート（法曹学院）**[2]で学んだコモン・ロー法曹によって洗練されていった。しかし，コモン・ローでは金銭賠償がほとんど唯一の救済手段であったため，相手方に対して特定の行為の履行や差止を命令する必要がある場合には，コモン・ロー裁判所ではなく大法官に救済を申し立てる必要があった。このような大法官による救済が，次第に大法官府裁判所によって担われるようになった。

エクイティ裁判所として知られる大法官府裁判所の発展のきっかけは，土地をめぐる訴訟にあった。封建制下のイングランドでは，土地に関する権利の譲渡にはコモン・ロー上の厳しい制限があり，この制限を回避するために，存命中は自分の望む指示を，死後は最終遺言を実行してくれる友人に対して信頼に基づく土地の譲渡が行われた。これがユース（信託の前身）である。しかし，この場合，コモン・ロー上の真の権利者は友人であるから，彼が元の土地保有者の指示を遂行しなかったとしても，譲渡人である元の土地保有者は救済されない。そのような事件において，大法官はコモン・ローのルールに触れることなく，当事者間の「信頼」を保護し，譲受人に対して託されたとおりに行為するよう強制して譲渡人に救済を提供した。

大法官府裁判所はコモン・ローの令状体系に従うことなく，その判断は大法官の裁量によっていた。しかし次第に，大法官の判断はルールに基づいたものになり，良心という諸原則は，コモン・ローよりも広い司法的な裁量を認められたエクイティ裁判権として確立していく。

17世紀には，コモン・ロー裁判所で判決が下された後に，同じ事件を大法官府裁判所で再検討しようとしたことを契機に，コモン・ロー裁判所と大法官府裁判所の管轄権をめぐって，**王座裁判所**[3]首席裁判官クック[4]と大法官エルズミア卿の間で論争が展開された。一度は，コモン・ロー裁判所の判決後に大法官府裁判所が当該訴訟を受理する裁判権を有することを確認した勅令が発布されるが，これは後に違法とされた。その後，大法官はコモン・ロー裁判官との良好な関係回復に努め，両裁判所の敵対関係は終了する。以後，コモン・ロー法曹出身の大法官はエクイティを法体系として洗練することに集中し，その結果として，裁判管轄上，エクイティ上の救済とコモン・ロー上の救済を別々の裁判所に求める必要がある，という訴訟手続上の不便が残ることとなった。

（高　友希子）

になった。ミドル・テンプル，インナー・テンプル，グレイズ・イン，リンカンズ・インから成る。各々のインにおける教育は，講義や模擬裁判の他，人間的資質を養成するために，所定の回数，インのホールで上級者と食事を共にする必要があった。インの管理・運営は，インで最上の地位にある評議員たちが行った。17世紀に衰退したが，その後，復活し現在にいたる。

▶3　**王座裁判所**
クーリア・レーギスから分化したコモン・ロー裁判所の一つで，もともとは国王自ら臨席し，国王とともに王国内を移動していた。人民訴訟裁判所と永続的に分化したのは，マグナ・カルタ17条の影響とされる。民事・刑事ともに扱ったが，民事事件の管轄権については，他のコモン・ロー裁判所（人民訴訟裁判所，財務府裁判所）と競合することが多かった。

▶4　Ⅲ-6-9 ▶7参照。

読書案内

土地法を含む個別の法分野については，J・H・ベイカー（深尾裕造訳）『イギリス法史入門（第5版）第Ⅱ部〔各論〕』（関西学院大学出版会，2024年）が網羅的である。歴史だけでなく，現代イギリス法も併せて勉強したい人は，戒能通弘・竹村和也『イギリス法入門』（法律文化社，2018年）が読みやすいであろう。

5　ユス・コムーネと法の継受

4 イングランドにおけるローマ法

図1　ドクターズ・コモンズ

出典：J.H. Langbein, R.L. Lerner and B.P. Smith, *History of the Common Law*, Aspen Publishers, 2009, p. 197.

イギリスにおける宗教改革は，スペイン王家出身の王妃と離婚しようとするヘンリ8世とそれを認めようとしない教皇が対立したことから始まった。1534年に，ヘンリ8世は議会に国王至上法（首長法）を制定させ，国王がイギリス国教会の首長であると宣言した。これにより国教会が成立し，イングランドはローマ=カトリック教会から分離・独立した。さらに彼は，議会立法を通じて修道院を廃止し，広大な土地財産を没収することで王室の財政を強化した。

1　ローマ法の教育

11世紀にイタリアで復活したローマ法研究は，12世紀後半にイングランドに広まり，この時期にボローニャ出身の法学者ヴァカリウスが**『貧者の書』**[1]を編纂し，ローマ法を教授していたことが知られている。その後，教会裁判所で実務を担う法律家を養成することを目的として，12世紀末からオックスフォード大学で，13世紀前半にはケンブリッジ大学でも，ローマ法が教えられるようになった。1350年には，ローマ法とカノン法（教会法）を研究するためのコレッジとして，ケンブリッジ大学のトリニティ・ホール（ケンブリッジ大学の30を超えるコレッジの中で5番目に古い同コレッジは，ノリッジ司教ベイトマンによって設立され，19世紀まで法律を専門とし，今なお法律家のコレッジとして知られている）が創設された。

中世以来，イングランドの大学における法学教育の対象はコモン・ローではなく，ローマ法とカノン法であったが，16世紀に国王ヘンリ8世の離婚問題を機に生じた宗教改革によりイングランドの教会がローマ=カトリック教会（ローマ教皇庁）から分離すると，教皇庁への上訴が禁止され，イングランドの大学におけるカノン法の研究や講義も禁止された。その後ヘンリ8世は，1540年にケンブリッジ大学に，その数年後にオックスフォード大学にローマ法の欽定講座を創設し，ギリシア語やヘブライ語などと並んで，ローマ法の教育が強化されることになった。

なお，大学の法学教育にイングランド法が登場するのは，18世紀半ばのことであり，**ウィリアム・ブラックストーン**[2]がオックスフォード大学で行った講義が最初である。

1　『貧者の書』
1140年代にボローニャからイングランドに招聘され，ローマ法を講じたロンバルド・ヴァカリウスが，ローマ法文すべての写本を揃える金銭的余裕のない学生のために編纂した，全9巻の重要法文選集。中世のオックスフォード大学では，教科書として使用された。

2　ウィリアム・ブラックストーン
1758年にオックスフォード大学に設立されたイングランド法担当講座の初代担当者となり，イングランドの大学で初めてイングランド法の講義を行う。主著『イングランド法釈義』は，基本的な法律書として英米，とりわけアメリカに大きな影響を与えた。また，彼は庶民院議員の他，王座裁判所と人民訴訟裁判所の裁判官も務めた。

2 ローマ法とイングランドの裁判所

イングランドは大陸諸国や隣国スコットランドのようにローマ法を継受することはなかったが，コモン・ローがローマ法の影響を受けなかったわけではない。12世紀後半の「グランヴィル」[3]として知られる書物では，概念枠組みを提供するためにローマ法が利用されているし，13世紀の「**ブラクトン**」[4]においては，イングランド法の資料を補完するために，同時代のローマ法やカノン法の学識が利用されている。

さらに，イングランドにおける法の運用の中心がコモン・ローであったことは間違いないが，すべての裁判所でコモン・ローが用いられていたわけではない。教会裁判所では中世から宗教改革を経た後においても，引き続きカノン法が適用されていた。カノン法の手続はローマ法に由来し，その概念枠組みはローマ法に根ざしていた。教会裁判所は純粋な教会事項に加えて，家族法と遺言検認を主な業務としており，同裁判所で実務を担ったのは，大学でローマ法とカノン法の「両法」を修めた法学博士であった。

また，14世紀後半から公海上で生じる問題や国際的な性格をおびた問題において裁判権を行使した海事裁判所における訴訟手続は，ローマ法に従って進められ，召喚状は人だけでなく，船と動産に対しても発給された。同裁判所で実務を担ったのも，コモン・ロー法曹ではなく，教会裁判所と同様に「両法」に精通した法学博士であった。なお，海事裁判所の意義は，海事事件における刑事裁判権が16世紀の制定法によりコモン・ロー裁判所に移り，その後，国際的な契約に対する海事裁判所の裁判権のほとんどを王座裁判所[5]が引き受けるようになるにつれて，失われていった。

教会裁判所や海事裁判所のようなローマ法が用いられた裁判所において実務を担った法学博士は，コモン・ロー法曹がインズ・オブ・コート[6]に集っていたように，**ドクターズ・コモンズ（法学博士会館）**[7]として知られる機関に集っていた。彼らはイングランドにおけるローマ法専門職を占めただけでなく，政府が国際交渉を進める際にも意見を求められた。

大法官府裁判所で運用されたルールに対してローマ法の影響があったかどうかについて，証拠はほとんど存在しない。しかし15世紀の大法官府主事の多くが，大学で「両法」の学位を取得した者たちであったことを考慮すると，彼らが学んできた法の影響を受けた可能性は否定できないだろう。

なお，18世紀初頭には，当時のイングランド法で解決困難な王座裁判所の事件に対して，ローマ法のルールが適用されている。また契約法や不法行為法の定式化に際して自然法学者（グロティウス[8]やプーフェンドルフ）の著作を借用した結果，これらを通じてローマ法起源のルールがイングランドに持ち込まれたこともわかっている。

（高　友希子）

▷3　Ⅱ-3-3 ▷5参照。

▷4　**「ブラクトン」**
公式名は*De Legibus et consuetudinibus Angliae*。中世最大規模のイングランド法の文献とされ，判決や令状の写しなどを引用しながら，国王裁判所において適用されたイングランド法をローマ法の概念を利用しつつ説明する。著者とされるブラトン（国王裁判官，聖職者）を16世紀の編者が誤読し，以来，ブラクトンと呼ばれるようになった。

▷5　Ⅲ-5-3 ▷3参照。

▷6　Ⅲ-5-3 ▷2参照。

▷7　**ドクターズ・コモンズ（法学博士会館）**
1857年まで遺言検認・離婚事件や海事事件などを扱う法律家による同業組合の集会所。インズ・オブ・コートのように，会員が利用するための法学図書館をもっていたが，基本的にはdining clubであり，公式の教育プログラムを運用することもなければ，入会を管理することもなかった。

▷8　Ⅲ-6-6 参照。

読書案内
大陸法系と英米法系の違いに力点を置きながらイングランド法を学びたい方には，R・C・ヴァン・カネヘム（小山貞夫訳）『裁判官・立法者・大学教授――比較西洋法制史論』（ミネルヴァ書房，1990年）をすすめたい。

5　ユス・コムーネと法の継受

5 フランスにおけるローマ法継受：慣習法地域と成文法地域

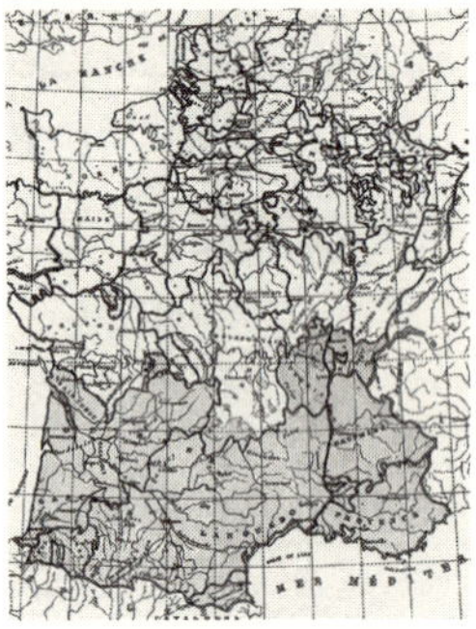

図1　クリムラトによる北仏「慣習法地域」と南仏「成文法地域」の境界線区分

北仏の王領地を足掛かりに広域支配の確立を目指すカペー朝[1]王権は，アルビジョワ十字軍を契機として，南仏へと侵攻した。南仏ラングドック地方を支配下に置いた王権は，南北の言語や文化の顕著な違いに直面することになった。

1 「慣習法地域」と「成文法地域」

かつて，フランス民法典の編纂者ポルタリスが「(法典は) 慣習法と成文法の和解である」と述べたように，中世～近世のフランスは，ゲルマン法[2]に由来する慣習法が支配的な北仏「慣習法地域」と，中世ローマ法学に強く影響された慣習法が通用する南仏「成文法地域」に二分されていた。このように南北で大きく異なるフランスの法系分布に関しては19世紀フランスの法史家アンリ・クリムラトによる境界線区分が一般的であるが，北仏では「慣習法」が適用され，南仏では「成文法」が通用しているという認識は，**アルビジョワ十字軍**[3]による南仏の征服にまで遡る。征服者たる北の「フランス人」諸侯は，南の「ラングドック人」の法に対峙してはじめて，自らの法の特徴を自覚したのである。

南仏では，12世紀半ばに始まる中世ローマ法学[4]の浸透を受けて，アルル，モンペリエ，サン=ジル，トゥールーズなどの主要都市で慣習法が編纂されていった。それは，不文法特有の不明瞭さに満ちた慣習法を「時の浸食」(忘却)から守ることが目的であったが，編纂に際しては，時代に即した規定が導入されるのと同時に旧慣が取捨選択されている。学識法を直接反映する，あるいはそれに着想を得た新たな規定への置き換えによって慣習法が更新される一方，そうした規定が古来の慣習法として示されることで，その新奇性は隠蔽された。かくして，南仏における慣習法の編纂は，純粋な保守作業ではなく，改良ないしは現代化ともいうべきものであった。このような，学識法による慣習法の活性化は，徐々に慣習法の実体を失わせ，最終的には「成文法」の総称の下に両者が混同され，南仏ではローマ法が一般法として通用しているかの印象を与えるにいたった。これについて，フィリップ4世（美麗王）は1312年7月付で**開封王状**[5]を発し，王国の一部で成文法が通用しているのは，歴代諸王がそれを承認したからに他ならず，それは「成文法のテクストに由来する実務によって導入された」慣習法の適用にすぎないとして，南仏におけるローマ法の継受を公式に否定している。

他方，北仏における慣習法は地域的なものであり続け，13世紀には「ある地

▶1 Ⅱ-4-11 ▶7参照。

▶2 Ⅰ-2-7 参照。

▶3 **アルビジョワ十字軍**
1209年，南仏トゥールーズ伯領（アルビ，トゥールーズ）を拠点としていた異端アルビ派（カタリ派）討伐のため，教皇インノケンティウス3世の要請によって組織された。領土的野心から，討伐には北仏諸侯が数多く参加し，アルビ派およびトゥールーズ伯をはじめとする南仏諸侯の激しい抗戦を受けつつも，1229年のパリ和約によって十字軍側が勝利した。吟遊詩人（トゥルバドゥール）に代表される独自のオック語文化を誇った南仏ラングドック地方は，以後王領として北仏王権の支配下に置かれた。

▶4 Ⅱ-4-3 参照。

域で受容・容認された私法に関する法慣習」という意味での「慣習法（クチュム）」なる用語が定着した。カペー朝期の王会において，「フランス人の」（パリ近郊の）慣習法の他，アンジュー，メーヌ，トゥーレーヌ，シャンパーニュ，ポワトゥー，フランドルの諸慣習法が扱われているのは，そうした慣習法の地域的個別化を示すものである。もっとも，「ボーヴェジ慣習法書」[6]のような私的編纂物においては，学識法の影響が随所に認められ，また，裁判における慣習法の不備に際しては，しばしばローマ法が援用された。

2 慣習法の公式編纂と「フランス共通法」

1454年の「モンティル=レ=トゥール王令」に基づく慣習法の公式編纂によって，16世紀中頃にはパリ慣習法をはじめ主要な慣習法が出揃い，その後，オルレアン[7]（1560年）とブロワ（1576年）の全国三部会で決議された慣習法の改訂作業は，17世紀まで及んでいる。これら一連の編纂・改訂作業によって慣習法の比較研究が可能となり，シャルル・デュムーラン，ベルトラン・ダルジャントレ，ギー・コキーユ，アントワーヌ・ロワゼルらに代表されるフランス慣習法学が16世紀に隆盛した。その結果，約65の「一般慣習法」と200を超える「地域慣習法」の存在が明らかになったが，それらは同一の適用地域において，一般法と特別法の関係に立つものであった。

18世紀の啓蒙主義者ヴォルテール[8]が「この国を旅する者は，ほぼ駅馬を変えるたびごとに法も変える」と揶揄したように，慣習法の多様性がフランスの社会・経済的障害として強く認識されるにつれ，王国全土に適用可能な一般的法原則の確立が，フランス慣習法学の新たな課題となった。フランス人文主義法学[9]によってローマ法の普遍性が相対化されると，フランス固有の慣習法をローマ法体系との比較によって明らかにするという方法が可能となった。こうして明解になった各地の慣習法を整序することによって，一般的法原則たる「フランス共通法」が徐々に抽出され，中でもパリ慣習法に優越的な地位が認められるようになると，「〔パリ〕慣習法は〔ローマ〕法に勝る」という法格言が定式化された。しかしながら，「パリ慣習法」（1510年編纂／1580年改訂）には欠缺や曖昧な条文も多く，判決に際して，そうした不備を補うべくローマ法が援用され，あるいは解釈の指標とされるのが通例であった。また，ブルゴーニュやフランドルのように，法欠缺の際にはローマ法を適用すべし，と指示する慣習法も少なからず存在した。かくして，「フランス共通法」の定義をめぐっては，ローマ法こそが共通法の役割を果たしうるという見解（リゼ，ブイエ，ブルトニエ）と，それは条理としての補充法にとどまる，すなわち「ある慣習法に不備がある場合，まずは近隣地域の慣習法や他の慣習法一般にみられる共通原則を斟酌すべきである」という見解（クリストフル・ド・トゥー，デュムーラン，コキーユ）が，アンシャン・レジーム期を通じて併存した。

（藪本将典）

▶5 **開封王状**
フランス王が書状の形式で発する命令のうち，一般性・公益性の高いものは，「開封王状（lettre patente）」として内容が公開された。これに対し，当事者に限定された特殊・個別的なものを「封印王状（lettre cachée）」と呼び，その内容は非公開であった。

▶6 Ⅱ-3-4 参照。

▶7 Ⅱ-3-4 ▶4 参照。

▶8 Ⅲ-6-10 ▶1 参照。

▶9 Ⅲ-6-3 参照。

読書案内
このように，「フランスが南北で大きく異なる法系に二分されている」という認識およびフランスにおけるローマ法の意義に関する古典として，モンテスキュー（野田良之・稲本洋之助他訳）『法の精神　下巻』（岩波文庫，1989年）第28編「フランス人における公民の法律の起源と変遷について」を挙げたい。初学者にとって難解な部分も少なくないが，旧体制期フランスの貴重な証言として，本書を傍らに挑戦してみてほしい。フランスにおける慣習法の公式編纂とフランス慣習法学の興隆については，滝沢正『フランス法〔第5版〕』（三省堂，2018年）第1編 第3章・第4章および『近世・近代ヨーロッパの法学者たち』のコラム「フランス慣習法学」が手頃である。先人モンテスキューの所感との違いを通じて，西洋法制史の面白さを体感できるだろう。

5　ユス・コムーネと法の継受

6 ドイツにおけるローマ法の包括的継受

神聖ローマ帝国は，中世盛期から諸侯と自由都市の自立傾向が強く，13世紀後半の「大空位時代」によって政治的分裂がいっそう深まった。「金印勅書」[1]が1356年に発布されて以降，**レガリア**[2]（国王大権）を認められた有力領邦は独自に集権化を進め，神聖ローマ帝国は領邦国家の緩やかな集合としての国体を確立した。

1 ローマ法教育と法学識者の活動

ドイツ人学生がイタリアやフランスの大学で法律を学んだ記録は13世紀に遡るが，当初はそのほとんどがカノン法[3]を学ぶ聖職者であった。14世紀の半ば以降ドイツ語圏ないし帝国域内に大学が相次ぎ創設された。15世紀中頃ケルン大学がカノン法の補充として率先してローマ法を教授し，その後，バーゼル，テュービンゲン，ウィーンなどローマ法教育を施す大学が増え続けた。地域社会に根差した伝統的慣習法と対照的に，大学でのローマ法教育は，ボローニャで再構成されたユスティニアヌス法典を教科書にラテン語で行われたもので，授業の形式も学問の内実も，ともに「イタリア学風」[4]に追従していた。

大学でローマ法とカノン法を学び両法博士の学位を取得した者は，全欧の大学で教授する資格を得るとともに，聖俗の裁判所で裁判官を務め，顧問や官僚として領邦と都市の行政と立法に携わるなど活躍の場が与えられた。彼らは，学識と能力によって貴族たる地位を得て，学識法曹[5]という新しい特権階層を形成するとともに上からドイツにローマ法的なパラダイムを植え付けていった。博士の数は限られていたが，諸事情で学業を完遂できなかった者や，同じ頃ドイツで流布した通俗的な手引などを通じてローマ法の基礎知識を一定程度習得した者は大量に存在した。これら広い意味での法学識者も，中小領邦や都市で書記など下級官吏に登用され，あるいは，参審人，弁護士，法律顧問などを務め，日常的活動の中，ローマ法をドイツ社会に普及させていった。

2 ユス・コムーネ（普通法）の適用

14世紀，註解学派の代表者バルトルス[6]はユス・コムーネ（普通法）[7]とユス・プロプリウム（地域固有法）[8]の抵触という問題につき，条例優先理論[9]を確立させ，争訟事項に関する固有法が存在しない場合，ユス・コムーネが補充的効力をもつことを確認していた。その理論を全面的に受け入れたドイツの法律家に

▶1　Ⅱ-3-7 参照。

▶2　**レガリア**
（羅）regalia. 君主たる王（rex）のみが有するさまざまな特権。その中には，貨幣鋳造権，関税徴収権，鉱業権，市場開設権，上位裁判権，ユダヤ人保護権等が含まれる。また，王権の象徴とされる物品も意味する。Ⅳ-7-9 ▶3も参照。

▶3　Ⅱ-4-5 ▶2，Ⅱ-4-6 参照。

▶4　Ⅱ-4-2 Ⅱ-4-3 Ⅱ-4-4 参照。

▶5　Ⅱ-4-11 参照。

▶6　Ⅱ-4-4 参照。

▶7　Ⅲ-5-2 参照。

▶8　Ⅱ-4-9 参照。

▶9　Ⅱ-4-9 参照。

▶10　Ⅱ-3-5 参照。

▶11　**帝国改造運動**
神聖ローマ帝国が，帝国を構成する等族間の衝突や社会的・宗教的不穏，オスマン帝国の脅威等内外の危機を克服するために，15世紀に行った国制改革。その主要な成果は，1495年に成立した，帝国等族間のフェーデを全面的に禁止する「永

よる努力の下，15〜16世紀，「ザクセンシュピーゲル」等固有法の伝統が強かったザクセンを除き[10]，ドイツ各地の法廷ではローマ法を中核とするユス・コムーネが広く適用され，一般法として迅速に浸透した。

その流れは，**帝国改造運動**[11]の一環として1495年に帝室裁判所が設置されたことにより決定づけられた。この裁判所は，神聖ローマ帝国の最高裁判所とされ，「永久ラント平和令」[12]（1495年）への違反行為や帝国直属者間の紛争解決等を主な管轄事項としていた。その判決人16名のうち半数が学識法曹から選任されなければならず（「帝室裁判所令」１条），また，裁判の際に依拠する法として，帝国普通法と，「各領地および各裁判所の堅実で適切かつ公正な慣習及び条例」にして「明示されているもの」（同３条）が挙げられている。前者はすなわちユス・コムーネであり，後者についても実際の運用にあたっては学識法曹の判断に委ねられる部分が大きかった。この規定は，領邦や都市の裁判所法の模範となり，ドイツにおけるローマ法の包括的継受に拍車をかけたのみならず，17世紀中葉ロータル伝説がコンリングの歴史研究[13]により徹底的に否定された後も，シュトリュクに継受ローマ法の効力を是認するための根拠を与え，パンデクテンの現代的慣用の理論的展開を可能にした[14]。

3 地域固有法の改訂と司法手続の改革

また，この時期に，ニュルンベルク，ヴォルムス，フランクフルト・アム・マイン，バイエルンなどドイツの領邦国家（ラント）や都市で，改革法典が相次いで編纂された。それは，中世盛期に成立した慣習の単なる採録を超え，ローマ法の思考様式と要素を取り入れた地域固有法の改訂でもあった。その中でもっとも優れた傑作と評されるのは，イタリア学風の内核と人文主義の素養を融合させた巨匠ツァジウスの手による「フライブルク改革都市法典」（1520年）である。

実体法の各領域におけるローマ法の浸透と法学識者の幅広い活躍は，これに先行する訴訟手続の変革によってもたらされたものだった。15世紀末ドイツの法廷では，書面主義をとるローマ=カノン法訴訟[15]が認められ始めた。そこでは当事者や法学識を備えたその顧問が訴状提出により訴訟手続を開始し，ローマ法の規定や論理に基づく法的な議論を書面で展開した。伝統的裁判手続の中で重要な役割を果たす素人参審人（判決発見人）はこの新しい局面に対応できなくなり，大学の法学部教授等の法学識者に助言を求める慣行ができた。それはやがて，16世紀に「訴訟記録送付」の制度として確立されていった。ローマ=カノン法訴訟の導入は，裁判の効率化と判決の合理性を著しく推進した。

このように，ドイツにおけるローマ法継受は，近世前期の社会的・宗教的・政治的混迷が続く中で，なじみのない外来の法に対する民衆の不信と反発[16]を乗り越え，社会全体において包括的に進行していった。　（周　圓）

久ラント平和令」と，同年に紛争解決のための装置として設立された帝室裁判所（Reichskammergericht）であった。ほか帝国一般税の導入等も立案されたが，失敗に終わった。

図１　帝室裁判所における審理の様子

▶12　Ⅱ-3-10 も参照。

▶13　Ⅲ-6-7 参照。

▶14　Ⅲ-6-8 参照。

▶15　Ⅱ-4-7 参照。

▶16　Ⅲ-6-5 参照。

読書案内

勝田有恒「Rezeptionの素描――ドイツ近世（私）法史研究の起点として」『一橋大学研究年報　法学研究』４，115-269頁，勝田「フライブルクのツァジウス――近世ドイツ法学者の横顔」『一橋論叢』48（４），425-432頁，および，勝田が上の両誌にて1960〜70年代に発表した一連の論考。近世ドイツにおけるローマ法の継受につき多角的に取組み，これに関する日本の学界の基本的視座を形作ったもの。発表年代は古いが，オンライン・アクセスができる。

7 カロリーナ刑事法典

神聖ローマ皇帝カール５世はスペイン王を兼ね，ブルゴーニュやオランダなど広大な領地を支配下に収め，オスマン帝国とも戦った強大な君主であったが，ルターに始まる宗教改革の禁圧に失敗し，アウクスブルクの和議（1555年）ではプロテスタント（ルター派）の信仰を容認し「領主の宗教がその地に行われる」とする領邦教会制の承認へと追い込まれた。

1 時代的背景

先代皇帝にしてカールの祖父であった**マクシミリアン１世**[1]は，帝権と選帝侯ら領邦君主との権力関係を整理するため，即位後ただちに帝国改造運動に乗り出した。1495年の「永久ラント平和令」[2]や**帝室裁判所**[3]の設置は，法的な側面におけるその象徴である。しかし，マクシミリアンの改革は結果として中央集権化をもたらさず，むしろ領邦国家の優位を強めたと評価されている。

祖父の意を継ぎ，巻き返しのために新たな改革に着手したのがカール５世であった。カールは，諸領邦国家や都市の一部で刑事司法が慣習に基づいた苛酷かつ非合理的な手続や法運用に支配され，領民に不満が高まっている点に目をつけ，ローマ=イタリア法学の成果を導入した刑事司法制度を整備し，それを帝国全土に広めることで帝権拡大の一助とすることを目論んだ。幸いなことに，小都市ながら皇帝と司教の庇護を受け先進的な文化を開花させていたバンベルクにおいて，ローマ=イタリア法学の成果を取り込んだ**刑事裁判令**[4]がすでに編纂されていた。都市の名にちなみ「バンベルゲンシス」と呼ばれたこの刑事法典を母体として，「カロリーナ刑事法典」は生み出された。

2 編纂の経緯と規定内容

「バンベルゲンシス」の起草者であった**シュヴァルツェンベルク**[5]はバンベルクの宮廷長官の地位にあり，自身は法学に通じていたわけではなかったが，高い見識によりその重要性を理解していた。1521年から始まった帝国刑事法典の編纂作業にも彼は中心人物として関わったが，完成を待たずしてこの世を去ってしまう。しかし，1532年に帝国議会を通過し制定された「カロリーナ刑事法典」は，「バンベルゲンシス」のほぼ引き写しといってもよいものだった。その規定内容は実体刑法部分[6]と手続法部分ともに後世の刑事法に多大な影響を与えたが，その中でも糾問訴訟の位置づけと証拠法に関する規定はとりわけ重要

図１　カール５世

カール５世（帝位1519～56年）。

▷1　**マクシミリアン１世**
帝位1508～19年。中世からルネサンスへの移行期を象徴する皇帝であり，数多くの戦争を指揮したことから「中世最後の騎士」という異名で知られている。

▷2　Ⅱ-3-10 参照。

▷3　**帝室裁判所**
帝国全土から，領邦国家の上級裁判所を超えて上訴を受け付けるための常設裁判所として設けられた。

▷4　**刑事裁判令**
当時の刑事司法に関する立法の正式名称である。「カロリーナ刑事法典」も正式には「カール５世の刑事裁判令」と呼称されていた。

▷5　**ヨハン・フォン・シュヴァルツェンベルク**
文中にある立法に関する業績の他に，キケロの哲学的知識を以降のヨーロッパに伝授し，また後のルターによる宗教改革にも精神的影響をもたらしたとされている。

な意義を有している。前者においては，古代から続く被害者などの私人がイニシアティヴをもつ弾劾訴訟とドイツ地域で独自に発展した公官庁が主導する手続が混在する各地の状況を整理し，形式的には弾劾訴訟を主としながらも実質的にはローマ=イタリア法学の理論的裏付けを伴って整備された糾問訴訟を中心とする制度設計がなされた。後者については，直接証拠，すなわち被告人の自白または複数の目撃証言を有罪判決の要件とする法定証拠主義を取り入れ，前時代から続いた宣誓を中心とした証明手続に終止符を打つとともに，自白聴取のための重要な手段となる拷問の使用に制限を付すための間接証拠の扱いに関して，ローマ=イタリア法学の枠ともいえる**徴表理論**[7]を導入している。

3 歴史的意義

このようにして制定された「カロリーナ刑事法典」が当初の目的をどの程度果たしたのかについては，見解が分かれている。諸侯の影響力が強い帝国議会での審議では，法典の効力範囲をめぐって草案が繰り返し廃案となった。諸侯たちは自らの領邦国家における立法や慣習が帝国法によって上書きされることに脅威を感じていたのである。その結果，成立した刑事法典には，各地域の慣習に反しないかぎりにおいて効力を有するとする留保条項[8]が付されることとなった。この点だけをみれば帝国法による帝権拡大という目的それ自体は頓挫したといわざるをえない。しかし，このことは刑事法の領域におけるこの法典の歴史的意義をいささかも減じるものではない。

「カロリーナ刑事法典」は続く時代において，各地域における刑事立法のモデルとなり，さらに普通法学者たち[9]が刑事法に関してその理論を発展させていく際の典拠として活用された。「カロリーナ刑事法典」には，判決発見に際して学識ある者の関与が期待できない場合に，事件の一件記録を手近な大学の法学部に送付し法学者の鑑定を得る訴訟記録送付[10]と呼ばれる制度が実装されており，法学者たちはこの制度を通じて，あるいは直接，地域の裁判に判決発見人（参審人）として携わることで，その理論を実務に反映させることができた。18世紀末～19世紀初頭に領邦国家単位で自然法的法典編纂が行われるまで，「カロリーナ刑事法典」はドイツ地域における刑事法を支配し続けたといえる。もちろんこのことは，刑事法の近代化に対して常にプラスに作用したとは限らない。生命刑や身体刑を中心とした刑罰規定や，制限されていたとはいえ拷問の使用を前提とした証拠法制度の存在は，体系としての完成度の高さゆえにそこからの脱却を困難なものとした。中世の残滓を残しつつ近世を主導した「カロリーナ刑事法典」は，啓蒙思想の進展と，それを代替するに足る新しい刑事司法の枠組みが形成されるのを待って，ようやくその役目を終えることとなった。

（藤本幸二）

▶6　「カロリーナ刑事法典」の実体刑法部分に関しては，例えば過失や正当防衛の規定や刑法総則に該当する部分が置かれていることに歴史的な意義が認められる。

▶7　**徴表理論**
徴表（徴憑）は本来，刑事手続における証拠全体を指す概念でもあったが，ローマ=イタリア法学での徴表理論は，有罪それ自体ではなく拷問を正当化するための間接証拠はどのようであるべきかについて展開された。

▶8　もちろん，留保条項を盾にカロリーナとは無縁の，独自の立法を行った領邦国家もあった。

▶9　「カロリーナ刑事法典」に立脚しつつ刑事法学と実務の発展に寄与した法学者としてはカルプツォフやブルネマンの名が挙げられる。

▶10　とくに実体刑法部分に関しては，「カロリーナ刑事法典」は現代法にいう構成要件に該当する記述が省略されている場合も多く，訴訟記録送付制度により法学者の鑑定を受けることでその間隙が埋められることが半ば予定されていた。

読書案内
「カロリーナ刑事法典」については上口裕『カロリーナ刑事法典の研究』（成文堂，2019年）の「解題」が非常に参考になる。

5　ユス・コムーネと法の継受

8 魔女裁判

図1　魔女裁判の情景

▶1　Ⅲ-5-7 参照。

▶2　**例外犯罪**
国家や共同体に重大な脅威を与える犯罪類型であるとされ，大逆罪や貨幣偽造などがその実例として挙げられることが多い。

▶3　**魔女のしるし**
当時，神学者や法学者の中には魔女や魔法に関して分析・考察する悪魔学と呼ばれる学問体系が発達していた。その中で，悪魔と契約した者は身体の一部にその印が浮き出すことから，それを見つけることが捜査の重要な指針として位置づけられていた。

▶4　ドイツ地域を中心とした大陸ヨーロッパで魔女迫害が16～17世紀に苛烈さをみせたのに対して，イングランドではそうした事象はほんの一瞬の高まりにとどまり，それは北アメリカの植民地においても同様であった。1692年に起きたいわゆるセイラムの魔女裁判はそれゆえその特異性が注目され，後世にまで語り継がれているのである。

中世キリスト教は異教徒や異端に対して敵対的であった。また，民間の呪術や儀式に対しても厳しい態度をとった。呪術的行為を行っているかにみえた人々はしばしば悪魔の手先である魔女とみなされ，教会によって糾弾された。魔女狩りや魔女裁判は宗教改革と連動するように16～17世紀にもっとも激しく行われ，何十万ともいわれる数の人々が魔女として殺害された。

1 魔女裁判の法制史における位置づけ

魔女裁判がもっとも苛烈に行われた近世ドイツにおいて，魔女に対する告発や捜査，取調べ，審理などの手続は，当時の刑事司法のあり方を忠実に反映する形で行われていた。「カロリーナ刑事法典[1]」において魔術犯罪は，量刑や証明に関して，例えば拷問の回数に対する制限などの被告人に有利な規定の適用を除外できる**例外犯罪**[2]にあたるとされたが，適用された司法制度の大枠は通常犯罪と大きく変わらなかった。密告や風評を契機として開始される捜査，情況証拠のみに基づく身柄拘束，暗く閉め切られた密室での拷問，火あぶり刑の宣告と即座の執行といった魔女裁判に伴うイメージは，実は当時の糾問主義的訴訟手続に共通していた。いわゆる「**魔女のしるし**[3]」の確認も，厳密には拷問を正当化するための証拠を得る手段として行われたのであり，必ずしもそれだけを根拠として有罪判決が下されたわけではなかった。

魔女裁判は17世紀末から急速に衰退し，18世紀半ばまでにはヨーロッパではほぼみられなくなった[4]。この衰退期は，魔女迫害の思想や理念自体に対する批判が興隆した時期であると同時に，糾問訴訟や，それを支える重要な法制度であった拷問に対してもその非合理性や非人道性が非難され，やがてさまざまな立法において実際に廃止されていく時期とも重なっている。いうなれば，魔女裁判の歴史は刑事司法制度の歴史それ自体を映し出す鏡のようなものと考えることもできる。

2 糾問訴訟の実像

糾問訴訟は，以下に挙げる2つの要素により特徴づけられる。①手続の開始から捜査，被疑者の身柄拘束と取調べ，その他の証拠調べ，そして判決の言渡と刑の執行にいたるまでのプロセスを同一の官庁が担当する。②手続の全体を通じてイニシアティヴは常に担当官庁にあり，被疑者・被告人は手続の対象とされるにすぎず，主体的に権利を行使できる場面は極めて限られている。これに，有罪証明のためには直接証拠，すなわち被告人の自白か複数の証人による目撃証言が要件となるとする**法定証拠主義**[5]が導入されたことにより，手続は秘密主義の下で行われ，法廷と取調室は切り離され，自白を拒む被告人には拷問が科せられ，得られた自白などの証拠は文書化されたうえで審理され，公開の法廷は単に判決を言渡すためだけの儀式的な場となった。

こうした性質ゆえに，糾問訴訟は，現代的観点からは忌み嫌われる旧体制の象徴とされてきた。しかし，歴史的にみるならば，それは犯罪に対応するための手続において公的機関がイニシアティヴを握る[6]現行刑事司法のプロトタイプとして位置づけられるべきものである。法定証拠主義もまた，証拠による証明という考え方を証拠法にもたらしたという点において，その歴史的価値は低くない。拷問の使用に関しても，「カロリーナ刑事法典」やその後の刑事実務に強い影響を与えた普通法時代の刑事法学者たちは，法的にさまざまな制限を試みていた。また，拷問を正当化するための要件となる間接証拠とその評価に関しては，学説と実務が影響し合って発展を遂げ，続く時代の自由心証主義への移行を容易なものとしたのである。

3 魔女裁判の衰退と近代の夜明け

すでに1631年にはイエズス会神父**シュペー**[7]により魔女迫害への反対意見が示され，法学の領域でも1701年に自然法学者として名高いトマジウス[8]が理論的な批判を展開した。魔術犯罪を例外犯罪とするそれまでの考え方が容れられなくなり，17世紀末頃には有罪判決が下される場合でも火刑などの極刑が言い渡されるケースは少なくなっていた。手続面に関しても，糾問訴訟の支配は続いていたもののその弊害も意識されるようになり，劇的なものでなくとも，いくつもの小さな修正が積み重なり，結果として大きな効果を及ぼし始めていた。中でも重要なのは，刑事弁護の発達である。被疑者・被告人に手続上の権利が認められない糾問訴訟下において弁護人にできることは限られていたが，法学者たちはカロリーナ刑事法典のわずかな条文を足掛かりとして，手続に対する弁護人の影響力を少しずつ拡大させていった。魔女裁判においてもこれは同様であり，近年の研究では，ひとたび告発され手続に載せられた場合であっても弁護人の活動を通じて拷問が軽減あるいは免除され，結果として無罪放免を勝ち取った事例が報告されている。魔女迫害廃止に決定的な役割を果たした18世紀の啓蒙思想は，刑事司法に関してもいくつもの本質的改革をもたらしたが，その中にはこのように前の時代にその下準備ともいえる修正や改変が進められていたものも少なからずあった。魔女裁判の興亡史を紐解くことは，刑事司法制度の近代化に向けた過程を知ることにもつながるのである。　（藤本幸二）

▶5　**法定証拠主義**
証拠による証明という概念自体は前時代の宗教的観念の強い証明手続とは異なり，新しくしかも合理性の高いものであった。しかし，科学の未発達と，新しい制度に確たる信頼性を与えるという要請のために，証拠の証明力を判断者に委ねる自由心証主義ではなく，あらかじめ法律で明確に定め，有罪判決のためにはその要件をクリアすることが必要とする考え方，すなわち法定証拠主義が採られることとなったのである。

▶6　近世の江戸でも，刑事事件に対しては奉行所を担当官庁とする糾問訴訟が行われていた。ちなみに，魔女迫害に相当する事象は日本史においてはみられない。

▶7　**フリードリヒ・シュペー**
聖職者としての業績以外にも，詩人としても知られている。代表作は『小夜啼鳥と競いて』。

▶8　『近世・近代ヨーロッパの法学者たち』第12章参照のこと。

読書案内
魔女迫害や魔女裁判については興味深い文献が多数出版されているが，ヴォルフガング・ベーリンガー（長谷川直子訳）『魔女と魔女狩り』（刀水書房，2014年）を挙げておく。糾問訴訟についてはヨハン・ブルネマン（上口裕訳）『近世ドイツの刑事訴訟』（成文堂，2012年）が大いに参考となる。

5　ユス・コムーネと法の継受

9 善きポリツァイ

図1　ヨハン・シュテファン・ピュッター

出典：Wikimedia Commons.

ルネサンスの「三大発明」は，ヨーロッパ社会を変容させた。羅針盤は，ヨーロッパ人の世界像を変化させるとともに，商業革命や価格革命をもたらした。火薬は，戦術の変化による騎士たちの没落と，それに伴う社会変動をもたらした。活版印刷術は，それまでになかった速度での情報伝達を可能とした。ルターの宗教改革は，活版印刷術という新しいテクノロジーに支えられて急速に拡大し，教会の権威を揺るがした。

1 「ポリツァイ」の概念

現代ドイツ語で「ポリツァイ」は，警察を意味する。近代国家において警察は，市民生活の安全を確保するために犯罪から社会を防衛する組織と定義される。これに対して，前近代の「ポリツァイ」[1]は，アリストテレス[2]の『政治学』の影響のもと，まずは共同体の善き秩序として理解され，やがて善き秩序を実現するための公権力の活動をも意味するようになった。15世紀末に南ドイツ諸都市から広がった「善きポリツァイ」は，都市や農村の社会秩序の維持に向けられたものだった。17世紀以降，臣民の福祉を積極的に増進して幸福を実現しようとする「ポリツァイ国家」が発達した。

ポリツァイ国家は，秘密警察の類が国民の思想や行動を監視し取り締まる全体主義的な「警察国家」ではない。ポリツァイ国家はそもそも警察組織を欠いていたので，そのような抑圧体制など作りようもなかった。他方でポリツァイ国家は，もちろん「夜警国家」ではない。国家機能を最小限にとどめようとする自由主義的な夜警国家観は，国民の幸福実現につながるなら何でも国家の役割としてしまう福祉国家的なポリツァイ国家の対極にある。そこで本書では混乱を避けるため「ポリツァイ」をあえて訳さないことにしたい。

2 「善きポリツァイ」の推進者は誰か

近世ドイツにおける「善きポリツァイ」の急速な広がりは，ルネサンスを抜きに考えることができない。農村への商品経済の浸透，都市への人口流入，騎士の没落と市民層の台頭など，ルネサンスによって伝統的な社会秩序が揺るがされたことへの社会防衛的な対応として普及したのが「善きポリツァイ」である。従来このような役割を担ってきたのは教会だが，その権威もまた宗教改革によって衰えていた。それゆえ「善きポリツァイ」の推進者となったのは，教

▶1　ドイツの研究においても，前近代の「ポリツァイ」を近代以降の「警察」と明確に区別するため，現代正書法の »Polizei« を避け，あえて旧綴の »Policey« を用いるものが多い。

▶2　Ⅰ-1-3 ▶6参照。

会ではなく都市だった。

近世ドイツの諸都市では「善きポリツァイ」を掲げた条例が相次いで制定されたが，その内容は多岐にわたるものだった。瀆神や性風俗の取締など，教会の役割をそのまま世俗権力が引き継いだような規定も多くみられた一方で，とりわけ目を引くのは服装や装飾品などの規制である。もちろん服飾も，**7つの大罪**[3]のうちとくに「虚栄」に関わるものとして，中世から規制の対象となっていた。しかし，近世の「善きポリツァイ」における服飾の規制は，虚栄を戒めることよりも，むしろ市民層が贅沢な服装をして贅沢な装飾品を身に着けることで貴族層との差異が曖昧になってしまうことや，そうした贅沢のために外国製品の輸入が増加することで貿易収支が悪化することに向けられていた。

それでは，「善きポリツァイ」は高まる市民層の力を「上から」抑圧しようとするものだったのだろうか。おそらくそうではないだろう。「善きポリツァイ」は，もともと都市の社会不安を解消するために始まったのであり，市民の「下から」の求めに応じたものだった。1530年以降，三度にわたって制定された帝国ポリツァイ条令もまた，皇帝が「上から」帝国全体の秩序を規制しようとしたというよりも，すでに諸都市が個々に「下から」制定していた条例を帝国全体にかかる条令としてまとめたものにすぎなかった。

3 ポリツァイと啓蒙主義

1648年のウェストファリア条約[4]によって神聖ローマ帝国が実質的に解体し，帝国を構成する諸領邦が主権国家への道のりを歩み始めると，ポリツァイのあり方もまた変化した。領邦を単位とした「ポリツァイ国家」において，ポリツァイは既存の秩序の維持・回復という保守的な機能にとどまらず，「あるべき秩序」の実現という積極的な機能を意味するようになった。領邦君主たちは，臣民の「善き生活」という福祉国家的な諸目標を掲げて，既存の社会秩序に「上から」介入した。

18世紀の啓蒙主義は「ポリツァイ国家」を批判しつつも歓迎した。**ピュッター**[5]は，君主の福祉国家政策によって法的安定性が脅かされかねない状況を批判し，ポリツァイを危険の防止に限定するよう求めたが，これは近代的な警察概念の形成につながる主張だった。しかし，多くの啓蒙主義者は，まさに君主の福祉国家政策によって伝統的な諸特権が打ち破られ，旧弊が改められることを歓迎した。このことは，1794年のプロイセン一般ラント法[6]が2部13章2条で「内外の平穏及び安全を維持し，権力と侵害に対して各人に各人のものを保護すること」を君主が優先すべき義務としつつ，続く3条で「福祉の促進」もまた君主の任務だと規定したことによく現れている。　（屋敷二郎）

▶3　**7つの大罪**
人間を罪に導く源とされるもので，歴史的に内容も数も変遷してきたが，現代カトリック教会では，①傲慢，②強欲，③嫉妬，④憤怒，⑤色欲，⑥暴食，⑦怠惰，の7つを罪源と位置づけている。

▶4　Ⅲ-6-6 ▶3参照。

▶5　**ヨハン・シュテファン・ピュッター**
啓蒙期ドイツを代表する国法学者で，1746年にゲッティンゲン大学に招聘されると，新設まもない同大学がドイツを代表する大学に成長するうえで大きな役割を果たした。ピュッターは警察と福祉政策との分離だけでなく，憲法学と行政法学の分離も唱えた。

▶6　Ⅲ-6-11 参照。

読書案内
より詳しくは『概説西洋法制史』第16章「身分制議会と絶対主義国家」のほか，シュトライス（福岡安都子訳）『ドイツ公法史入門』（勁草書房，2023年）第4章「帝国公法学，自然法，国際法，「良きポリツァイ」」も参照。後者は大著『ドイツ公法史』全4巻のエッセンスを平易にまとめたもので，ぜひ通読してほしい。

5　ユス・コムーネと法の継受

10 アメリカ大陸の征服とサラマンカ学派

図1　サラマンカ大学正門

▷1　ドミニコ会
1216年聖ドミニコの説教に共感した人々から結成された托鉢修道会。神学研究に秀で，中世盛期を代表する神学者アルベルトゥス・マグヌスやトマス・アクィナスを生み出し，異端審問にも深く関与した。16世紀のサラマンカ学派は基本的にドミニコ会士を中心としていた。ラス・カサスも新大陸での見聞で植民者への反感を募らせ，ドミニコ会に入会した。

図2　サラマンカのサン・エステバン修道院前に建つビトリア像

大航海時代に始まるヨーロッパ文明の外部への拡張を導いたのは，スペインとポルトガルだった。とくにアメリカ大陸の征服を果たし，世界中で植民地を建設したスペインは，「太陽の沈まぬ国」との異名を得た。メキシコで司教を務めたスペイン人のラス・カサスは，コンキスタドール（征服者）による残虐行為やエンコミエンダ制のもとでの搾取から先住民を保護するため，1542年に『インディアスの破壊についての簡潔な報告』を発表した。

1　サラマンカ学派の創始者：ビトリア

サラマンカ大学は，1218年レオン国王アルフォンソ９世の認可を得て正式に設立された，ヨーロッパでもっとも長い伝統を誇る大学の一つである。1411年に神学講座が開設されて以降，サラマンカの神学者たちは，教会大分裂や宗教改革などの混迷の中で常に最新の動向を取り入れてカトリック信仰の保全と再建に力を注いだ。サラマンカ学派の創始者にしてもっとも著名な代表者は，**ドミニコ会**[▷1]士フランシスコ・デ・ビトリアである。バスク地方の町ビトリアに生まれた彼は，20代前半から15年にわたって在籍した神学研究の最高峰パリ大学でトマス・アクィナスの理性主義神学に心酔し，人文主義の思潮をも体得していた。

神学博士の学位取得後，ビトリアは1526年にサラマンカ大学の神学第一講座教授に選任された。彼は，講義でトマス・アクィナスの『神学大全』を教材とし，これに註釈を加え近世社会に発生する諸問題に適用した。当時サラマンカ大学では，正規の授業とは別に特定の論題に関する特別講義も公開されていたが，後に学生たちのノートを基に復元されたビトリアの一連の講演は『神学的再考察』の表題で刊行され，ヨーロッパ中に大きな反響を呼んだ。

彼の築いた学風は「サラマンカ学派」と呼ばれた。この学風は同僚と学生に受け継がれ，ドミンゴ・デ・ソト，メルチョル・カノ，フェルナンド・ヴァスケス，ディエゴ・デ・コヴァルビアス，ルイス・デ・モリナ，フランシスコ・スアレスなど，近世法理論の形成に大いに貢献した神学者たちを輩出した。サラマンカ学派は，神学部を拠点としてスコラ学（中世神学）の手法を継承したことから「後期スコラ学派」とも呼ばれる。

2　ビトリアの万民法論

この時代には，ヨーロッパ人によるアメリカ大陸の征服に伴い，新たな法的問題が噴出していた。彼らが真っ先に直面したのは，インディオ（アメリカ先住民）との接し方であった。中世以来のカノン法学者[2]の観点では，異教徒について，信仰自体は罪にならなくとも，彼らに多くみられる**偶像崇拝**や**ソドミー**[3]等は罰に値するものとされてきた。さらに，異教徒はすべて罪人で，公的支配権や私的所有権等を有しないとまで主張する過激な論者もいた。これに対して，ビトリアは1539年1月1日の公開特別講義でこの問題を取り上げ，キリスト教の教義に立脚しつつ，共通の自然的本性を有する人間からなる普遍的人類社会の存在を論証し，それを支配する共通の法，すなわち，人間の自然的本性に由来する普遍的自然法に基づいて形成された現実的法秩序である万民法[4]の下で，インディオとキリスト教徒は同等の自然的権利を享有する，と説いた。

また，半年後に行われた次の公開特別講義においてビトリアは，新大陸で頻発していた植民者とインディオ間の戦争を念頭に，万民法の枠組み内で戦争が正当化される根拠について論じた。彼によれば，旅行や滞在，通商，無主物の取得・利用，伝道など異民族間の交流・共存は万民法上の権利とされ，それらに対する侵害を契機として発動する戦争は正当であるという。逆にこうした正当原因に欠け，ただインディオを征服・奴隷化し彼らの土地と財産を奪うための戦争は，決して是認されてはならなかった。それゆえ，教皇子午線を引きスペインとポルトガルによる海洋と新大陸の分割を認可した教皇勅書もまた，万民法に違反するものとされた。他方でビトリアは，インディオにみられる食人や生贄などの慣習や儀式については，無辜の生命を害するものであるため「自然に反する罪」に該当し，人道のために干渉されなければならないと唱えた。

3 サラマンカ学派の影響

このように，ビトリアの構想した万民法は，諸民族・諸国家間の法にとどまらない「人道の法」でもあった。その根底にあったのは，トマス・アクィナスの築いた中世スコラ神学由来の自然法論の伝統であった。この伝統はサラマンカ学派の手により甦り，やがてフーゴ・グロティウス[5]以降の近世自然法論者の学説に吸収され，近代法の誕生を促す思想的源流の一つとなった。

また，サラマンカ学派の法観念は，新大陸におけるスペインの植民地政策にも一定の制約を及ぼした。**バリャドリッド論争**[6]でラス・カサスが先住民への残虐行為を痛烈に非難した際に依拠したのは，ビトリアの理論であった。論争を審議した委員会にはソトやカノなどサラマンカ学派の面々が加わり，ラス・カサスの主張に準じた判断を下した。また，16世紀の中葉から後半にかけて，スペイン王室が「インディアス新法」(1542年)，「インディアス基本法」(1573年）などを制定し，先住民の権利を是認する姿勢をみせたのは，主として植民者に対する管理強化という政治的目的のためだったとしても，そこにサラマンカ学派の理論が影響したことは疑いえない。

（周　圓）

▶2 Ⅱ-4-6 参照。

▶3 **偶像崇拝・ソドミー**
偶像崇拝とは，具体的質料で作られた形相ある物（偶像）を信仰の対象（神）として崇拝・礼拝する行為を指す。ソドミーとは，男女の結合以外の性的行為，とりわけ男色，獣姦などを指す。両者は，ともに中世のカトリック信仰では大罪とされていた。

▶4 Ⅰ-1-1 ▶7参照。

▶5 Ⅲ-6-6 参照。

▶6 **バリャドリッド論争**
1550年から1551年にかけて，スペイン国王カルロス1世（神聖ローマ皇帝カール5世）の命により行われた，インディオの処遇をめぐる論争。植民者の暴行を告発し先住民の惨状を訴えたラス・カサスに対して，アリストテレス研究者セプルベダがインディオの征服と奴隷化を正当化した持論を展開した。

読書案内
インディオの法的地位と政治秩序の形成原理に関するサラマンカ学派の思想を体系的に分析した研究書に，松森奈津子『野蛮から秩序へ――インディアス問題とサラマンカ学派』（名古屋大学出版会，2009年）がある。本書は，2018年に英語版が刊行され，国内外の学界から高く評価されている。

5　ユス・コムーネと法の継受

11 アルベリコ・ジェンティーリと実証主義的国際法理論

15世紀末から17世紀前半にかけて，中世ヨーロッパを統合していたカトリック教会の権威とローマ帝国の理念は失墜した。その代わりに，ヨーロッパ各国は内部の支配体制を整備・強化しながら，独立した主権国家として拮抗し，新たな国際秩序を構築していった。

1 ジェンティーリの生涯

近代国際法は，近世ヨーロッパで繰り広げられた外交と戦争の現実から誕生した。イタリア学風の手法を用いてその理論化・体系化・世俗化に貢献したのが，アルベリコ・ジェンティーリである。ジェンティーリは，1552年にイタリア中部の町サン・ジネシオに生まれ，ペルージャ大学でローマ法を学んだ。法学博士号取得後しばらく法実務に従事したが，新教への改宗により逃亡を余儀なくされ，1580年にエリザベス１世治下のイングランドにたどり着いた。

当時のイングランドは国力の上昇期にあったが，確立されつつある絶対主義体制に対する国内の反発と，ヨーロッパ随一の強国スペインとの緊張関係に悩まされていた。1584年に勃発したいわゆる**メンドーサ事件**[1]に際して，ジェンティーリは政府顧問として外交使節の免責を説き，公使に対して国外追放以外の措置を採るべきではないと枢密院に建言した。彼の助言が聞き入れられたことで危機がいったんは回避されたが，これは暫定的なものにすぎず，両国の対立は1588年にアルマダ海戦という軍事的衝突にいたった。この戦争を契機として，すでにオックスフォード大学ローマ法欽定講座[2]教授の地位にあったジェンティーリは，「戦争における法と正義」を主題とする特別講義を行った。

また，1590年以降，ジェンティーリはロンドンで弁護士としての実務活動を再開した。1605年に彼は，メンドーサ事件で示した公正な態度と豊かな学識を評価され，スペイン公使の弁護士に選任された。オランダ独立戦争が決定的な場面を迎えていたこの時期，ジェンティーリに課された主な仕事は，ロンドンの**海事裁判所**[3]でオランダ側の代理人を相手にスペインの利益を代弁することであった。彼は1608年に死を迎えるまでこの任にあたっていた。

2 ジェンティーリの主著と学説

ジェンティーリの著作の中で，今日もっとも広く読まれているのは，『外交使節論』（1585年），『戦争法論』（1598年），そして『スペイン擁護論』（1613年）

図１　サン・ジネシオの中心広場

手前は，1908年にジェンティーリの没後300周年を記念して建立された彼の等身大銅像。

▶1　**メンドーサ事件**
カトリック勢力を擁護し強化するスペイン王フェリペ２世の外交政策の執行者で，当時はスペイン公使としてイングランドに駐在していたベルナルディーノ・デ・メンドーサが，エリザベス１世の廃位を目論む陰謀に加担したことが発覚した事件。当然ながらイングランド国内では彼個人に対する厳罰を求める声が噴出し，両国間の外交的危機となった。

▶2　Ⅲ-5-4　Ⅲ-6-4 参照。

▶3　**海事裁判所**
中世イングランドの港口に設置された，海上で発生した民商事事件と刑事事件を管轄する裁判所に源流をもつ。近世以降はロンドンにある高等海事裁判所に統合され，捕獲審検管轄権，すなわち，海上で捕獲された交戦国の財産の帰属を決める権限も認められるようになった。海事裁判所で適用の3作であり，それぞれ，メンドーサ事件で示した見解と，アルマダ海戦を契機として行った特別講義，そして海事裁判所での弁論を基にまとめ上げられたものである。このように，ジェンティーリの国際法理論は，常に現実に適合した形で，歴史または同時代の実例をふまえつつ構築されているのが特徴である。

戦争について論じる際にジェンティーリは，それを主権国家間の公的な武力闘争と明確に限定し，綿密な検討を経て，国家が政治的に必要と判断する事由のほぼすべてを，戦争を発動しうる正当原因として是認した。これにより彼は，戦争において交戦国双方が「正しい」場合がありうることを指摘し，従来の正戦論の中でもっとも重んじられていた開戦理由に関する議論を無意味なものにした。ジェンティーリはむしろ，交戦行為と戦後処理の基準を検討し，確立することに注力した。交戦規則について彼は，所定の手順を踏んだ正式な宣戦の重要性を説き，こうした明示的な形式を経て交戦状態に突入した後，双方が対等な立場で万民法上の原則に従い「決闘」を行う，という構図を示した。非戦闘員などへの攻撃は制限され，毒物や呪術の使用は国家の行為にふさわしくないとして否定された。戦後処理の段階では，戦勝国は，敗戦国を武装解除しその国土を軍事占領し，開戦前の対立と戦時中の法違反に対する清算を主導する権限を得る。しかし，ジェンティーリの見解では，敗戦国への過度な加害はさらなる報復を誘発するため推奨されず，むしろ双方が納得できる条件で条約を締結することが持続的な平和につながるとされた。

3 近代的国際法理論の確立

ジェンティーリは，戦争のみならず，国家承認や使節の派遣接受，条約締結等，平時の国際関係を規律する法も追求した。その際に，彼は，「公」と「私」という2つの領域の区分を徹底させた。国家間の戦争や条約，同盟は，君主の個人意思に基づく私闘や約束，友情とは異なる。それゆえ使節が国益のためにとった行動は，たとえ駐在国の法に違反したとしても，使節個人の身体と生命に対する刑罰を免れるべきとされた。彼は，すべての民族の明示または黙示の合意に由来する国家間の共通法に対して伝統的な「万民法」という名称を宛てていたが，それはすでに実質的に近代的な国際法への変貌を遂げていた。ジェンティーリは，国際社会における平和と安定を実現する道筋を，合意の結晶たる国際法の自律的遵守とともに，各国間の勢力均衡に求めたのであった。

ジェンティーリは，マキアヴェリの現実主義的政治理論や**ボダン**[4]の主権理論など近世国民国家の建設を支えた世俗的諸理論を用いて，国家行為から神学的・道徳的規範を剝離し，国際法を独自の法領域として確立させるとともに，そこにおける実証主義的伝統を切り開いた。彼の学説は，オックスフォードのローマ法欽定講座とともに**ズーチ**[5]にほぼ全面的に受け継がれ，以降イギリスの国際法研究の基調として根づいていくこととなる。（周　圓）

される法はコモン・ローではなく，伝統に従い，大陸諸国の商人も親しんでいたローマ法であった。Ⅲ-5-4参照。

▶4　**ジャン・ボダン**
フランスの法学者・政治学者・経済学者。主著『国家論』（1576年）の中で，主権を国家の絶対的で永続的な最高権力と定義し，近代的国家主権概念を確立させた。主権は，市民法の拘束を受けず国内の秩序を定めるものであるが，神法や自然法，王国基本法により制約され，君主が恣意的にこれを行使することは許されないとした。

▶5　**リチャード・ズーチ**
イングランドの法学者，裁判官，政治家。オックスフォード大学ローマ法欽定講座教授（1620～61年）を務めながら，ロンドンの高等海事裁判所で長年にわたり弁護士や裁判官として活動した。国際法を表記する言葉として，従来の万民法（*ius gentium*）ではなく，「国家間の法（*ius inter gentes*）」を用い，英語の「国際法（international law）」を造語したベンサムを啓発したという。

読書案内
松隈清『国際法史の群像——その人と思想を訪ねて』（酒井書店，1992年）。本節に登場したジェンティーリ，前節のビトリアやスアレス，後出のグロティウス等国際法史に名を刻んだ人物に縁のある地と場所を訪れる旅行記とともに，その生涯と思想を紹介している。臨場感が溢れる叙述で，じっくりと読めば潤沢な知識が得られる一作。

6　自然法と絶対主義

1　総　説

図1　サンバルテルミの虐殺

出典：Wikimedia Commons.

本章では，近世における法の発展を取り上げる。ヨーロッパ近世は，中世以来の身分制的・伝統的な秩序を色濃く残しながらも，近代社会の形成に向けて大きな変動のあった時代であるため，「初期近代」と呼ばれることもある。

16世紀のルネサンスは，古代への回帰をスローガンに人間解放を訴え，近代精神を誕生させた。時を同じくして起きた宗教改革は，激しい宗派対立・宗教戦争の時代を経て，最終的に法と国家の世俗化をもたらした。「ルイ14世の世紀」である17世紀には，官僚制と常備軍に支えられた絶対主義国家が全盛期を迎えた。このとき大陸では自然法論が，イングランドでは自然権論が，古代や中世の自然法論とは装いを新たにして台頭した。18世紀になると寛容思想が広がり，そこから啓蒙主義が発達した。啓蒙主義の薫陶を受けた啓蒙絶対君主たちは，近代を先取りするさまざまな改革に取り組んだ。啓蒙主義はまた自然法論とも結びつき，アメリカ独立革命やフランス革命の思想的基盤となった。

1　人文主義とネーデルラント運動

近世ヨーロッパはルネサンスとともに始まった。16世紀のルネサンスの中心地はミケランジェロやダ・ヴィンチなどが活躍したイタリアであったが，法学における中心地はフランスのブールジュ大学であった[1]。「源泉に帰れ」という人文主義の精神は，ルターの聖書主義にも通ずることから，人文主義法学者たちの多くはプロテスタントであった。そのため，フランスでのプロテスタント迫害が強まると人文主義法学者たちは国外に逃れた。その一人であるドノー[2]は，オランダのレイデン大学に迎えられ，オランダ法学の源流となった。このレイデン大学において，自然法論という全ヨーロッパ的な知的潮流を生み出したのが，グロティウス[3]である。

その少し前，レイデン大学では，リプシウス[4]が『恒心論』（1584年）と『政治学』（1589年）で，近代国家にふさわしい心性と，常備軍と官僚制を備えた強力な主権国家像を提唱していた。新ストア主義と呼ばれるリプシウスの国家哲学は，たちまちヨーロッパ各国に受容された。これがネーデルラント運動の第一の波と呼ばれるもので，自然法論は第一の波に乗ることで急速に普及した第二の波なのである。

ところで，人文主義法学[5]（フランス学風）は中世ローマ法学（イタリア学風）を批判し，市民法大全[6]へのアプローチを一新した。フランス学風は，これまでの

▷1　Ⅲ-6-3 参照。
▷2　Ⅲ-6-3 参照。
▷3　Ⅲ-6-6 参照。
▷4　Ⅲ-6-6 ▷6 参照。
▷5　Ⅲ-6-3 参照。
▷6　Ⅰ-2-4 参照。

「ギリシア語は読まれない」という伝統を改め，市民法大全に含まれるギリシア語法文を研究し，さらにビザンツ法[7]にも関心を寄せた。もっとも，法実務を支配したのはイタリア学風であり，ローマ法継受に反発した反法律家運動などと同じく，フランス学風が同時代の法実務に影響を与えることは少なかった。

しかし，フランス学風は，ローマ法の重要性を相対化し，固有法の研究を開始することで，次の時代の法実務に大きな影響を与えた。デュムーランなどによるフランス慣習法学の興隆も，ドノーの流れを汲むグロティウスによるオランダ固有法学の創始も，同じくレイデン大学で学んだコンリングが「ロータル伝説[8]」を否定し「パンデクテンの現代的慣用[9]」への道を拓いたことも，一連の流れとして捉えることができる。

2 近代法への転換点

フランスにおいて絶対主義体制の終焉をもたらした革命の思想的基盤は，啓蒙主義と自然法論という，源流の異なる２つの系譜が合流したことによって形成された。古代に起源をもち中世にも独自の発達を遂げていた自然法論とは異なり，啓蒙主義は近世に生まれた新しい潮流である。「啓蒙とは何か」(1784年）を著したカントは，啓蒙とは「あえて賢かれ」の精神であるとした。すなわち，あらゆる事柄について理性による絶え間ない検証によって偏見や固定観念を排することが啓蒙なのである。「啓蒙主義者（フィロゾーフ）の王」と称されたヴォルテール[10]が，18世紀中葉のフランスで起きた宗派対立による冤罪事件（カラス事件[11]）において宗教的寛容を訴えたことは，まさに象徴的であった。

18世紀末のプロイセンでは，啓蒙絶対君主のフリードリヒ大王が司法改革と法典編纂に取り組んだが，その際に決定的な転換点となったのが水車粉屋アルノルト訴訟[12]であった。この事件に介入した大王に対して王室裁判所刑事部長が最後まで抵抗したことは，ドイツにおける司法権の独立への里程標となった。また，この事件が契機となって1794年に制定された「プロイセン一般ラント法[13]」は，身分制を残しながらも，体系性・網羅性・具体性という特徴を備えていることから，自然法論と啓蒙主義を融合させた法典として知られる。

イングランドでは，啓蒙主義が誕生する前の17世紀に，ピューリタン革命と名誉革命という二度の市民革命が起きたが，これらの革命にいたる流れの起点となったのが五騎士事件[14]である。この事件では人身の自由と恣意的課税が問題となった。クック[15]は「ブラクトン[16]」に依拠して「国王は何人（なんびと）の下にもあるべきではないが，神と法の下にある」と述べ，国王大権[17]を認めながらもコモン・ローの伝統をその上に位置づける，イングランド特有の「法の支配」を基礎づけた。

中世から近代への移行期である近世ヨーロッパには，後世からみて転換点だったと評される事件が各地でみられた。具体的な事件に直面した人々が問題解決の道を模索することを通じて，法は発展してきたのである。（屋敷二郎）

▷7 Ⅲ-6-2 参照。

▷8 Ⅲ-6-7 参照。
▷9 Ⅲ-6-8 参照。

図２ 友人たちと議論するカント（左から２番目の人物）

出典：Wikimedia Commons.

▷10 Ⅲ-6-10 ▷1 参照。
▷11 Ⅲ-6-10 参照。
▷12 Ⅲ-6-11 参照。
▷13 Ⅲ-6-11 参照。
▷14 Ⅲ-6-9 参照。
▷15 Ⅲ-6-9 ▷7 参照。
▷16 Ⅲ-5-4 ▷4 参照。
▷17 Ⅲ-5-6 ▷2 参照。

読書案内

自然法学に関してはシュトライス（佐々木有司・柳原正治訳）『一七・一八世紀の国家思想家たち』（木鐸社，1995年），絶対主義に関してはハルトゥング／フィーアハウス（成瀬治編訳）『伝統社会と近代国家』（岩波書店，1982年）に，それぞれ基礎となる重要な諸論文が収録されている。カント（中山元訳）『永遠平和のために／啓蒙とは何か他３篇』（光文社古典新訳文庫，2006年）や，ヴォルテール（斉藤悦則訳）『寛容論』（光文社古典新訳文庫，2016年）もぜひ手に取ってほしい。

2 ビザンツ法の継承者たち

1204年の第４次十字軍によりビザンツ帝国の首都コンスタンティノープルは陥落した。コンスタンティノープルは1261年に奪還されたものの，その間に多くの領土を失ったビザンツ帝国は1453年に滅亡した。しかし，200年あまり続いた文化的な爛熟は，西欧におけるルネサンスの土壌となった。ビザンツ帝国滅亡後，モスクワ大公国は「第３のローマ」を称するようになった。

1 東ヨーロッパ世界のビザンツ法受容

中世東ヨーロッパ世界の先進地域であったビザンツ帝国の法は，周辺諸国にも影響を与えた。教会が国家の存続と強い関連をもっていたブルガリアやグルジアにおいて，それぞれの教会はビザンツ帝国に対抗しうる体制を整備しなければならなかった。そのため，これらの地域では10世紀以降「ノモカノン」をはじめとするビザンツ法源の翻訳が行われた。また，「抜粋集」の規定の一部も古代教会スラヴ語訳[1]されて広まり，14世紀に成立したセルビア王国の「ドゥシャン法典」も，規定の多くをビザンツ法に依拠していた。

988年にキエフ大公**ウラジーミル１世**[2]が改宗したことでキリスト教圏に入った**ルーシ地域**[3]も，改宗に伴い教会法をはじめとするビザンツ法を法の一種の理想形として受容した。「ウラジーミル教会憲章」は，聖職者に関する規定や刑法において「ノモカノン」や「抜粋集」の規定を受け入れている。

またギリシアにおいても，ビザンツ法は命脈を絶たれたわけではなかった。一例として，1345年にコンスタンティヌス・ハルメノプロスによって編まれた「ヘクサビブロス」がある。この著作は，主に「バシリカ」に依拠して主要な論題ごとの法文と解釈を６巻にまとめたものであり，オスマン帝国支配下のギリシアでも用いられ，19世紀のギリシア独立に際しては一部がギリシア民法典[4]に組み入れられたことで，1946年の新民法典成立まで命脈を保った。

2 ビザンツ法受容と西欧

ビザンツの周辺国家におけるビザンツ法の受容は，西欧におけるローマ法継受と異なる形をとった。ローマ法継受に大きな役割を果たした大学のような組織は当時のビザンツ帝国には存在しておらず，また，受容された当時のビザンツ法は教会法学者による理論的整理が行われた段階でもなかったため，法学教育を介してその影響力が広がるという現象は起こらなかった。

図１　コンスタンティノープル陥落（1453年）

出典：Wikimedia Commons.

▷１　この著作は「人々の裁判の書（Zakon Sudnyi Liudem）」として知られている。当時の運用実態は不明な点が多いものの，規定の出自と当時の識字層を考量するに聖職者を中心として広く用いられていたと思われ，その写本はバルカン半島全域にとどまらずロシア・ウクライナにまで分布している。

▷２　**ウラジーミル１世**
キエフ大公（在位978～1015年）。988年にキリスト教を受容し，自身もスラヴ信仰から改宗したことでルーシ地域へのキリスト教伝道の端緒となった。彼はビザンツ皇帝バシレイオス２世の妹アンナと結婚したが，こうした婚姻によるビザンツとルーシ地域との結びつきは後代まで続き，モスクワ大公国の「第３のローマ」としての立場を補強した。

▷３　**ルーシ地域**
当時東スラヴ系民族が居住していた領域。現在では大したがって，これらの国々においてはビザンツ「法学」が受容されたというよりも，単にビザンツ「法源」が受容されたというのがより適切であった。もっとも，この点では西欧はビザンツ法源すら必要としなかった。カトリックが主流であった西欧においては正教に依拠するビザンツ教会法源は必須ではなかったし，もとより註釈学派[5]においては「ギリシア語は読まれない」ためである。

とはいえ，ルネサンス期を迎えると，ビザンツ法に古代ローマの痕跡を求め，かつギリシア語を理解する，ビュデやキュジャスといった人文主義法学者[6]が現れた。

3 ベッサリオンとレーヴェンクラウ

こうした人文主義法学者の活動の背景にあったのは，ビザンツ写本資料を西欧に持ち込み，紹介した人々の活動であった。15世紀ビザンツの聖職者ヨハネス・ベッサリオンや16世紀ドイツの法律家ヨハンネス・レーヴェンクラウは，その一例である。

ベッサリオンは，1408年に黒海沿いの町トレビゾントに生まれた。1416年にコンスタンティノープルへ移り，プレトンをはじめとする新プラトン主義教師に教育を受けて修道士となった。その後1437年にニカイア府主教に任ぜられ，1439年にはオスマン帝国の攻勢を前に東西教会宥和の使者としてローマに派遣された。しかし，このときの宥和案が本国で不興を買ったことで，ベッサリオンはイタリアへの移住を余儀なくされ，翌年カトリックに改宗した。ベッサリオンは教皇庁特使として働く傍ら，ヴァッラをはじめとする西欧の人文主義者たちと交流し，ビザンツ帝国滅亡後は彼らに亡命ギリシア人をギリシア語教師として紹介した。ベッサリオンの蔵書は，彼が1472年にラヴェンナで亡くなる以前に聖マルコ聖堂に寄贈されており，それをもとに開設された聖堂図書館は，現在では世界最大規模のギリシア語写本の収蔵[7]で知られている。

レーヴェンクラウは1541年にミュンスター近郊のコースフェルトに生まれ，1555年以降ヴィッテンベルク大学でメランヒトンに学び，その後ハイデルベルク，バーゼルの両大学で法学を学んだ。その傍ら，ハイデルベルク大学において人文主義者ヴィルヘルム・クシランダーからギリシア語を学び，以降ギリシア語文献の翻訳を手掛けるようになった。その対象にはギリシア古典文学のみならず，「バシリカ」をはじめとするビザンツ帝国の法資料も含まれた。1565年にはハイデルベルク大学の哲学部長に就任したが，1576年には教会政策の変化を受けて，カルヴァン派[8]であったレーヴェンクラウは大学を追われ，貴族に雇われる法律顧問として各地を転々とすることになった。その中でレーヴェンクラウは1584～85年にオスマン帝国への使節随員としてコンスタンティノープルへ赴き，現地でビザンツ法資料を収集する機会を得た。この際に収集された資料はレーヴェンクラウの死後『ギリシア・ローマ法』として出版され，西欧にビザンツ法を紹介する最初期の試みとなった。

（渡辺理仁）

まかに，ウクライナ・ベラルーシ・ロシアの一部に相当する。

▶4　ギリシア民法典の編纂に際して編纂顧問として招聘された歴史法学派のゲオルグ・ルードヴィヒ・フォン・マウラーは，民法典に民族精神を反映させるべく，ギリシア地域の慣習法を研究し，民法典に反映させるよう指示した。

▶5　Ⅱ-4-3 参照。

▶6　Ⅲ-6-3 参照。

▶7　548部のギリシア語写本，337部のラテン語写本，27部のインキュナブラからなる，現在はマルチャーナ図書館写本として知られている写本群。キリスト教関連資料のみならず，ベッサリオンが持ち込んだ時点では西欧に紹介されていなかったプラトン・アリストテレスの著作を含んでおり，これらの伝播に関しても大きな役割を果たした。

▶8　Ⅲ-6-10 ▶2 参照。

読書案内

ビザンツ文化受容前後のバルカン半島情勢に関しては，井上浩一『世界の歴史11　ビザンツとスラヴ』（中公文庫，2009年）第2部が紹介している。ビザンツを扱う第1部と照応して読んでほしい。法学テキストに限らない，西方へのギリシア語テキストの伝播に関しては，L・D・レイノルズ（西村賀子訳）『古典の継承者たち』（国文社，1996年）が扱っている。

3 フランス人文主義法学

人文主義は中世ヨーロッパにおいて精神世界を支配していた諸々の権威から人間を解放しようとする文化運動（ルネサンス）の基調となる思想であった。人文主義は法学の世界にも影響を与え，ローマ法への新たなアプローチを生み出すことになる。ルネサンスと同様に人文主義法学はイタリアで始まるが，開花したのはフランスであった。

1 人文主義と文献学的方法

人文主義はギリシア・ローマの古典古代を研究することにより，中世的諸権威の束縛から人間を解放し，よりよい人間を形成しようとした「文化的・教育的課程」（クリステラー）であった。中世における古典古代研究との相違は歴史感覚にあった。人文主義者たちは「今」と「古代」（模範とすべき過去の時代）は隔絶していると考え[1]，「源泉に帰れ」をモットーに古典古代の著作に立ち帰ろうとした。

古典古代の研究は文献を通して行われた。人文主義者の研究方法である文献学は古代の文献をよりよく読もうとする点において古典主義的な傾向を，古代の文献が書かれた言語（ラテン語やギリシア語）を正しく理解しなければならない点において言語学的要素を，さらに文献を通じて古代を再認識するという点で歴史学的な要素をもっていた。

2 人文主義法学の始まり：アルチャート

文献学的手法を法学研究に取り入れ，人文主義法学の創始者となったのはイタリア人のアルチャートであった。彼が目指したのは伝統的な法学の否定ではなく，人文主義的研究方法を法学と結びつけることによる法学の革新であった。この改革要求の背景には，権威的な学説（通説）に追従し，新たな展開に必要な批判的精神を失っていた当時の法学の状況があった。しかし，中世ローマ法学の伝統が根強いイタリアの地においてアルチャートの主張する改革が受け入れられる余地はなかった。

3 フランス人文主義法学：フランス学風の形成

人文主義法学の研究拠点となったのがアルチャートを受け入れたブールジュ大学であった。フランスにおいて人文主義的研究の礎を築いたのが**ビュデ**[2]である。

図1　アルチャート

図2　ドノー

▶1　イタリア人文主義を代表するペトラルカは古代を「光」に，今との間に横たわる時代を「闇」と呼んだ。これが中世を「暗黒時代」と呼ぶ始まりといわれる。

▶2　**ビュデ**
「フランスのエラスムス」と呼ばれ，フランス人文主義における指導者であった。ローマ法に関する主著『学説彙纂24巻註記』（1508/26年）は歴史学的・言語学的方法を適用した画期的な研究と評価され，ローマにおける元老院とフランスのパルルマンを比較し，ローマ法を歴史的相対的なものとして扱っていた。

ビュデは中世の法学者を厳しく批判[3]するが，ローマ法についての歴史的理解が欠如した時代のやむをえないものとし，古代ローマの法制度を豊富な歴史知識を駆使して考察した。ビュデにとってローマ法（ユスティニアヌス法典）は権威ではなく，言語学的・歴史学的な研究対象としての「歴史的モニュメント」でしかなかった。ここにおいて，中世法学であるイタリア学風（モス・イタリクス）と対置されるフランス学風（モス・ガリクス）が形成される。すなわち，ローマ法は相対化され，科学的探究の対象となった。

この基礎のうえにキュジャスに代表されるフランス人文主義法学が形成される。キュジャスはユスティニアヌス法典の諸法文を言語学的・歴史学的に検討するだけでなく，古典期ローマの法学者についての個別研究やさらにローマ法に限定されないテクスト研究を行ったのである。

4 法の体系化

人文主義法学の特徴として，文献学的研究方法と並んで法の体系化の試みがある。中世法学の釈義的方法，アックルシウスやバルトルス[4]といった権威への追随に対して，テクストに直接立ち帰っての簡潔かつ明確な解釈を追求する人文主義者は，法の一般的諸原理を抽出し，その体系化をも試みた，という捉え方である。その際に名前が挙げられるのがドノーである。彼は当時の新しい論理学を用い，ユスティニアヌス法典の中で体系性をもっていた「法学提要」を手がかりにローマ法の素材を体系的に再編成しようとした。しかし，ドノーの主著『ローマ法註解』（1589～95年）は晩年のものであり，体系的志向が当初からの研究関心であったとするには慎重さが必要である。とはいえ，この著作が「ローマ法の一種の総合」（オリヴィエ=マルタン）であったがゆえに，後世とくに法の体系化とその具体化である法典編纂の時代に高く評価されたことは間違いない。

5 人文主義法学のその後

人文主義法学者は文献学的な研究を基軸として中世法学に対する批判者であったという共通項はあるものの，この時代のさまざまな要素（ガリカニズム，絶対主義的王権主義，宗派対立）と絡み合ってその政治的傾向は多種多様であった。しかし，人文主義の「源泉回帰」と権威批判は，「聖書のみ」と教会批判を掲げた宗教改革と共鳴するものであり，人文主義者の多くがプロテスタントであった。そのため，ユグノー戦争の時代には迫害（その代表的なものが**サンバルテルミの虐殺**[5]）から逃れるために多くの人文主義者が国外に亡命することになり，人文主義的なローマ法研究の中心はスペインから独立したオランダ[6]に移ることになったのである。

（村上　裕）

▶3　文芸に携わる者の批判はとりわけ痛烈である。例えば，フランス・ルネサンスを代表する人文主義者であったラブレーは，「ユスティニヤヌス法例彙集の文面くらい立派で，見事に修飾され，優雅なものも他にはない。けれども，その縁飾り，即ち『アコルソの註解』という奴は，実にきたならしいし，実に穢れはてて悪臭芬々たるものがあり，これを要するに汚穢なもの醜悪そのものに外ならぬ」（『パンタグリュエル物語』渡辺一夫訳より）としているが，ここでいう『アコルソの註解』とはアックルシウスの『標準註釈』のことである。

▶4　Ⅱ-4-4 参照。

▶5　**サンバルテルミの虐殺**
ユグノー戦争（1562～98年）の頂点となった旧教徒による新教徒殺害事件。ユグノーであったドノーは事件勃発時にブールジュにおり，危うく難を逃れ，ドイツのハイデルベルクとオランダを中心に活動することになる。

▶6　Ⅲ-6-4 参照。

読書案内

フランス人文主義法学の黎明期については，大木雅夫「フランス人文主義法学の夜明け」北村一郎編『現代ヨーロッパ法の展望』（東京大学出版会，1998年）が比較的読みやすい。アルチャートとキュジャスについては『近世・近代ヨーロッパの法学者たち』所収の各項目がまずは目を通すべき文献である。

4 大学の建設と法学の発展

中世盛期に教授・学生の自治団体として誕生した大学は，次第に皇帝や教皇等から承認・保護を受けるようになり，やがて中世後期には都市や国家の管理下に入った。近世以降，各国は王権の増大と官僚人材の育成を目指し，積極的に大学の建設・発展に関与した。

1 イングランド：「オックスブリッジ」の法学教育

イングランド最古の大学は，1167年王令を受けパリから帰還したイングランド人学生により生まれたオックスフォード大学である。２番目に古いのは，1209年に市民との対立からオックスフォードを退去した教師と学生が移住して成立したケンブリッジ大学である。この両大学ではローマ法やカノン法の講義が行われた。しかし，コモン・ローの法曹養成の担い手は，今日にいたるまでロンドンのインズ・オブ・コート（法曹学院）[◁1]である。ここで教育を受けたイングランドの法律家集団は，固く結束し，コモン・ローの伝統を守り，ローマ法の継受に対抗した。チューダー朝期，王権は両大学に対する庇護を増大させる一方で教師と学生への統制も強めた。1540年にヘンリ８世がケンブリッジ大学に５つの欽定講座[◁2]を創設したが，うち一つはローマ法を対象としていた。同種の欽定講座は，ほぼ同じ時期にオックスフォード大学にも設置された。他方で両大学におけるカノン法教育は，国家がカトリック教会から離脱したことに伴い，王により廃止された。両大学でローマ法を習得した卒業生には，海事裁判所や教会裁判所で法曹として活動する道が開かれた。彼らのギルド組織はドクターズ・コモンズ（法学博士会館）[◁3]と呼ばれ，1511年に成立した。

18世紀に低迷期を迎えた両大学は，しかし，法学教育においては注目すべき変化をもたらした。オックスフォード大学では，従来のローマ法教育とは別にイギリス法の講義が始まり，1758年には講座が新設[◁4]された。これを受講した若き**ベンサム**[◁5]が大いに不満を覚えたという逸話も残っているが，講座担当者ブラックストーン[◁6]が講義内容をまとめた『イングランド法釈義』(1765～69年）は，この時代のイギリス法に関する最良の解説書として広く読まれてきた。

2 オランダ：レイデン大学の隆盛

オランダ最古の大学は，1575年にオラニエ公ウィレムにより創設されたレイデン大学である[◁7]。レイデンは，八十年戦争の中，市民たちがスペイン軍に勇敢

図１　オックスフォード大学の紋章

開かれた本の頁にはラテン語で「主はわが光」と書かれている。

図２　ケンブリッジ大学の紋章

十字架の中央に置かれた聖書は，知識とキリスト教信仰の象徴である。

▷１　Ⅲ-５-３ ▷２参照。イングランドでは，1826年にロンドン大学が設立されるまで他の大学が存在しなかった。

▷２　Ⅲ-５-４ 参照。欽定講座の科目は，ローマ法の他に，神学，ギリシア語学，ヘブライ語学，物理学があった。

▷３　Ⅲ-５-４ ▷７参照。

▷４　ケンブリッジ大学は，少し遅れて，1800年にイギリス法講座を設立し

に抵抗したことへの褒賞として，プロテスタントの人材育成を目論む大学の所在地に選ばれたという。レイデン大学は，人文主義的で自由な学風と，異宗派の学生も受け入れる寛容な精神を示し，オランダの黄金時代と呼応し，近世ヨーロッパにあってもっとも活力に富み国際的影響力を有した大学の一つとなった。

とくに法学研究の領域において，レイデン大学は「ネーデルラント運動」と呼ばれる思潮の中心地となった。サンバルテルミの虐殺を逃れたドノー[8]が晩年にハイデルベルク大学を去り，新設のレイデン大学を選んだことは，人文主義法学[9]の本流がオランダへと移行した象徴である。フランス学風により洗練されたローマ法学とオランダ固有法とが当代の実務に適合した形で融合された結果，ローマ=オランダ法が形成され，大陸法系の中でも独特の一例となった。レイデン大学は，また，歴史家・文献学者のリプシウスを教授に招聘した。普遍的史観から決別し個々の民族・地域の歴史を指向する彼の学問的姿勢はレイデン大学で受け継がれ，留学に訪れたコンリング[10]に多大なる啓発を与えた。コンリングは，後に，ドイツ法史という新しい研究領域を開拓した。そして，この時期レイデン大学の生み出した最も輝かしい至宝は，グロティウス[11]であった。「国際法の父」として知られるこの偉大な法学者は，世俗的自然法論を樹立し，17～18世紀ヨーロッパ法学の発展方向を決定づけた。

3 神聖ローマ帝国：領邦大学の時代

ドイツ地域で初めて法学の講義を開設したのは，15世紀前半のケルン大学（1388年創設）であった。中世後期に成立した大学は教皇ないし皇帝の特許状を受けるのが慣例であったが，三十年戦争が終結した後，大学は諸侯の支配下に置かれるようになり，領邦大学へと変貌した。以降19世紀にいたるまで，ドイツの諸大学ではイタリア学風[12]が法学研究における支配的地位を占めた。その法学部は，実務と密接に関係していた。例えば「カロリーナ刑事法典[13]」では判決発見に際して複雑な判断が必要な場合には訴訟記録を大学法学部に送付し，教授たちの鑑定意見を求めるべきことが規定されていた。

この時代のドイツで最も注目を集めた大学は，1694年にブランデンブルク=プロイセンで設立されたハレ大学であった。パンデクテンの現代的慣用[14]を指導したシュトリュクや，学問の言語として支配的だったラテン語を排して初めてドイツ語の講義要綱を掲載したことで知られるトマジウス[15]等時代の先端を走る法学者が，大学の創立当初からその学風に決定的な影響力をもっていた。以降ハレ大学は，**グントリンク**[16]，ベーマー，ハイネクチウスなど優れた法学者を輩出し，18世紀後半にゲッティンゲン大学が登場するまでドイツ法学の発展を牽引した。ヴォルフもハレ大学で長らく教鞭をとり，とりわけ17年間の追放から帰還した晩年に，近世自然法論に関する重要な著作群を残した。 （周　圓）

た。

▶5 **ジェレミー・ベンサム**
哲学者，法学者。功利主義の見地からイングランドの政治と司法に関わる諸体制の改革を呼びかけ，成文法典の編纂を求めた。

▶6 Ⅲ-5-4 ▶2参照。

図3 レイデン大学の校章

周りに大学名とモットー「自由の砦」が記されている。

▶7 Ⅲ-6-6 参照。

▶8 Ⅲ-6-1 Ⅲ-6-3 参照。

▶9 Ⅲ-6-3 参照。

▶10 Ⅲ-6-7 参照。

▶11 Ⅲ-6-6 参照。

▶12 Ⅱ-4-2 Ⅱ-4-3 Ⅱ-4-4 参照。

▶13 Ⅲ-5-7 参照。

▶14 Ⅲ-6-8 参照。

▶15 Ⅲ-5-8 ▶8参照。

▶16 **ニコラウス・グントリンク**
法学者，哲学者。ハレ大学教授の他，プロイセン枢密顧問官も務めた。

読書案内

島田雄次郎『ヨーロッパの大学』（玉川大学出版部，1990年）。ヨーロッパの大学が誕生期から近代へと発展する歴史を簡明に説明する一冊。本論が中世，近世，近代と3章立てとなっておりとてもわかりやすい。

6　自然法と絶対主義

5　素人法文献と反法律家運動

図１　素人法文献の例（1552年フランクフルト版ゴープラー『諸法鑑』）

古典古代の文芸復興を意味するルネサンスでは，中世の教会的権威に抑圧される以前の世界に注目し，自然な人間性を蘇らせようとする試みがなされた（人文主義）。14世紀初頭，詩人ダンテは俗語（トスカナ語）で代表作『神曲[1]』を著し，地獄や煉獄に落とされたり天国に迎えられたりした人々のありさまを描き，人文主義の先駆者となった。16世紀最大の人文主義者エラスムスは代表作『愚神礼賛』で愚かさも人間の本性とし，聖職者の偽善などを辛辣に風刺した。1524～25年のドイツ農民戦争では，ルターの宗教改革に刺激された農民たちが農奴制廃止などを掲げて反乱したが鎮圧された。

1　ローマ法継受と非法学識者

ローマ法継受は，法学識者という新しい階層を生み出した。ドイツでは法学識者は騎士と同等とされたので，市民層にとって大学でローマ法を学ぶことは身分的上昇の好機となった。しかし，下級貴族や騎士層にとって法学識者の登場は相対的な地位低下をもたらしかねない脅威であり，また大学で学ぶ可能性に乏しかった農民層にとっては新たな支配階層の登場でしかなかった。

こうした新たな状況への対応として，法学識をもたない人々は，生活や職業を営むうえで必要な範囲内でのみ継受ローマ法の要件と効果（法的推論はこの際どうでもよかった）だけを効率よく吸収しようとしたり，担い手である法学識者それ自体を拒否することでローマ法継受を阻止しようとしたりした。

2　素人法文献

法学識をもたない人々（素人）のために書かれた法律文献は「素人法文献」と総称される。継受期の素人法文献の多くは，普段の生活で裁判に関わることのない純粋な素人というよりも，十分な法学識をもたずに（主に都市裁判所で参審人として）法実務に従事する人々のために書かれた。大学でローマ法を学んだものの学位取得にはいたらなかった者（半途修学者）ならまだしも，そもそも大学で学んだことがない者にとって，ラテン語[2]による法的議論はハードルが高すぎた。他方で，村落ならともかく，都市においてローマ法を無視することはもはや難しかった。こうして，都市裁判所で提起されがちな法律問題について俗語で端的に結論だけを掲げた文献へのニーズが高まった。

『素人法鑑（ライエンシュピーゲル）[3]』と『訴訟鑑（クラークシュピーゲル）[4]』は，

▷１　ダンテは『神曲』の「天国篇」に，篤い信仰をもって法典編纂事業を果たした人物として，東ローマ皇帝ユスティニアヌス１世を登場させている。

▷２　ドイツにおけるローマ法継受が本格的に進行した16世紀には，ラテン語の読めない人々のために「法学提要」のドイツ語訳もまた相次いで作成された（1519年ムルナー訳，1536年フクスベルガー訳，1551年ゴープラー訳）。

▷３　『素人法鑑』の著者ウルリヒ・テングラーは，ドイツ南部の都市ネルトリンゲンの書記などを務めた人物で，ブラントの友人だった。

▷４　『訴訟鑑』の著者は長らく謎とされ，ブラント素人法文献の代表である。風刺書『阿呆船』（1494年）で知られる人文主義者ゼバスティアン・ブラントが序文を付して出版したことから『素人法鑑』と『訴訟鑑』は裁判関係者の関心を呼び，版を重ねた。『素人法鑑』は，第１部で裁判制度（および公法的な内容），第２部で民事手続法，第３部で刑事手続法（および実体刑法）を扱う。『訴訟鑑』は，第１部で民事法，第２部で刑事法を主に扱う。このように『素人法鑑』と『訴訟鑑』は内容的に補い合う関係にあることから，両者は法実務の現場でしばしば併せて参照された。

が著者だと信じられていた時代もあったが，近年ようやくドイツ南部の都市シュヴェービッシュ・ハルの書記コンラート・ハイデンであることが突き止められた。

3 反法律家運動

ドイツ農民戦争で農民たちが掲げた12カ条の一つは「古き法」への回帰だった。ここから直接的に読み取れるのは，口承による村落共同体の「古き」（良き）不文慣習法が「新しき」（悪しき）成文法すなわち継受ローマ法に取って代わられ，古来の権利が侵害されていることへの反発である。農民たちには，法学識者の登場と，時を同じくして進行した領主層による農奴制復活の動きが重なってみえた。ここで，実際に法学識者が領主層の手先だったか否かは問題ではない。俗語すら満足に読めない農民たちには，ラテン語のローマ法文を掲げる法学識者の主張の妥当性を判断するすべなど全くなかったからである。

1400年頃に成立した『ボヘミアの農夫』[5]は，妻を亡くした農夫が神の法廷に「死（トート）」を訴えたという設定の対話篇である。その26章でトートは農夫にこう述べている。「法学は移ろいやすく矛盾した法〔の学問〕であり，法律家は良心なきキリスト者であって，ねじ曲がった条項で法と不法を弁護する。これやあれやの規定にしがみつく技芸など何の役にも立たない」。

参審人としての地位を脅かされただけでなく，フェーデから訴訟へという流れ[6]の中で旧来の身分的価値観・正義感それ自体を否定された騎士や下級貴族もまた，法学識者に強く反発した。農民戦争の序幕とされる騎士戦争（1522〜23年）を指導した騎士ウルリヒ・フォン・フッテンは，人文主義者としても著名だが，対話篇『盗賊』（1521年）において法律家（法学識者）を聖職者に次いで悪辣だと攻撃した。作中でフッテンは，騎士戦争の盟友フランツ・フォン・ジッキンゲンにザクセン人は「法律なしに生活しているわけではないが，法律家なしに物事をよく治めている」と語らせた後，ドイツではザクセンだけが法学識者という「恐るべき伝染性のペスト」を免れている[7]，と評した。フッテンにいわせれば，法学識者はドイツの生活様式に無知な外国人で，「ドイツの不幸」を除去するには「舌を抜き，唇を縫い」法学識者の弁舌を封じねばならないのである。

法学識者に対する敵意や反感が薄れるのは，素人法文献を通じて継受ローマ法の内容が徐々に周知され，また法学識者が増えて身近になる一方で騎士層の没落が確定的となった後のことである。（屋敷二郎）

▶5 『ボヘミアの農夫』の著者ヨハンネス・フォン・テープルは，法学識者ではなかったが，大学で法学を学んだ経験があり，マギステルの学位を有したとされる。

▶6 Ⅱ-3-10 参照。

▶7 Ⅱ-3-5 参照。

読書案内

村上裕「目隠しされた正義の女神」森征一・岩谷十郎編『法と正義のイコノロジー』（慶應義塾大学出版会，1997年）は，正義の女神ユスティティアが目隠しをされるにいたった経緯とその意味を法史的に考察する。面白く，また本節の理解を深めるのに有益である。

6 グロティウスと『戦争と平和の法』

近代の社会契約的国家像の基礎には自然法思想があった。ホッブズ，ロック，ルソーがその代表とされるが，この系譜の最初に位置する思想家がグロティウス[1]である。グロティウスは，自然法と万民法を論じた法学の古典『戦争と平和の法』（1625年）を著し，国際法学という新しい学問分野を切り開いた。

1 グロティウスの生涯

1583年，オランダのデルフトに生まれたフーゴー・グロティウスは早熟で，神童と呼ばれた。12歳のときにナントの王令で有名なフランス国王アンリ４世に謁見し，アンリ４世によって「見よ，このオランダの奇跡を」と語られたことは有名な逸話である。13歳で（名誉）法学博士となり，若くしてオランダの政界で活躍する。1609年には『自由海論』を公刊して，自然法と万民法（諸国民の法）の議論を展開して思想家としても著名となった。しかし，オランダ国内の宗教的・政治的対立から，反対派の頭目である，オラニエ公ウィレム（オレンジ公ウィリアム）の子マウリッツによって逮捕され，終身禁錮の刑に処せられた。**三十年戦争**[2]の始まった1618年のことである。しかし，グロティウスは脱獄に成功し，パリに亡命した。亡命地のパリで出版されたのが『戦争と平和の法』である。これは，原語のラテン語の他に，英，独，仏，蘭語などに直ちに翻訳された。グロティウスはその後，三十年戦争の戦場でも『戦争と平和の法』を常に携えていたといわれるスウェーデン王グスタフ・アドルフの意向によってスウェーデンのパリ大使となり，外交官として活動した。三十年戦争を終結させるための交渉は早期のものを含めると1630年代に始まり1648年に**ウェストファリア条約**[3]として結実するが，グロティウスはこれに参画することを強く願っていた。だが，願いはついにかなわず，1645年にストックホルムに向かい，そこで職を辞している。帰路，北海で暴風雨にあって難破し，ロストックでオランダの亡命者のまま死亡した。遺骸は生地のデルフトに送られた。グロティウスの墓はいまもデルフトにある。

2 グロティウスは革新的だったか

グロティウスは，近代自然法の父あるいは国際法の父と呼ばれる。この呼び方はグロティウスが初めて近代自然法を語り，国際法を創設したと考えることから生まれる。しかし，最近の学説は，これを「グロティウス神話」として否

図１　グロティウス

▶１　本文で紹介した著作の他に，宗教戦争の終結を目指した『キリスト教の真理について』（1627年），国民の歴史を主題とした『ネーデルラント史』（1612年脱稿），オランダ固有法に関する最初の体系的叙述『オランダ法学入門』（1631年）がある。19世紀半ばまで存在が知られていなかった『捕獲法論』（1605年頃脱稿）も最初の体系的自然法論として重要である。

▶２　**三十年戦争**
神聖ローマ帝国のほぼ全領域を巻き込んだ，ヨーロッパ最後の大規模な宗教戦争かつ最初の政治的な国際戦争（1618～48年）。カトリックの皇帝・ドイツの諸侯とドイツの新教諸侯の戦いとして始まったが，デンマークやスウェーデンなど新教諸国が介入して規模が拡大した。また，カトリック国フランスが新教側で参戦したことから政治的性格が強まった。とくに被害が大きかったドイツでは人口の３分の１が減少したといわれる。

定する。

たしかに，近代自然法についても，国際法についてもグロティウス以前にこれを語った学識者たちは存在する。とくにスペインのサラマンカ学派[4]（後期スコラ学派）はその双方について，深い思索を示していた。また，国際法については，グロティウスよりも前にアヤラやジェンティーリ[5]など実証的といってよい国際法学の先駆者たちも存在した。さらに，グロティウスの『戦争と平和の法』は実は中世的な戦争法やトマス・アクィナスによって展開された正戦論の伝統を引き継いでおり，新しい法理論というよりも，むしろ伝統的で中世的な性格を有するものだという有力な学説もある。

しかし，それにもかかわらず，グロティウスはやはり革新的な思想家で，『戦争と平和の法』は時代を切り開く画期的な著作だったと考えられる。

その革新性はおおむね３つのことに集約される。一つは，後期スコラ学派には認められない自然法の世俗化で，このことによってヨーロッパの自然法思想は中世の神学的自然法論から近代の理性的自然法論へと大きく転換した。第二は，ホッブズに先行して個人主義的自然権思想を示し，社会契約的国家像を示したことである。グロティウスの正戦論は実は自然権論と結合していた。近代的政治思想の誕生に決定的な役割を果たしたホッブズは，グロティウスから自然権思想の核心的部分を獲得している。第三は，国際社会や国際共同体という考え方を明確に示し，それを考察することの独自の意義を強調したことである。

グロティウスは時代の要請に的確に応えた。彼は，宗教戦争という自然状態的世界に対して自然権と自然法という概念を基軸とした社会契約的秩序構想を示し，ヨーロッパ諸国民の相互的関係と対外的な世界進出について新しい法理論と実定法的なルールを提示した。この理論と実定法的ルールはやがて国際法と呼ばれ，何世紀も続くヨーロッパ的国際秩序の形成を可能とした。グロティウスが「国際法の父」と呼ばれたのは，このルールの有用性のゆえであろう。

3 知的潮流の発信地

グロティウスは，**新ストア主義**[6]の創始者ユストゥス・リプシウスの流れをくむ偉大な人文主義的知識人と目されていた。グロティウスは，リプシウスのいたレイデン大学[7]で古典学や法学を学んだ指導的知性だった。17世紀前半のレイデン大学は，「近代的意味における最初の大学」（ディルタイ）として，ヨーロッパ全域とくにドイツから多数の学生を引きつけていた。デカルトやコンリングそしてプーフェンドルフもまたレイデン大学で学び，独自の思想を発展させていった。グロティウスはその知的流れのいわば発信地に位置し，その流れを媒介としてヨーロッパだけでなく，アメリカにも影響を及ぼした。

自然法は近世ヨーロッパの重要な知的課題であった。その最先端にいたのがグロティウスなのである。（山内　進）

▶3　**ウェストファリア条約**
三十年戦争に終止符を打つために，1648年にウェストファリア地方で結ばれた，皇帝とスウェーデン女王との講和条約および皇帝とフランス王との講和条約の総称。これによって主権国家からなる国際システムが成立したという理解が一般的だが，このような理解を否定し，和平のための現状追認的条約にすぎないとする学説も有力である。

▶4　Ⅲ-5-10 参照。

▶5　Ⅲ-5-11 参照。

▶6　**新ストア主義**
レイデン大学教授ユストゥス・リプシウスによって始められた近世ヨーロッパの実践哲学。主著『恒心論』および『政治学』はベストセラーとなり，ローマ・ストア哲学を基礎とする，その紀律化された人と国家の思想は一世を風靡した。フランス王アンリ４世などの君主，官僚や軍人，思想家や芸術家に受容され，近世ヨーロッパの形成に大きな影響を与えた。

▶7　Ⅲ-6-4 参照。

読書案内

グロティウスの法思想と活動の全体像については，『近世・近代ヨーロッパの法学者たち』所収の山内進「フーゴー・グロティウス」がある。グロティウスの生涯と業績については柳原正治『グロティウス』（清水書院，2000年）が新書版で挑戦しやすい。最新の研究書として，山内進『グロティウス『戦争と平和の法』の思想史的研究』（ミネルヴァ書房，2021年）がある。

7 ロータル伝説とコンリング

図1　コンリング

出典：Conring, H., Der Ursprung des deutschen Rechts (Bibliothek des deutschen Staatsdenkens Bd. 3), Insel Verlag, Frankfurt/M, u. Leipzig, 1994.

▶1　Ⅲ-6-6 ▶2参照。
▶2　Ⅲ-6-6 ▶3参照。
▶3　Ⅰ-2-4 参照。
▶4　**ヒエロニムス**
ウルガータと呼ばれるローマ=カトリック教会における標準ラテン語訳聖書の翻訳者として知られ，中世ヨーロッパにおけるラテン的文化の礎を築いた一人である。
▶5　ドイツ人への帝権委譲論の原型を作ったのはフライジングの司教であり，フリードリヒ・バルバロッサの叔父であったオットー・フォン・フライジングである。彼は普遍的救済史の観点で著した『年代記』の序文において，ローマ帝国の世界支配権はローマ人からギリシア人，フランク人，ロンバルディア人を経て，ドイツ人へ委譲されたとしている。この委譲論によるならば，ドイツで生まれ，ドイツ語を話すド

「17世紀の危機」のうちドイツにもっとも深刻な被害をもたらした三十年戦争[1]は帝国等族（領邦）にほぼ完全な主権を与え，それゆえ「（神聖ローマ）帝国の死亡証明書」と比喩されるウェストファリア条約[2]をもって終了する。このことは継受ローマ法の位置づけに大きな影響を与えることになる。

1 理論的継受・帝権委譲論とロータル伝説

ローマ法継受後のドイツでは実務と学問の双方においてローマ法が支配的な地位にあったが，この時代に神聖ローマ帝国国制への関心が高まり，帝国普通法であった継受ローマ法に対する見方にも大きな変化をもたらすことになった。ローマ法の優越的な地位は理論的継受によって支えられていた。理論的継受とは，簡単にいえば西ローマ帝国の継承者である神聖ローマ帝国の法はローマの皇帝法（ユスティニアヌス法典[3]）にほかならないとするものである。この考え方は帝権委譲論に基づいていた。この理論は，世界を支配する最後の帝国であるローマの帝権（世界支配権）がドイツ人に委譲されたとする。すなわち，旧約聖書の「ダニエル書」に記された預言から，この世界に続けて出現する4つの帝国（**ヒエロニムス**[4]によればバビロニア，ペルシア，ギリシア，ローマ）のうち，最後の帝国であるローマはキリスト教的な終末論的歴史観と結びつけられて世界終末まで続く帝国でなければならない。したがって，カール戴冠によって再興された帝国はローマ帝国であり，帝権はオットー大帝の戴冠によりドイツ人に委譲[5]されたとされる。

継受ローマ法の通用力にさらに実定的根拠を付与しようとしたのが，皇帝ロータル3世が帝国法律で明示的に継受したという伝承である。すなわち，ロータルが1135年にイタリア遠征し，アマルフィを占領した際に獲得した「学説彙纂」の写本をピサに与え，大学でのローマ法の講義，皇帝の裁判所ではローマ法に従って裁判すること，そしてローマ法以外の法の排除を命じたというものである。この伝承が歴史的事実ではないことを証明したのがコンリングの『ゲルマン法の起源』（1643年）であった。

2 コンリングの帝国国制に関する歴史的考察

『ゲルマン法の起源』が出版された時期は三十年戦争の和平交渉が進み始めた時期でもあり，コンリングは皇帝と帝国等族の関係や帝国立法権と裁判権な

どの帝国国制に関するいくつかの論文を著している。彼は1626年から5年間，オランダのレイデン大学[6]で学び，スペインから実質的な独立を勝ちとったオランダの宗教的・政治的風土に魅せられ，またレイデン大学における新しい知の潮流に大きな影響を受けた。コンリングのカトリック・ハプスブルク皇帝に対する反感と親帝国等族的な姿勢はこのとき培われた。

彼の著作に一貫する特徴は歴史的に論証することであったが，その歴史観は帝権委譲論に基づく帝国理念とは全く無縁なものであった。例えば，カールの戴冠はカールの武力によって達成されたものであり，その後のドイツの諸事情にあわせて形作られた帝国はローマ帝国ではなくドイツ帝国にほかならないことを豊富な史料を用いて論じ，そのドイツ帝国は皇帝を君主として戴いているが帝国の統治に与るのは帝国等族であることをタキトゥスの『ゲルマーニア』[7]が描く古ゲルマンの民会に遡って論証している。帝国はローマ帝国とは断絶したものであり，帝国等族が支配する国家的団体にほかならないとするコンリングの帝国把握はすでに17世紀前半の帝国国法学者たちによって指摘されていたことであるが，コンリングの功績はそれを歴史的に考察したことにあり，18世紀以降の帝国国法学への道を切りひらいたと評価されている。

3 「ロータル伝説」の否定と「漸次的使用」による継受

帝国国制の研究において発揮された歴史的・実証的研究手法がドイツの法の歴史に直接向けられた『ゲルマン法の起源』により，コンリングは「ドイツ法史学の創始者」とも評される。「ロータル伝説」については，そもそもイタリアではイルネリウス[8]の功績によってローマ法が通用するようになり皇帝ロータルの命令など必要なかったとする。ドイツについては皇帝ロータルの時代の法は慣習法が中心であり，少なくとも15世紀以前にローマ法が継受されたことを示す証拠は存在しないとして，皇帝ロータルの命令をローマ法の帝国における通用力の根拠とするのは「寓話」であると断じている。

コンリングはドイツにおける継受の実相について15世紀以降ドイツの大学にローマ法が入り込み，大学で養成された学識法曹が裁判所などに進出することによって「徐々にドイツに入り込んできた[9]」とする。このようにローマ法の継受を歴史的事実と認めつつも，継受されたローマ法が他の法律を排除するようなことは帝国でも領邦においてもなかったと主張している。

継受とルネサンスが同時に起こったドイツにおいてはフランスの人文主義法学が果たしたローマ法の相対化は生じず，「ロータル伝説」の否定と「漸次的使用」により継受されたとするコンリングの論証によって初めてローマ法の相対化が行われたともいえる。ここにおいてドイツの法学は継受ローマ法のみに依拠することはできず，複数の法源に直面しなければならない新しい局面を迎えることになる。

（村上　裕）

イツ王はローマ王であり，ローマ帝国皇帝と位置づけられることになる。

▶6 Ⅲ-6-4 参照。

▶7 15世紀半ばにその写本が発見されて以来，ドイツの人文主義者たちはタキトゥスのこの作品に精力的に取り組んだ。コンリングも1635年に『ゲルマーニア』を刊行している。ドイツ法史の叙述でありながら『ゲルマン法の起源』という表題はコンリングの歴史考察における源流の重視が示されている。Ⅰ-2-7 ▶2も参照。

▶8 Ⅱ-4-3 ▶1参照。

▶9 Usu sensim receptum（徐々に使用されることによって継受された）すなわち「漸次的使用による継受」のことを示している。他方，皇帝ロータルの命令によって継受されたとする考え方は「包括的継受」という。Ⅲ-5-6 も参照。

読書案内

コンリングについては，村上裕「ヘルマン・コンリング」『近世・近代ヨーロッパの法学者たち』の第9章が彼の生涯や帝国国制に関する著作と『ゲルマン法の起源』について紹介している。コンリングの主たる専門分野であった政治学と歴史研究の関係については，ディートマル・ヴィロヴァイト「ヘルマン・コンリング」ミヒャエル・シュトライス編（佐々木有司・柳原正治訳）『十七・十八世紀の国家思想家たち』（木鐸社，1995年）が詳しい。

6　自然法と絶対主義

8 パンデクテンの現代的慣用

図1　シュトリュク

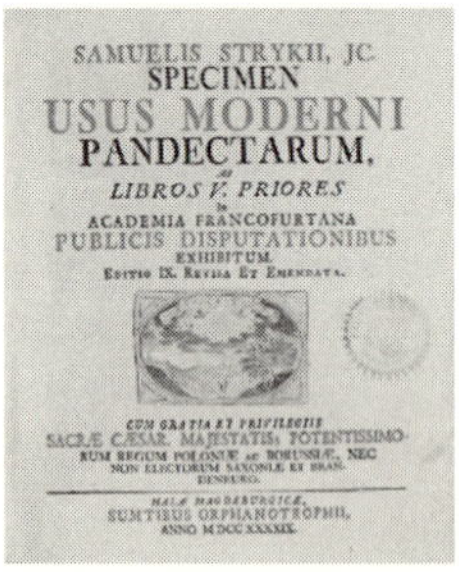

SAMUELIS STRYKII, JC.
SPECIMEN
USUS MODERNI
PANDECTARUM,
LIBROS V. PRIORES
ACADEMIA FRANCOFURTANA
PUBLICIS DISPUTATIONIBUS
EXHIBITUM.

図2　『パンデクテンの現代的慣用』の表紙

出典：福岡大学図書館より（https://www.lib.fukuoka-u.ac.jp/e-library/tenji/europian_law_2006/shiryou/03/22.html）。

▶1　Ⅱ-3-6 参照。

▶2　Ⅲ-5-6 参照。

▶3　代表的な学者の一人にヨハネス・フートがいる。彼はオランダの旧植民地において今日においても通用している「ローマ=オランダ法」（Ⅲ-6-4 参照）の基礎を形成した。

▶4　Ⅱ-3-5 参照。

▶5　Ⅲ-5-7 ▶9参照。

▶6　Ⅱ-3-6 参照。

▶7　Ⅲ-6-6 ▶6参照。

▶8　シュトリュクは魔女の存在自体は否定しなかったが，裁判における証明，と

17世紀の絶対王政のもとで華ひらいた宮廷文化はやがて市民にも拡大し，現代につながる生活文化を作り出した。また，科学革命の時代とも呼ばれるこの時代にはベーコンの帰納法的経験論とデカルトの演繹的合理論が生まれ，近代哲学の礎が築かれている。このような時代状況の中，法学でも新しい潮流が登場することになる。

1　法学の新しい様式

「パンデクテンの現代的慣用」は，この時代のドイツを代表する法学者シュトリュクの著作に由来するが，当時の人々がこの時代を「今日の慣行」あるいは「新実務」と呼んでいたように，新しい法学の様式であった。ここでの「新しい様式」とは，中世的なスコラ学的・釈義的方法によるのではなく，ローマ法をその地域の現状にあわせて「今風」に用いることを意味した。

このようなローマ法の利用は，都市慣習法[1]と継受ローマ法とを巧みに融合させて改革都市法典の傑作と評価されるフライブルク改革都市法典を編纂したツァジウス[2]や，文献学的手法によりローマ法を研究したフランス人文主義法学と，その流れを受け継ぎ，ローマ法の諸概念をオランダ固有法と融合させたオランダの法学者[3]の活動にも当てはまり，現代的慣用が時間的・空間的に大きな広がりをもつことを示している。

しかし，この新しい法学が登場するまでローマ法が普通法として絶対的な権威をもっていたのはドイツであり，現代的慣用への道を拓いたのは，コンリングの『ゲルマン法の起源』であった。この著作で示された「漸次的使用による継受」により，ドイツの法学および法実務は地域固有法をも視野に入れなければならなくなったからである。

2　地域固有法への取組み

現代的慣用の法律家たちが活躍した地域には，継受ローマ法に対して自己を主張することのできる固有法が存在していたことに目を向ける必要がある。「ザクセンシュピーゲル[4]」の法伝統をもつザクセンでは，全面的なローマ法継受は行われなかった。初期の現代的慣用を代表する法律家カルプツォフ[5]はドイツ刑法学の父と評されるが，ライプツィヒ参審人としての実務経験を通して私法や民事訴訟法の分野においても活躍し，ローマ法とザクセン固有法の融合を

推し進めた。その後，ザクセンは現代的慣用の中心地となり，シュトリュク，ライザーといった法律家を生み出していった。

現代的慣用の開拓者としてカルプツォフと並び称せられるメヴィウスが活躍したハンザ都市についても同様のことが指摘できる。リューベックを盟主とするハンザ同盟では都市法家族[6]と呼ばれる法圏が形成され，ローマ法継受に抵抗した地域であった。オランダ留学時に新ストア主義[7]の影響を受けて固有法を尊重していたメヴィウスの『リューベック法註解』(1642年）は領邦を超えた法圏についての最初の学問的労作と評価されている。

ここで注意すべきは現代的慣用の多くの法律家はローマ法の意義を否定していないことである。例えばシュトリュクにあってはローマ法もドイツに固有な法もドイツにおいて妥当する重要な法であり，この２つの構成要素を同等に扱うこと（彼はこれを「中間の道」と呼んだ）を主著『パンデクテンの現代的慣用』(1690年）で示したのである。

3 近代自然法との関係

現代的慣用が頂点を迎える18世紀は啓蒙的自然法論の時代でもあった。理性の働きにより，論理的・数学的演繹によって形成される法体系は現代的慣用にローマ法の権威に代わる判断規準を提供することになった。

例えば，メヴィウスは法廷で用いることのできる法源としての自然法をもって普通法としてのローマ法の権威に代えようとしたし，シュトリュクは理論を展開する際に自然法を引き合いに出している。また，啓蒙主義の影響のもと，シュトリュクやライザーは魔女裁判について批判的な態度[8]をとっていた。

しかし，現代的慣用の法律家たちの関心は法の体系化そのものではなく，実務にあったことは強調しておいてよいであろう。シュトリュクの『パンデクテンの現代的慣用』は「討論集[9]」の中でローマ法上の重要な命題について解説した一種のコンメンタールであった。また，現代的慣用後期の代表的法律家であったライザーの全11巻からなる主著『パンデクテンに関する諸考察』(1717～48年）も同様に「討議」のような個別的労作からなるもので，彼が宮廷裁判所裁判官や審判人として活動したヴィッテンベルクの数多くの判決の解説を含み，18世紀に大きな影響力をもった。例えば，ライザーが尊重した「**事情変更法理**[10]」が今日のドイツ民法典に具体化されているように，現代的慣用の法律家たちが掘り起こした新たな法素材は法典編纂の時代を経て，現代に受け継がれている。

（村上　裕）

りわけ拷問による証明について異を唱えた。この姿勢は『魔女の罪について』(1701年）を著し，魔女裁判を批判した自然法論者トマジウスに受け継がれていく。なお，シュトリュクはトマジウスの法学の師であった。

▷9 「討論」は中世大学に伝統的な授業形式の一つであったが，法学の分野では近世にかけて学位取得するための論文となっていった。この法学文献は，教授が指定した法律上の命題に関する学説を原典や文献を利用して擁護するという形をとる。今日のドイツにおける博士号学位審査で行われる口述試験の一つは，この伝統のもと Disputation と呼ばれている。

▷10 **事情変更法理**
契約締結時に前提とされていた事情が，当事者の予見しえない事実の発生により著しく変化した場合に，契約の解除あるいは改定を認める法理のこと。現代的慣用がドイツ的命題として重視したものには他に「手は手を守れ」「売買は賃貸を破らず」などがある。Ⅳ-8-10▷1も参照。

読書案内
現代的慣用について包括的に解説した日本語文献はないが，近世ヨーロッパの法学における現代的慣用の位置づけを理解するのにヴィーアッカー（鈴木禄弥訳）『近世私法史』（創文社，1965年）は役立つであろう。また，シュロッサー（大木雅夫訳）『近世私法史要論』（有信堂，1993年）は現代的慣用を自然法と実務の関係から簡潔に説明しており参考となる。

9　イングランドにおける法の支配

図1　E・クック

17世紀に王権神授説を唱えたジェームズ1世は，議会を無視して新たな税を徴収し，特定の商人に独占権を与えた。続くチャールズ1世の専制政治に対して，議会は同意なき課税や不当な逮捕などの停止を求めた権利請願を提出し，王政復古後は官吏を国教徒に限定する審査法や，恣意的な逮捕・投獄を禁ずる人身保護法を制定した。その後，国民の生命・財産の保護などを定めた権利章典[1]が1689年に制定され，議会主権に基づく立憲王政が確立していく。

1　五騎士事件（1627～28年）

対フランス戦争遂行のための戦費調達を望むものの議会の同意が得られないチャールズ1世は，有力者に資金の貸付を強制し，これを拒否したトマス・ダーネルを含む5名の騎士が収監されることになった（このことから，本件はダーネル事件とも呼ばれる）。収監の合理性に疑問をもった5名の騎士は収監理由の開示を求めて，王座裁判所[2]に**人身保護令状**[3]の発給を請求した。同裁判所は請求を認め，その結果，彼らの収監は「国王の特別な命令によって」なされたということが判明した。

この事件は王座裁判所で議論され，このような資金の貸付の強制と，「国王の特別な命令」を理由とする収監の合法性が争点となった。騎士側は，マグナ・カルタ[4]の条項「国法によらなければ投獄されない」に基づき，国王の特別な命令はそれに該当しないと主張した。これに対して国王側は，国王には絶対的な逮捕権なるものがあるから「特別な命令」により拘禁できる，と主張した。王座裁判所は資金の強制貸付の合法性については判断しない一方で，5名の解放を認めなかった。その結果，反逆罪と疑わしき者を拘禁する国王大権[5]を認めることになったため，イングランド人の自由を守るためには，人身の保護と恣意的課税の禁止が不可欠と考えられるようになり，1628年の権利請願にいたることとなった。

2　国王は人民を恣意的に投獄できるか

「いかなる自由人も，彼の同輩の合法的判決によるか，国法によらなければ，逮捕，投獄……国外追放されることはない」というマグナ・カルタ1225年版29条（1215年版では39条）の規定は，マグナ・カルタの中でももっとも有名な規定の一つである。この規定は，中世においては，貴族院において同輩による審理

▷1　Ⅲ-7-2 ▷2参照。

▷2　Ⅲ-5-3 ▷3参照。

▷3　**人身保護令状**
もともとは，国王裁判所に当事者や陪審を強制的に出頭させるための令状であったが，次第に違法な拘束を受けている疑いのある者の拘束が合法であるかどうかを裁判所が審理するために，その者の身柄を裁判所に提出させるための令状となった。

▷4　Ⅱ-3-3 参照。

▷5　Ⅲ-5-6 ▷2参照。

を保障するものとして用いられることが多かったが，次第に，人身の自由の保障と王権に対抗するための根拠となっていった。

中世の法律書は，国王による拘禁の権限についてほとんど語っていないが，15世紀の**イヤー・ブック（ス）（年書）**[▷6]には，口頭による投獄はできないと記されている。その理由として，国王が不正に振舞った場合に臣民が救済手段をもたないことが挙げられているから，人身の自由の喪失においては，裁判所において検証可能な手続が必要とされていたことがわかる。また16世紀前半には，国務長官ら主要な大臣たちが枢密院の名において意のままに拘禁できるという考えに基づいて人々を拘禁していたが，裁判所はそれを好ましくないものとみなしていた。裁判官たちは，国王が裁判官と同様の拘禁権をもっているとしても，マグナ・カルタ29条を根拠に拘禁理由は審査されうる，と判示したが，16世紀後半においても，明白な理由を示さないまま人民が拘禁されることは多かった。

五騎士事件はこのような状況の中で起こり，「国王の特別な命令による」収監が合法であるかどうかという議論は頂点に達した。王座裁判所において争われたこの事件では，国家構造に関わる最大の焦点であるイングランドの君主統治のありようが，マグナ・カルタに記された「国法」に関する問題として扱われた。ジョン・セルデンらコモン・ローの有識者が歴史的な知識を駆使して議論を展開したが，決定的な先例がなく，裁判所は５名の騎士の解放を認めなかった。**エドワード・クック**[▷7]を含む同時代の人々は，国王が理由を開示することなく，反逆罪やテロ行為が疑われる者を拘束する国王大権の必要性は認識しており，そのような国王大権は「国法」の一部であると認めていた。しかし本件では，国王大権が非立憲的な課税を強制する手段として悪用されており，このような拘禁を認めることは，国王による議会の同意なき臣下への課税を可能にするものであった。

この問題は貴族院と庶民院の協議会で議論されるにいたり，庶民院を代表してクックとエドワード・リトルトンは，人々が理由を開示されることなく拘束されるようになれば，被拘束者は隷農よりも劣悪な状態になると主張し，王国の基本法の確認として，マグナ・カルタと適正手続に関する諸法に訴えた。その後，貴族院と庶民院が緊密な連携を保ちつつ，特別税の承認と引き替えに，議会の同意なき課税や理由の開示されない国王の特別な命令によって臣民を拘束しないことなどを国王に請願した。請願は両院の賛成と国王の裁可があれば法律と同様の効力をもつものであり，チャールズ１世は抵抗したが，特別税の承認を必要としていたため裁可せざるをえなかった。以来，この「権利請願」[▷8]は，チャールズ１世治世３年法律第１号として法令集に記載されている。

（高　友希子）

▷6　イヤー・ブック（ス）（年書）
中世の裁判所において展開された訴答における議論を，法廷の言語であったロー・フレンチを用いて，開廷期を単位として記述したもの。法学徒が法の知識を獲得していくための教育的な機能を担っており，コモン・ロー法曹の間では「我々の書」と認識され，共有する法知識として普及していた。

▷7　エドワード・クック
もともとは，国王大権の強い支持者であったが，人民訴訟裁判所および王座裁判所の首席裁判官となり，次第にコモン・ローの至上性を強く主張するようになった。また，彼は庶民院議員として国王の専制に対する議会の反対運動を指導し，権利請願の起草に関わった。主著『判例集』（13巻，1600～59年）と『イングランド法提要』（４巻，1628～44年）は，高い権威を有している。

▷8　Ⅳ-7-2 参照。

読書案内
中世から現代までのマグナ・カルタのありようを知りたい人は，深尾裕造編『マグナ・カルタの800年――マグナ・カルタ神話論を越えて』（関西学院大学出版会，2019年）を手に取ってみてはどうだろうか。また，高木八尺・末延三次・宮沢俊義編『人権宣言集』（岩波書店，1957年）で権利請願や人身保護法，権利章典を読んでみることもすすめたい。

10 カラス事件

図1　ヴォルテール

出典：Les musées de la Ville de Paris.

▶1　**ヴォルテール**
本名はフランソワ=マリー・アルエ。フランスの啓蒙思想家。自由主義的思想を展開し投獄や亡命も経験した。

▶2　**カルヴァン派**
宗教改革者カルヴァンの影響を受けて展開したプロテスタント主義の一系統を指す。改革派教会あるいは長老派とも呼ばれる。旧・新約聖書の本質的一致，国家に対する教会の自由の強調などを特徴とする。宗教改革時代にはカトリック（旧教）に対して改革派といわれ，ルター派とともにプロテスタント（新教）の一部となった。

▶3　Ⅱ-3-4 ▶5参照。

18世紀ヨーロッパでは啓蒙思想が盛んになった。その中でも，モンテスキューの『法の精神』（1748年），ルソーの『社会契約論』（1762年），ディドロの『百科全書』（1751〜72年）などに代表されるフランス啓蒙思想が有力であった。彼らと並ぶ思想家が，カトリック教会を批判し，『哲学書簡』（1734年）でイギリスを賛美した**ヴォルテール**[1]である。

1 時代背景

ヴォルテールの活動により有名になった冤罪事件が「カラス事件」である。この事件の舞台である南フランスの町トゥールーズは，昔から「異端の首都」とも呼ばれるように，宗教上の激しい分裂抗争が長く続いた地であった。16世紀には約2万人もの**カルヴァン派**[2]の人たちが暮らしていたとされ，大学の発展，高等法院[3]の設置がみられ，経済的・文化的にも繁栄していた。他方で，同地は古い慣習や伝統の強い町でもあった。この地は新教徒と旧教徒の勢力がいずれも強力であり，激しい対立を引き起こす条件が備わっていたとされる。1562年には旧教徒による新教徒虐殺事件（異教徒から国家の危機を救った「解放記念日」とされる）が起こっており，カラス事件はちょうど解放記念日の200周年にあたり，新教徒に対する迫害と偏見が急速に盛り上がっていたときの出来事であった。この頃，**七年戦争**[4]によってフランスは植民地を失い，戦費調達のため重税が課され，海外との商取引は停滞し，物価が上昇，失業者が増加し，生活苦から浮浪者化した農民が街にあふれだしていた。トゥールーズは社会的混乱の一歩手前の状況にあった。民衆が貧困で苦しむとき，彼らは政治的，経済的あるいは社会的な混乱の要因を，しばしば神秘的なものや不合理な信仰によって説明づけようとする。その場合に誰かが混乱の責任を負わされ，犠牲者にされる。1761年のトゥールーズでは，それがプロテスタントに課された。

2 事件の概要

1761年10月13日，トゥールーズの商業区フィラティエ街にあるカラス家で事件は起こった。家長のジャン・カラス，妻アンヌ=ローズ・カビベルとの間には29歳のマルク=アントワーヌ，ピエールの他，一男二女（事件当日は不在），25年間仕えるカトリックの女中がいた。事件当日，カラス家の縁戚ラヴェスは，カラス家の夕食に招かれていた。食後にマルクが1人先に食卓を離れた。

9時半頃，ラヴェスが帰るというのでピエールが明かりをもって階下に降りたところ，2人は首にロープを巻いた兄マルクの死体を発見した[5]。一家が大騒ぎしている物音を近所が聞きつけ，店の前に人だかりができた。変死人が出たという知らせが市参事ダヴィッド・ド・ボードリグに伝えられると，彼は補佐判事を伴って現場に直行し，十分調べることなく，群衆の噂を信用して，当夜カラス家にいた5人を逮捕した。市参事が法の手続を無視した措置に出たのは，カラス一家ならびにラヴェスが新教徒であったからである。

事件の審理にあたっていた市役所の判事らは容疑者たちの自白が得られないまま，1761年11月18日カラス夫妻と次男ピエールの3人を拷問にかけ，ラヴェスと女中の2人はこの拷問に立ち合うべしという判決を下した。しかしこの判決は，市役所に許された権限を超える箇所があったため，高等法院が異議を申立て，事件の再審理にあたることとなった。高等法院では13名の判事が審理を再開したが，市役所の場合と同様に決定的証拠を見出すことができないまま，結果的にカラスの死刑を決定した。その判決は，裁きの正しさを立証すべく，カラスの自白を引き出すために拷問を科し，その後に車責めの刑で死罪という内容であった。1762年3月10日，最後の拷問が加えられたがカラスは罪を認めず，町を引き回される間も「私は無罪だ」と叫び続けた。

3 ヴォルテールの「寛容論」

カラス事件を知ったヴォルテールは，当初からカラスの無罪を信じていたわけではないが，情報を集めるにつれ，次第に冤罪の可能性を考えるようになる。カラス一家の弁護に立ち上がった彼は，家族の声を聞き，弁護団を結成して積極的に活動，『寛容論』（1763年）を発表して，カラス一家の無罪を主張した。その中で，不寛容は決してキリスト教の本来の教えではないことを聖書や歴史から論証し，不寛容な狂信を戒めて，寛容を説いた。ヴォルテールは，『哲学辞典』（1764年）の中で「寛容」について次のように述べている。すなわち「寛容とは何であるか。それは人類愛の領分である。我々はすべて弱さと過ちから作りあげられている。我々の愚行を互いに許しあおう。これが自然の第一の掟である[6]」。彼は教会の特権・偏見に反発して宗教的寛容を唱え，後のフランス革命の精神的地盤の形成に大きな貢献をした。

ヴォルテールによる運動の結果，1763年3月7日，国王顧問会議はカラス事件の再審の請願を満場一致で認めた。そこで事件がもう一度調べ直され，1764年6月4日，国王顧問会議は原判決破毀の決定を下した。翌年3月9日，同法廷は全員一致でカラスの名誉回復および被告人全員の無罪を言い渡す判決を下し，国王ルイ15世からカラス一家に3万6000リーヴルが下賜された。この事件は，当時の刑事裁判制度の問題を浮き彫りにするとともに，フランスの刑法改革を推し進める契機となったものである。

（中野万葉子）

▶4　**七年戦争**
1756～63年。シュレジエン奪還を目指すオーストリアと，プロイセンとの戦い。オーストリア側にはフランス・スペイン・ロシアが，プロイセン側にはイギリスがついた。イギリスとフランスは並行して植民地支配の覇権をめぐり，北アメリカ・インドでも戦った。1762年ロシアがプロイセンと講和を結ぶと戦況はオーストリア不利へと転換し，63年フベルトゥスブルク条約で講和が成立，プロイセンはシュレジエン領有を守った。

▶5　マルクは文学青年で，商売人に不向きな性格だった。法務関係の仕事に就こうとしていたが，それにはカトリック教徒である証明書が必要なため，それもかなわず，命を絶つことを決意していたとされる。家族は自殺説を当初申立てておらず，それは自殺者に対する不名誉な仕打ちを避けるためであった。自殺はカトリック教会法の影響で重大な犯罪行為とされ，町中を引き回され，郊外の穴に棄てられることになっていた。

▶6　高橋安光訳『哲学辞典』（法政大学出版局，1988年）386頁。

読書案内

カラス事件については，小林善彦「カラス事件」『学習院大学文学部研究年報』第11輯（1964年）や石井三記『18世紀フランスの法と正義』（名古屋大学出版会，1999年）でわかりやすくまとめられている。

6　自然法と絶対主義

11 水車粉屋アルノルト訴訟

図１　大王に請願しようとする貧しい夫婦の様子を描いたメンツェル画「請願書」

出典：Wikimedia Commons.

君主を国家の「第一の下僕」としたフリードリヒ２世（大王）は，啓蒙絶対君主の代表例である。大王は，啓蒙思想家ヴォルテールとの親交でも知られ，オーストリア継承戦争（1740～48年）と七年戦争[1]（1756～63年）を戦い抜いてプロイセンを列強に連なる存在にまで成長させた。1891年，訪日中のロシア皇太子（後の皇帝ニコライ２世）が沿道警備中の警察官に斬りつけられ負傷した（大津事件）。政府は日露関係悪化を恐れて犯人津田三蔵に死刑を求めたが，大審院長の児島惟謙はこの要請を拒否し，無期徒刑の判決を指示した。

▷１　Ⅲ-6-10 ▷４参照。

1 訴訟の経緯

水車粉屋アルノルトは，領主シュメッタウ伯の荘園内に製粉水車を所有し，稼ぎから一定額を賃料として領主に支払う義務を負っていた。1770年，上流に領地をもつ郡長ゲルスドルフが養鯉池を設置すると，アルノルトは水量不足で十分な稼ぎが得られなくなったとして賃料支払を拒んだ。領主はアルノルトを訴え，敗訴したアルノルトは水車を競売にかけられた。アルノルトは水車を取り戻すべく何度も大王に請願を行った。事態を重くみた大王はついに自判[2]を決意し，1779年12月11日，原判決を破棄してアルノルトに原状回復を認め，また王室裁判所判事の拘禁など関係者の処分を命じて，次のように述べた。

「もはや水を有さず，それゆえ粉挽きができず，それゆえ稼ぎが得られない水車粉屋から，賃料を支払わないからといって，水車を奪うことが許されるだろうか？」「最も卑しい農民ですら，否それどころか乞食ですら，余とまったく同じ人間であること，王子が農民を訴えたときも，その逆のときも，司法の前ですべての人は平等であるように司法が行われることを心得ておかねばならない」「不正を行う裁判所は，盗賊団よりも危険で悪辣だからである。何人も，盗賊団から身を守ることはできても，自己の邪な情念を行うために司法のマントをまとった悪党から逃れることはできないからである」。

▷２　近世ドイツでは，大権判決や裁可権行使といった君主による自判がよくみられた。これは国王大権ないし主権に由来する最高裁判官としての権限が君主にあるという中世的とも近代的とも取れる考え方に基づく。主に民事事件において原審の判決に囚われずに君主が自らの判断を示したものを大権判決，主に刑事事件において原審の判決を承認・拒否ないし加重・減免したものを裁可権行使という。裁可権行使（による放免）と恩赦の違いは，有罪判決が確定する前か後かの違いである。

2 プロイセン一般ラント法（1794年）の編纂

アルノルト訴訟で処分された関係者には，当時の大法官フュルストも含まれた。司法改革に消極的だったフュルストが罷免され，その後任に改革派のカルマーが選ばれたことで，プロイセンの司法改革と法典編纂事業は一気に加速した。カルマーの右腕として活躍した司法官僚のスヴァーレツは，第二のアルノルト訴訟の発生を回避[3]するため，一般市民が読んでも誤解の余地のない具体的かつ網羅的な法典を構想した。

こうして完成したプロイセン一般ラント法は，1万9000条にも及ぶ膨大な規定によって，啓蒙絶対主義の国家像を公私法にわたって余すところなく描き出すものとなった。規定があまりにも具体的だったため，一般ラント法の公法規定は社会構造の変化に対応できず，短命に終わった。しかし，私法規定については1900年にドイツ民法典[4]が施行されるまで効力を有し，19世紀プロイセンに法的安定性をもたらした。

3 司法権の独立

大津事件では，旧刑法116条の大逆罪（「天皇三后皇太子ニ対シ危害ヲ加ヘ又ハ加ヘントシタル者ハ死刑ニ處ス」）をロシア皇太子にも類推適用するよう求めた政府に対し，大審院長として司法権のトップにあった児島が罪刑法定主義の立場からこれを拒否した。これは近代日本における「司法権の独立」への重要な里程標とされる。もっとも，この事件の担当判事ではなかった児島が担当判事たちに謀殺未遂罪（旧刑法292条）を適用するよう説得して回ったことは，「裁判官の独立」に抵触する行為だったと評せざるをえないだろう。

アルノルト訴訟では，刑事部を管轄していた国務大臣ツェドリッツが大王の指示に最後まで反対し，大王の示した判決への副署を拒んだことが，プロイセン（あるいはドイツ）における「司法権の独立」への重要な里程標とされてきた。そのせいか，同時代から20世紀後半まで，史料を精査することなくアルノルトを訴訟狂だと決めつけたり事件を審理した裁判官たちを称賛したりする文献が濫造されてきた。しかし，現存する史料を網羅的に検討したディーセルホルストの研究は，実際に水量不足が生じていた可能性が高く，また裁判所が（賃料減免請求ができない）永小作人だと認定したアルノルトが実際には（減免請求ができる）賃借小作権者だった可能性を指摘している。また当時の法制を丁寧に分析したレプゲンは，裁判所の認定を支持しつつも，当時は永小作関係でも賃料減免請求が認められていたことを指摘し，裁判所がこの問題を検討しなかったことに瑕疵があるとした。

もちろん，大王の介入が仮に妥当だったとしても，それは結果論にすぎない。大王は，請願を受けて現地に派遣したホイッキング大佐の調査報告をほぼ鵜呑みにして，自然法的衡平に照らして（つまりは自己の正義感に基づいて）判決しただけで，当時の現行法を厳正に解釈・適用したわけではない。しかしながら，大王を英雄視する必要がないのと同じくらい，権利の回復を求めたアルノルトを訴訟狂だと貶める必要もないし，関係した裁判官たちの判決を完全無欠だったかのように偽装する必要もまたないだろう。21世紀の現在「司法権の独立」は歴史を歪曲しないと守れないほど脆弱ではないはずである。　（屋敷二郎）

▶3　プロイセン一般ラント法の内容を一般国民に伝えるため，スヴァーレツはゴスラーとの共著『プロイセン国民の法律教育』を執筆したが，他のより一般的な法律問題と並んで「隣人が設置した建造物のゆえに風車が回らず収入が得られなくなった場合」というやや特殊な問題がわざわざ取り上げられていることから，同書（とプロイセン一般ラント法）の目的の一つが第二のアルノルト訴訟の回避にあったことが読み取れる。実際，プロイセン一般ラント法は第1部第21章で水車の賃料減免に関連する条文に全19条も割いている。ここでは，その一部を掲げておく。

534条「水量の不足又は過剰のため自己の責なく発生した水車の停止に対し，水車小作人は停止期間に応じて減額を請求できる。」

535条「ただし，この水量の不足又は過剰が当該地域で通常の出来事である場合，小作人がそのような免除を請求することは認められない。」

536条「14日以下の停止については，いかなる場合でも顧慮されない。」

Ⅲ-6-1 も参照。

▶4　Ⅳ-8-3 参照。

読書案内

『概説西洋法制史』第19章「啓蒙主義と法典編纂」を読めば，本節の内容をより広く深く学ぶことができる。フリードリヒ大王の評伝としては，屋敷二郎『フリードリヒ大王——祖国と寛容』（山川出版社，2016年）がある。

第Ⅳ部

近現代ヨーロッパの法と社会

7　近代法の枠組み

1 総　説

本章では，近代における法の発展を取り上げる。身分制社会や絶対王政を打倒したのは，各国で勃発した市民革命であった。例えば，イギリスのピューリタン革命や名誉革命，アメリカ独立革命，フランス革命などである。これらの革命で主導的な役割を果たしたのが市民（ブルジョワジー）であった。こうして新しい時代，すなわち近代が幕開けし，近代市民社会が成立した。市民が力を伸ばすようになった背景には，産業革命がある。イギリスで始まった産業革命は，一方で資本家を，他方で労働者を生み出すとともに，世界を資本主義体制に組み込んでいった。新時代の到来は，社会や経済を抜本的に変革しただけではなく，「近代法」と「近代法学」の誕生を伴うものであった。

1　近代法の誕生

近代以前の社会では，法は身分や団体ごとに作られており，それゆえ具体的で個別的であるという特徴をもっていた。それに対し，新たに成立した近代市民社会では，身分や団体は否定され，「すべての人間は自由で平等である」という原理が打ち立てられた。この原理は，「すべての人は平等につくられ」「一定のゆずることのできない権利を与えられている」と記した1776年のアメリカ独立宣言や，「人は，自由，かつ権利において平等なものとして生まれ，そして，生存する」と謳った1789年のフランス人権宣言（「人および市民の権利の宣言」）に確認できる。こうして，**自由主義**[1]や個人主義を基調にし，かつ，高い抽象性と普遍性（一般性）を備えた「近代法」が誕生したのである。

近代法原理の確立は，新たな法典の編纂や法学の成立を促した。とくに憲法・刑法・民法という主要法分野において，近代法原理の影響は絶大だった。

市民革命は，各国に憲法[2]を誕生させた。アメリカでは独立宣言を，フランスでは人権宣言を織り込んだ憲法がそれぞれ制定された。憲法は人権を保障し権力分立を規定するもっとも重要な法律であり，統治はこの憲法に基づいて行われなければならないという考え方，すなわち立憲主義思想が浸透していった。19世紀に入ると，アメリカ，フランス以外のヨーロッパ各国でも次々と憲法が制定され，この波は日本にも及び，1889年に大日本帝国憲法が制定されたのである。

当初，人権の中核をなしたのは，国家の干渉から個人の自由を守るという自由権であった。しかし，国民が主権者であるという考え方が広がりをみせるようになると，政治に参加する権利が新たに人権に加えられた。こうして，財産

図１　バスティーユ牢獄の襲撃

出典：Wikimedia Commons.

▶1　**自由主義**
個人の自由を尊重し，これに対する国家や共同体の干渉を排除しようという政治思想。抑圧に対して自由を求めるという思想は古代まで遡ることができるが，17，18世紀の，とりわけ市民が積極的に主張する自由主義は，革命を推進する力となった。こうして革命以降，個人の諸自由は人権として，各種の法律の中で不可欠な要素となっていった。

▶2　1787年のアメリカ合衆国憲法，1791年憲法以降のフランスの各憲法，その後ヨーロッパ各国が制定した憲法はいずれも，文章で書き表された「成文憲法」である。それに対し，イギリスは成文憲法をもたない「不文憲法」の国として知られる。13世紀のマグナ・カルタ，1628年の権利請願，1689年の権利章典などが憲法の構成要素となっており，これらを通して「法の支配」や「議会主義」といった原則が打ち立てられた。Ⅱ-3-3　Ⅲ-6-3参照。

や性別に基づく制限選挙を廃止し，普通選挙の実現を求める運動が展開され，より民主的な政治体制の構築が目指されるようになった。

市民革命は，刑法のあり方を一変させた。近代的な刑法が誕生する以前は，国家（君主）の代理人たる裁判官が罪と罰を決定するという罪刑専断主義が採られ，また，苛酷な拷問や処罰が横行していた。しかし，啓蒙思想や社会契約説が登場すると，国家による刑罰権の濫用から個人の自由を守るべきだと考えられるようになった。こうして成立したのが罪刑法定主義，すなわち，犯罪として処罰するためには，何を犯罪とするのか，どのような処罰を与えるのかをあらかじめ法律によって定めておかなければならないという原則である。例えば，フランス人権宣言８条は「法律は，厳格かつ明白に必要な刑罰でなければ定めてはならない。何人も，犯罪に先立って制定され，公布され，かつ，適法に適用された法律によらなければ，処罰されない」と定め，その後の憲法や刑法の中に採り入れられた。

このように，罪刑法定主義は人権の保障に不可欠な原則であり，近代以降，各国の憲法や刑法に明記されるようになる。その際，ドイツの刑法学者フォイエルバッハ[3]が唱えた「法律なくして刑罰なし」は，罪刑法定主義の成立と普及に大きな影響を与えた。

市民革命は，民法に新しい諸原則をもたらした。民法は，私人と私人の権利義務関係を規律する私法を代表する法律である。近代市民社会では，人々が国家や団体の規制を受けることなく自由に経済活動できるとされた。自由な経済活動を実現するため，すべての人は等しく権利を行使し義務を果たす資格をもつ（権利能力平等の原則），所有権は国家や他者によって侵害されない絶対的な権利である（所有権絶対の原則），私人間の法律関係は彼らの自由な意思に基づいて決定できる（私的自治の原則）といった原則が民法の中心に据えられ，資本主義経済の展開を促した。

19世紀に行われたフランス，オーストリア，ドイツにおける民法典編纂の意義は，これらが21世紀の現在まで使い続けられていることからも明らかであろう。また，これらの民法典は，明治日本における民法典編纂[4]に影響を与えたという意味でも重要である。

2 近代法の「限界」

「すべての人間は自由で平等である」という原則は，近代法の下では不完全にしか実現されていなかった。性別[5]や財産に基づく差別が歴然と存在した他，資本家と労働者という決して対等ではない関係も私的自治の原則の前では配慮されず，貧困や失業，疾病は個人の問題として自己責任の範疇で捉えられた。このような近代法が抱える問題解決には，現代法の登場を待たねばならない。

（的場かおり）

▶3 Ⅳ-7-3 参照。

▶4 日本の民法典編纂は紆余曲折の歴史をもつ。まず，フランス民法典（1804年）に倣った民法典（旧民法）が1890年に完成したが，その施行をめぐり論争が勃発し，最終的には施行延期となった。その後，当時完成したばかりのドイツ民法典をはじめ，各国の法典を参照にした民法典（明治民法）が新たに作られ，1898年に５編（総則・物権・債権・親族・相続）すべてが施行された。この明治民法の構成は，現在まで引き継がれている。

▶5 フランス人権宣言に性差別が潜んでいることを一早く世に知らしめたのが，グージュの「女性および女性市民の権利の宣言」（1791年）である。人権宣言の「人」「市民」は「男性」「男性市民」を指しており，女性の権利が保障されていないとして，グージュは女性のための権利宣言を執筆したのである。その後彼女は，ルイ16世や君主政を擁護したとして，反革命の罪に問われ，死刑に処された。

読書案内

まずは，ヨーロッパにおける近代の全体像を摑むことから始めてみよう。福井憲彦『近代ヨーロッパ史』（筑摩書房，2010年）では，市民革命や産業革命，帝国主義といった近代を特徴づける事象が丁寧に説明されている。次に，近代法の根幹に置かれた人権の歴史を理解するには，浜林正夫『人権の思想史』（吉川弘文館，1999年）がおすすめである。

2 人権の誕生

人間が生まれながらにもつ自由や平等は，人権ないし基本的人権と呼ばれ，国家や政府も侵すことのできない権利であるという考え方が，近代市民革命の中で出されたアメリカ独立宣言（1776年）やフランス人権宣言などによって確立された。近代の人権は，自由権的基本権がその中心となる。

1 人権宣言前史の人権思想

中世ヨーロッパの封建社会において，後の人権思想の萌芽を示すような文書として，イギリスの**マグナ・カルタ**[1]（1215年）がある。これは国王が封建貴族たちの諸要求を反映した契約文書であり，個人の権利や自由を宣言するものではなかったが，後世における解釈と再確認を通して，その内容上の制約を超えて発展し，権利保護のシンボルとしての意味をもつようになる。17世紀にいたり，権利請願（1628年）は議会の承認なく賦課金などを課すことを禁止し，また，一定の身体の保障を掲げたが，人身保護法（1679年）はこの自由の保障に，より強い実効性をもたせる手続規定を詳細に設けた。その後，名誉革命の所産である**権利章典**[2]（1689年）が成文法として登場し，国王は議会の協賛を経ずして法律の効力を停止し，租税を賦課できないこと，さらには請願権，議会における言論の自由ないしは一定の刑事手続の保障などが宣言された。しかし，それらは天賦の人権を宣言するのではなく，祖先から継承したイギリス国民の権利を確認するものであった。これらの権利や自由は，近代の人権と同一には論じられないが，これに発展する萌芽を含んでおり，その芽が近代自然法思想と相まって，人権にまで成長することにつながったのである。

2 アメリカにおける独立革命と人権

人権宣言は18世紀末，アメリカとフランスの両革命の結果として成立することとなる。まず，ヴァージニア植民地が1776年５月に協議会を開いて独立を決定し，同年６月12日にヴァージニア権利章典が採択された。この宣言文書は全文16条から成るものであり，その中には，天賦不可侵の自然権として，幸福追求の手段を伴う生命，自由の享受，財産の所有とともに，抵抗権を挙げ，次いで，陪審裁判の保障や一般逮捕状の否認などの手続規定，さらには，言論・出版の自由，信教の自由などが掲げられている。

この影響を受けて，1776年７月４日に大陸会議において，**トマス・ジェファ**

図１　フランス人権宣言

出典：Les musées de la Ville de Paris.

▶1　**マグナ・カルタ**
Ⅱ-３-３参照。著名な39条は，「自由人は，その同輩の合法的裁判によるか，または国法によるのでなければ，逮捕，監禁，差押，法外放置，もしくは追放をうけ，またはその他の方法によって侵害されることはない」と規定するが，ここでの「自由人」は封建社会における一定身分の範囲に限定される。

▶2　**権利章典**
イギリスの名誉革命の後を受けて，それに法的根拠を与えるため1689年12月に制定された法律。正式には，「臣民の権利と自由を宣言し，王位継承を定める法律」という。

▶3　**トマス・ジェファソン**
アメリカ独立戦争期の指導者の一人で，植民地のプランテーション経営者であっソン[3]らが起草した宣言文を可決，公表したのが独立宣言である。この文書は，個別的な人権カタログを主張しないが，その前半部分で，ロックの自然権思想に基づいて，人権の自然法的基礎づけを行い，生命，自由および幸福追求の権利をもって天賦の権利となし，さらに，ヴァージニア権利章典と同様に，人民に抵抗権の存することを承認している。

独立宣言の理念を継承し，世界最初の共和政原理に基づいて制定された近代憲法が，1787年の合衆国憲法である。しかし，合衆国憲法には権利章典がなく，憲法の批准をめぐり，連邦派と反連邦派の激論が巻き起こった。各邦（当時まだ国家＝邦の連合体であった）からの付帯決議を受け，1789年3月の第1回連邦議会において憲法修正として提示された権利章典案は，その後に所要数の州の承認を得て，1791年9月に修正1～10条として合衆国憲法に追加された。

3 フランスにおける近代革命と人権

ヨーロッパの人権宣言の先駆をなすものは，1789年のフランス人権宣言である。フランス革命初期の1789年6月に成立した国民議会は，この人権宣言の制定作業に着手した。議会は，最終的な採択にいたるまでに紆余曲折の審議を経なければならなかったが，1789年8月26日に人権宣言を採択した。これはアンシャン・レジームに対する闘争の所産であり，革命をもたらした市民階級の主張・要求を反映するものであった。

人権宣言は，人がすべて「自由，かつ権利において平等なもの」（1条）として生まれたとし，そのような人一般の自然権として，「自由」「所有」「安全」「圧制への抵抗」という4つのカテゴリーを掲げている（2条）。自由，所有および安全は，いずれも国家からの自由として観念されており，広い意味での自由は「他人を害しないすべてのことをなしうること」にほかならず，平等に保障されなければならない（4条）。精神的自由については「思想および意見の自由な伝達」が「人の最も貴重な権利の1つ」（11条）と規定された。経済的自由については，所有が，自然権の中でも「神聖不可侵」なものとされている（17条）。

フランス革命期の法原則の特徴の1つが個人主義の原則であるように，人権宣言の中には，集会・結社の自由のような集団的自由を認めた規定はない。1791年のル・シャプリエ法[4]は，あらゆる職業的団体の結成および争議行為を刑罰によって禁止した近代市民国家の典型的立法と称される。この法の基礎には，国家と個人の間に介在する「中間団体」を否認することで，一般利益の実現を図っていこうとする考え方（ルソー）と，個人間の自由競争が最良の結果を生み出すという自由主義思想がある。他方，こうした個人の自由に対する信頼は自由を基調とする近代市民社会の活力になったものの，19世紀半ばに進展する産業革命の結果，顕在化してくる使用者と労働者の間の力の不平等という事実によって揺らぎが生じることになる。

（中野万葉子）

た。弁護士を経て，議員として大陸会議代表となる。独立宣言草案を執筆。ワシントン大統領の下で初代国務長官。連邦派に対抗して，リパブリカン党を結成。1801年に第3代大統領となる。

図2　ジェファソン

出典：Wikimedia Commons.

▷4　ル・シャプリエ法
正式名は「同一の身分および職業の労働者および職人の集合に関するデフレ」。自由な経済活動を促進するために，その1条で職業の実施に際してギルド的規制を行うコルポラシオン（同業組合）の廃止を，4条でコアリシオン（一時的団結）による賃金に関する無効を規定する。その後の産業資本主義の発展に呼応して，労働者の団結の要請が高まり，1864年に同法は廃止された。Ⅳ-8-8 参照。

読書案内
人権宣言の歴史的意義は高い反面，当初から多様な解釈と批判の対象にもなっていた。人権宣言の普遍的意義と歴史的限界については，深瀬忠一他編『人権宣言と日本――フランス革命200年記念』（勁草書房，1990年）が詳しい。

7　近代法の枠組み

3　フォイエルバッハと罪刑法定主義

図1　パウル・ヨハン・アンゼルム・フォン・フォイエルバッハ

出典：Kipper, E., *Johann Paul Anselm Feuerbach, sein Leben als Denker, Gesetzgeber und Richter.* 2.,unveränderte Auflage, Köln, 1989.

犯罪とそれに対する刑罰は，あらかじめ法律で定められたものでなければならないという原則，いわゆる罪刑法定主義は，近代以降の社会を形づくる根本原則の一つと考えられている。日本国憲法31条の定める法定手続の保障（適正手続主義）もまた，罪刑法定主義から派生したものである。

1　大変革の時代

18世紀後半から19世紀前半にかけては，刑事法に大変革が訪れた時代であった。**ベッカリーア**[1]の『犯罪と刑罰』（1764年）に代表される啓蒙主義的刑事法改革への要求はこの時代に現実の立法，そして実務において現実化しつつあった。ベッカリーアは，旧来の刑罰制度の非合理性・非人道性を鋭く批判したが，その中核には自然法思想に由来する，いわゆる**社会契約説**[2]が置かれていた。国家の刑罰権を，本来の担い手である国民から合意に基づき移譲されたものと考え，恣意的な行使を原理的に許されないものとする彼の見解は，死刑や当時の糾問主義的刑事手続[3]において必要不可欠のものとされていた拷問の廃止，そして罪刑均衡の主張へとつながり，啓蒙絶対君主に受け入れられたことで各領邦国家における立法において実現されていくこととなった。しかしベッカリーアの思想は，単純に刑事法や刑罰の緩和を求めるだけのものではなかった。彼は例えば罪刑法定主義を，刑罰のもつ威嚇という役割を十全に機能させるための前提として理解している。ここで考慮されていたのは徹底した功利主義[4]であり，このことは続く時代に本格化した罪刑法定主義の形成にもプラスとマイナスの両面で影響を及ぼすこととなった。

2　「近代刑法の父」フォイエルバッハの生涯と業績

こうした状況下，フォイエルバッハはドイツ東部イェーナ近郊の寒村にて生を享けた。紆余曲折を経てイェーナ大学に入学した彼は哲学研究に没頭していたが，婚姻を機に転向し法律学の学位を得るとすぐに，代表的著作である『実定刑法の根本原則および根本概念の省察』（1799～1800年）と，刑法学の教科書である『現行ドイツ普通刑法綱要』（1801年）とを著した。この教科書は死後も版を重ね読み継がれることとなり，これに対する評価がフォイエルバッハに対し「近代刑法の父」としての名声を与えることとなった。これらの著作において彼は，刑罰が道徳的非難とは切り離され，外面的な法律違反行為のみを理由

▶1　**チェーザレ・ベッカリーア**
イタリア出身。ミラノ大学で教鞭を執った，刑事法学者にして経済学者。ミラノの行政にも参画している。

▶2　**社会契約説**
もともと自由で平等な立場にいた個人が互いに契約を結ぶことで国家が形成されたとする思想であるが，ベッカリーアは個人に犯罪に対する復讐権があることを前提に，社会契約によってそれが譲り渡されることで国家が刑罰権をもつとされる点を強調した。

▶3　Ⅲ-5-7 参照。

▶4　功利主義はジェレミー・ベンサムの「最大多数の最大幸福」という語に象徴されるが，ベンサム以前からすでに啓蒙思想の中に現れていた。

として科されるべきものであること[5]，理性において自由である人間の行動に対する制約は感性に対する働きかけ以外によっては実現できないこと，およびそのための手段として法律による犯罪と刑罰との結合の明確化と実行された犯罪に対して確実にそれと結びつけられた刑罰の執行が必要になることを主張した。これがいわゆる心理強制説であり，この思考枠組みの下でフォイエルバッハは，「法律なくして刑罰なし」「犯罪なくして刑罰なし」「法律による刑罰なくして犯罪なし」の標語を教科書に残したのである。

彼の業績はしかし，このような研究著作の領域にとどまるものではなかった。その後バイエルンに招かれたフォイエルバッハは司法省の顧問として立法に携わることとなり，難航の末に1813年，バイエルン王国刑法典を完成させた。この刑法典は「法律なくして刑罰なし」の原則に従うものであり，また道徳的要因を考慮の外に置き，外面的な行為とその結果のみを刑罰の前提とする意味において，まさしくフォイエルバッハの業績といってよいものであった。しかし，この刑法典はその後のフォイエルバッハに大きな辛苦をもたらした[6]。刑法典にはいくつもの欠陥があり，彼は自身が司法実務に携わることでこれに直面させられてすらいる。この時期，彼は有名な『カスパー・ハウザー[7]』(1832年) に代表される犯罪文学的な作品も手掛けたが，刑法典改訂作業の行き詰まりの中で自ら職を辞し，58年の生涯を閉じた。彼の名声は息子たちに受け継がれ，その中でも四男ルートヴィヒ・アンドレアス[8]は父が当初目指していた哲学の領域においてその名を歴史に残している。

3 「法律なくして刑罰なし」原則のその後

フォイエルバッハの心理強制説は「人を犬のように扱うもの」(ヘーゲル) であるとして発表直後から強い批判を受けた。また，すでに述べた通り，彼の思想の産物である刑法典は高い評価に値するものとは言い難いことも事実である。

しかし，「法律なくして刑罰なし」の原則は，次の一点においてそれまでの威嚇を中心とする刑罰目的論とは一線を画していた。それは，刑罰が正当化されるための根拠として，犯罪に対する刑罰の確実な執行を要件としていたことである。このことは必然的に，国家の司法権に対し厳格な拘束をもたらす。恣意的な刑罰権行使を戒めながらももっぱら威嚇による効果のみを強調したベッカリーアの思想とは異なり，フォイエルバッハのこの法諺は，標語がもつ一般的な浸透力により，罪刑法定主義を近代世界に広く深く根づかせる原動力として作用した。たしかに，「近代刑法の父」という呼称については，彼だけがそのように呼ばれることの是非について議論の余地が大いにある。しかし，近代刑法の不滅の原則たる罪刑法定主義[9]の確立が，フォイエルバッハの寄与なくして実現しえなかったこともまた明らかなのである。　(藤本幸二)

▷5　犯罪が社会全体に与える影響を考慮するとき，刑罰は道徳的非難としての性質を与えられ，個々の犯罪が生んだ損害を超えて加重されていく。フォイエルバッハはそれを否定したが，この傾向はともすれば現代の刑罰をめぐる議論にも見て取れるものである。

▷6　フォイエルバッハは法典論争 (IV-7-6) につきティボー支持の立場を示したが，サヴィニーはバイエルン王国刑法典の失敗を引き合いに出してこれに応じたという。

▷7　カスパー・ハウザーとは，1828年，ニュルンベルクに現れたという正体不明の少年の名である。フォイエルバッハは彼に強い関心を抱き，援助を施すと同時にその行動等についての詳細な観察を行った。

▷8　**ルートヴィヒ・アンドレアス・フォイエルバッハ**
ドイツ出身，青年ヘーゲル派を代表する哲学者。代表的著作として『唯心論と唯物論』などがある。

▷9　罪刑法定主義が不滅の原則であるとしても，その正当性については不断の問い直しが必要であることはいうまでもない。

読書案内

フォイエルバッハの生涯に関しては『近世・近代ヨーロッパの法学者たち』第16章が，その思想に関しては福井厚『陪審制度論』(日本評論社，2019年) の「解題」が詳しい。また彼の犯罪文学作品には，西村克彦訳『カスパー・ハウザー』(福武文庫，1991年) により触れることができる。

7　近代法の枠組み

4　ナポレオンと法典編纂

フランス民法典（1804年）は，数ある法典の中で，近代化するヨーロッパ諸国の法典の模範となった。この法典化を実現したのが第一統領ナポレオン・ボナパルトである。フランス民法典は，法の前の平等，私有財産の不可侵，契約の自由など，革命によって確立した近代市民社会の法の諸原理を内容とし，部分的な改正を経ながら現行の民法典へとつながっている。

1　ナポレオンとフランス民法典

ナポレオンは，ブリュメール18日（1799年11月９日）のクーデタによって権力を奪取したのち，1800年に４名の実務法曹を起草委員に任命して民法典の編纂に着手した。古くからフランスの法源は，「慣習法地域」と呼ばれるフランクの慣習法を基礎とする諸々の慣習法が通用していた北フランスと「成文法地域」と呼ばれる中世ローマ法学に強く影響された慣習法が通用していた南フランスに分裂していた。[◁1] このことを受けて，起草委員には北部慣習法地域からトロンシェとビゴ・プレアムヌ，南部成文法地域からポルタリスとマルヴィルが選ばれ，２つの法伝統の調和が図られた。起草委員会が作成した民法典草案は，最初から１つのまとまった法典としてではなく，1803年３月から1804年３月にかけて36の単行法律として施行された。これらの別々の法律が1804年３月21日の法律により，１つの法典にまとめられ，「フランス人の民法典」と命名された。ナポレオンが皇帝となった第一帝政期には，彼の栄光を称え「ナポレオン法典」と名称が改められた（1807年）。なお，民法典の編纂に続いて，民事訴訟法典（1806年），商法典（1807年），治罪法典（1808年），刑法典（1810年）が相次いで制定され，民法典にこれら４つの法典を加えた５つの法典を「ナポレオン五法典」と呼ぶこともあった。

民法典は，ナポレオン１世の失脚により再び「フランス人の民法典」と呼ばれるようになったが（1816年），ナポレオン３世が帝位に就いた第二帝政期に「ナポレオン法典」の名称が復活した（1852年）。ナポレオン３世が失脚した後，1870年に成立した第三共和政以降は「民法典（コード・シヴィル）」と呼ばれ，現在にいたっている。

2　法典編纂の背景

フランス民法典の編纂者たちは，法典の編纂に際して役に立つ典拠，すなわ

図１　ナポレオン・ボナパルト

▷１　Ⅲ-５-５ 参照。

▷２　**ドマ**
1625年にオーヴェルニュ州クレルモン・フェランに生まれ，同地で２年前に生まれたパスカルとは生涯の親友であった。その後，ドマはパリでラテン語およびギリシア語の他に幾何学および神学を学び，さらに人文主義法学の巨頭キュジャスの伝統を引くブールジュで法学を学びローマ法に接した。

図２　ドマ

▷３　**ポティエ**
1699年にフランス北部の都市オルレアンに生まれ，同地のオルレアン上座裁判所評定官でありオルレアン大学教授でもあった。ローマ法，教会法とともに慣習法を研究し，債務法をはじめとする私法のあらゆる主要分野に関する概説を著し

ち，革命以前のフランス古法時代における法統一の要請と，それに応えるための作業の蓄積をすでに有していた。

北部慣習法地域においては，シャルル7世が「モンティル=レ=トゥール王令」(1454年) により，すべての慣習法の成文化を命じた。16世紀を通じて成文化作業が進み，「ブルゴーニュ慣習法」(1459年)，「オルレアン慣習法」(1509年)，「パリ慣習法」(1510年) などに代表される成文慣習法が整えられた。それに伴い，デュムーランやコキーユなどによる慣習法研究が進み，各慣習法の整序および共通原則の探究を通してフランス共通法が模索されるようになった。さらに，これに自然法思想が基礎を与えることによって，法の統一化・体系化の機運が高まった。

クレルモン・フェランの上座裁判所検事であった**ドマ**[2]は，その主著『自然的秩序における市民法』(1689～94年) の中で，民法研究を容易かつ有用にすることを目的として，「自然的秩序」を明らかにしたうえで，ローマ法を自然法的・合理的秩序に従って再構成し，体系化を試みた。また，オルレアン出身の**ポティエ**[3]は，「オルレアン慣習法」およびローマ法の研究はもとより，それまでに蓄積されてきたフランス法の概説書を参照しつつ，『債務法概論』(1761年) などの私法の主要な分野を網羅する概論書を著した。こうしたドマやポティエなどの業績は，フランス民法典に多大な影響を与えたとされ，彼らは「フランス民法典の祖」と呼ばれている。

法典編纂に向けての動きは，革命後に始まり，その下地となったのが，1789年の人権宣言である[4]。1791年には，フランス最初の成文憲法である1791年憲法が制定され，その中で全王国に共通する市民法を制定すべきことが明記された。

3 フランス民法典の特徴

フランス民法典は，スタンダールが絶賛したと伝えられる模範的な文体で知られる。その構成は『法学提要』[5]に由来する三分法をとっている。すなわち，第1編：人，第2編：物および財産，第3編：財産取得の諸方法に分けられ，全2281条から成る。この民法典は，近代資本主義の要請を満たす近代市民法典の先駆として，ヨーロッパをはじめ世界の国々の法典の模範となった。その特色は個人主義，自由主義の原理が貫かれている点にある。ナポレオンの失脚後も，フランス革命の理念とともに世界各国に影響を与え，各国の近代法典の編纂作業においてモデルとしての役割を果たした。**ボワソナード**[6]が中心となって起草された日本の明治時代における旧民法のモデルもまた，フランス民法典であった。

(中野万葉子)

た。アンシャン・レジーム期のフランス私法学を集大成したと評されている。

図3 ポティエ

▶4 Ⅳ-7-2 参照。

▶5 Ⅰ-1-8 ▶8，Ⅰ-1-11 参照。

▶6 **ボワソナード**

フランスの法学者で，1873年，「お雇い外国人」の一人として明治政府に招かれた。政府は不平等条約改正を目指して近代的な法典の整備を急いでいたため，ボワソナードに法典の起草を付託した。彼はまず刑法・治罪法の起草に取りかかった。1879年には，彼の最大の業績である旧民法の編纂に向かった。旧民法については，Ⅳ-7-1 も参照。また，彼は司法省法学校などで教壇に立ち，多くの法律家を育てた。

図4 ボワソナード

読書案内

フランスの法典編纂については，石井三記編『コード・シヴィルの200年』(創文社，2007年) が日本とフランスの法制史研究者と民法研究者によって，フランス民法典をめぐる外的・内的双方の視点から，フランス民法典の歴史的・今日的意義を明らかにしている。

5 オーストリアにおける法典編纂

図1　マリア・テレジア

出典：川成洋編『ハプスブルク事典』丸善，2023年，441頁。

▶1　**マリア・テレジア**
在位1740～80年。神聖ローマ帝国皇帝カール6世の娘。男子の相続者がいなかったことから，ハプスブルク家領を継承し，オーストリア大公となった（女帝とも称される）。隣国プロイセンをはじめ，反対する諸国との間でオーストリア継承戦争・七年戦争が起こった。これに対して女帝は，産業の育成や農奴の賦役軽減など，国内の諸改革と国力の維持に努めた。法典編纂もその一つである。

▶2　**ヨーゼフ2世**
在位1765～90年。マリア・テレジアの長男。「ヨーゼフ主義」で知られる啓蒙専制主義的な政策を展開した。

▶3　Ⅳ-8-9 ▶4参照。

▶4　**レオポルト2世**
在位1790～92年。ヨーゼフ2世の弟。兄とは対照的に急激な中央集権化を緩和しつつ，啓蒙主義的な諸改革を進めていった。

　啓蒙思想の影響を受けて，自国の近代化に努力した代表的な絶対君主といえば，プロイセンのフリードリヒ２世，ロシアのエカチェリーナ２世と並んでオーストリアの「女帝」**マリア・テレジア**[1]と息子の**ヨーゼフ2世**[2]も名を連ねる。プロイセンとの二度にわたる戦争を経る中で，マリア・テレジアは外政面では長年敵対関係にあったフランスとの同盟を結び（外交革命），内政面でも種々の改革に取り組んだ。自然法論に基づく諸法典編纂もその一つである。

1　法典編纂作業の開始から西ガリチア法典成立まで

　オーストリアにおける法典編纂の目的は，敵対するプロイセンとも共通していた。自然法論を基礎とし，それぞれ独自の法をもつ諸地域を法的に統合し，ローマ法をはじめ数多くの複雑に入り混じった法源や学説の争いを整理し，裁判の迅速化と費用削減によって臣民の福祉を実現することだった。

　その作業は難航した。刑事法典だけは，マリア・テレジアの在位中に完成され，司法行政の改善に寄与したという評価もあった。しかし1768年の施行当時，すでに「時代遅れ」とも評された。1753年に委員会が設置されたことに始まる民法典編纂にいたっては，1766年に提出された「テレジア法典」は結局，テレジアの裁許すら得られなかった。法文が膨大で，地域固有法やローマ法への依存度が高すぎたからである。作業は1772年に新たに発足した委員会に引き継がれたが，ここで簡潔化された草案も法典化されることはなかった。また，当初はその民法典の一部として予定され，後に独立させて作業を急がせた一般裁判所法も，裁判所の設置をめぐる諸邦の強固な反対に押され，公布されたのは1781年，息子ヨーゼフ２世の治世となってからであった。

　1765年以降は母親との共同統治，80年以降は親政を行ったヨーゼフ２世は宗教寛容令や農奴解放令など，啓蒙主義的な政策を積極的に展開したことで知られる。1786年に公布した民法典（「ヨーゼフ法典」）にも，例えば婚姻関係にない両親の子であっても基本的に嫡出子[3]と同じく相続権が認められるなど，啓蒙的精神が発揮されていた。しかし，母親も案じていた通り，あまりに急進的な諸改革は諸身分の反発を招き，晩年には多くの改革を撤回せざるをえなくなった。

　1790年，ヨーゼフ２世の弟**レオポルト2世**[4]はマルティニを長とする新委員会を発足させた。この委員会で作成された「西**ガリツィア**[5]法典」（1797年）は，依然としてローマ法の影響を強く残しつつも，「ヨーゼフ法典」と「プロイセン一般ラント法[6]」を参考とし，自然法の思想も強められた。「プロイセン一般ラント法」は民法典に特化しておらず，また，フランス民法典も成立する前であったことから，「西ガリツィア法典」をヨーロッパで最初の近代的民法典と称することもできる。しかし，この法典が西ガリツィアに試験的に導入されたにとどまり，全土には拡大されなかったことは，フランス革命の時代にあって，オーストリアにおける急進的啓蒙主義の終わりを意味した。

2 一般民法典の成立と特徴

皇帝フランツ2世により，1801年に新委員会が設置され，「西ガリチア法典」を修正した新たな法典が編纂された。一般民法典[7]である。完成した民法典は1811年に公布され，1812年に帝国で施行された。全1502条からなり，①人の法，②物の法，③人と物の法に共通な規定（権利義務の確定，変更，廃止および時効）の3編に分かれる。この構成は，ローマ法の中でも『法学提要[8]』の三分法に影響を受けたとされている。

起草を担当したマルティニの弟子ツァイラーは，カントの哲学に強く影響を受け，主著『自然私法』（1802年）において展開した公法・私法二元論を法典編纂作業でも反映させた。その結果，一般民法典は政治性を排除した高度に抽象的な私法体系となった。同時に，人と物の区別を徹底し，「自由な個人」を出発点とすることによって，例えば家長権の内容も，生殺与奪権まで含むローマ法上の概念から「自由な個人の共同体における利益の保護機関」として範囲も大きく制限され，従来は認められていなかった子どもの職業選択の自由（148条）や未成年者の婚姻の自由（52条）が認められるなど，自由と平等の観点からみて先進性をもつこととなった。

3 一般民法典のその後

一般民法典は「オーストリア帝国」の民法典として制定されたが，1867年以降はハンガリー王国が適用地域から外れ，第一次世界大戦後は，オーストリア共和国だけの民法典となった。もっとも，ハプスブルク帝国領から独立した諸国家が自国の民法典に置き換えていくには時間を要することとなった。

一般民法典の解釈と運用は，**ウンガー**[9]を通して，まずはドイツのパンデクテン法学[10]に接続された。19世紀後半から20世紀初頭にかけては，契約の自由や所有権の絶対という私法の諸原則が修正され，国民の生活を保障する社会政策のための法整備が求められた。民事**手続法**[11]の分野では，裁判官の職権を強化した新しい民事訴訟法（1895年）が制定され，「社会的弱者の保護」のためにふさわしいと評価された。しかし，**実体法**[11]である一般民法典は，部分修正や個別立法の追加法令でさまざまな変化に対応し続け，成立から200年を過ぎた現在もなお，現行法である。

（上田理恵子）

▶5 **ガリツィア**
ポーランド南東部・東部からウクライナ西部にかけての地域を指す歴史的名称。1772年に始まるポーランド分割により，ハプスブルク帝国領に編入された。

▶6 Ⅲ-6-11 参照。

▶7 Ⅳ-7-7 参照。

▶8 Ⅰ-1-8 ▶8，Ⅰ-1-11 参照。

図2 ツァイラー

出典：Ogris, W., 175 Jahre ABGB, Verlag Manz, Wien, 1986/87.

▶9 **ヨーゼフ・ウンガー**
民法学者。1857年よりウィーン大学正教授。

▶10 Ⅲ-6-8 参照。

▶11 **手続法・実体法**
実体法とは権利義務の発生，変更，消滅の要件等について定める法。民法，商法，刑法等がこれにあたる。実体法を運用する手続を定めた手続法と区別される。

読書案内
ハプスブルク帝国史を概観するには，岩崎周一『ハプスブルク帝国』（講談社，2017年）が新書版ながらも最近の研究成果も取り入れ，図版も多く，読みやすい。堀川信一「フランツ・フォン・ツァイラー」『近世・近代ヨーロッパの法学者たち』第17章によれば，ツァイラーの生涯と法思想について，哲学者カントからの影響も含めてたどることができる。

6 ドイツにおける法典編纂：法典論争とウィーン体制

1806年，ナポレオン１世が西南ドイツにライン同盟を結成すると，神聖ローマ帝国は崩壊し約40の領邦（ラント）に解体された。フランス革命の成果を定着させるものとしてナポレオンの指揮の下で制定されたフランス民法典の影響は，当時のドイツ地域をはじめヨーロッパ各国に，さらには明治日本にまで及んだ。

1 フランス法の継受とドイツ

ライン同盟はオーストリア，プロイセンに対抗する目的で創設され，最盛期の範囲は，これら二大国を除くほぼすべてのドイツに及んだ。事実上フランスの支配下に置かれた加盟国では，民法典をはじめとするフランス法の継受が行われたり企てられたりした。この状況は一足早くフランスに併合されたライン左岸地域も同じであった。こうしてフランス民法典はドイツ地域に持ち込まれたのだが，注目すべきは，フランス支配から解放された後も，ライン左岸地域ではフランス民法典が，バーデンではフランス民法典を基に制定されたバーデン・ラント法（1809年）が適用され，その適用期間はドイツ民法典の施行（1900年）まで実に１世紀近くにわたったことである。

各種の法典を整備し法の統一を達成したフランスに対し，ドイツは帝国解体後の国家像も定まらない状態にあった。このような中，一方ではフランス民法典の継受を，他方では対仏感情に基づくナショナリズムの高まりを背景に，統一法典の編纂をめぐる論争，いわゆる「法典論争」が勃発した。きっかけは，1803年から13年までフランス領，その後は**ヴェストファーレン王国**[◁1]領となっていたハノーファーの政治評論家レーベルクの論文である。彼はナポレオンの失脚後に「ナポレオン法典とそのドイツへの導入について」（1814年）を著し，フランス支配の象徴であったフランス民法典の破棄を主張するとともに，ドイツに法典は不要であるという立場を標榜し，旧体制への回帰を訴えた。

2 法典論争

レーベルクの主張に反論したのが，ハイデルベルク大学教授ティボーである。ティボーの見解は『ドイツにおける一般市民法の必要性について』（1814年）にまとめられたが，彼がここでいう「市民法」とは，現在私たちがイメージする民法ではなく，私法，刑法，訴訟法を包括する概念であった点に注意す

図１　ウィーン会議

出典：Wikimedia Commons.

▷1　ヴェストファーレン王国
ナポレオンの末弟ジェロームが国王を務めたヴェストファーレン王国は，ドイツ地域初の憲法（1807年）を制定し，フランス民法典を施行した。憲法は，貴族の封建的特権や隷農制を廃止し，営業の自由や信教の自由，平等権などを保障するという自由主義的なものであった。この国の体制はライン同盟加盟国の模範とされ，例えばバイエルンは1808年，ヴェストファーレン憲法に倣った憲法を欽定した。

図２　ティボー

出典：Wikimedia Commons.

▷2　ゲンナー
バイエルンのランヅフート大学で要職を歴任し，同大学へのフォイエルバッハや

べきである。ティボーは自然法思想に立脚したフランス民法典を評価し，ドイツでも統一法典の編纂が必要であると説いた。フランスから解放された今こそ，統一法典を編纂し，これまで法の不統一や錯綜によって人々が被ってきた不利益を解消する好機であると唱えたのである。

立法による社会革新を目指すティボーに異論を唱えたのが，『立法と法学に対する現代の使命』（1814年）を著したベルリン大学教授サヴィニーであった。彼によれば，法はまず，言語や習俗などと同様，民族の歴史とともに生成され，民族全体の意識に立脚して生ずる。続いて法は，民族を代表する法曹の意識に委ねられ技術的に磨き上げられる。したがって，法は立法者の恣意によって作られるものではない。このように法を歴史的なものと捉えるサヴィニーは，普遍的な自然法や理性に立脚し人為的に作られたフランス民法典を受け入れられなかった。それゆえ，ドイツにおける法の統一の必要性は認めつつも，性急に法典編纂を行うという方法を用いて法を統一することには反対したのである。またサヴィニーは，民族を代表する法曹と彼らの学問（法学）の手に社会革新を委ねるという点においても，ティボーと一線を画した。

ただしティボーとサヴィニーは，法の統一が必要であると考える点では一致していた。それに対し，統一の困難さを指摘し各領邦の固有法の維持を唱えたのがランヅフート大学教授**ゲンナー**◁2である。サヴィニーの著書を批評した『現代における立法と法学について』（1815年）では，サヴィニーの議論がローマ法・市民法に特化し各地域の法を看過していると批判した。ゲンナーは，政治や国制，財政，宗教，気候，習俗，生活様式における地域差が大きく，国家の統一もままならないドイツでは，各領邦が独自の立法を行うべきであると説いたのである。

3 ウィーン体制の確立と法典編纂の挫折

法典論争の行方は当時のヨーロッパ情勢と密接に関係していた。ナポレオンを打倒した各国は，オーストリア外相メッテルニヒ主導の下で「ウィーン体制」を確立した。復古主義・正統主義に基づきフランス革命前の秩序を回復すること，勢力均衡の原則に基づき平和を維持することが体制の支柱とされ，革命以降広まった自由主義やナショナリズムは弾圧の対象となった。

ウィーン体制の下でドイツ地域に誕生したのが，35の君主国と４つの自由都市からなる国家連合「**ドイツ同盟**◁3」であった。プロイセンのシュタインやハルデンベルク◁4のように連邦国家の創設を推す声もあったが，自国の主権が制約されることを危惧する中堅国からの反発などもあり，一つの国にまとまる道は放棄された。こうして，国家を統一し法典を編纂しようという動き自体がウィーン体制を否定する自由主義的なものとみなされたことから，法典論争には，ドイツ統一法典の編纂を断念するという形で終止符が打たれた。（的場かおり）

サヴィニーの招聘にも一役買った。当時バイエルンは，1808年の憲法に続き13年には刑法典（Ⅳ-7-3参照）を制定するなど，法典の整備を進めていた（ただし，フランス民法を下地にした民法典編纂計画は途中で中止された）。ゲンナー自身も立法委員会のメンバーとして国内の法典編纂に関与し，また，プロイセンやオーストリア，ザクセン，ロシアの立法事業にも携わった。

▷3　**ドイツ同盟**

「ドイツ連邦」と訳されることもあるが，39の国家・自由都市からなる連合という実態を踏まえれば「ドイツ同盟」と訳するほうが適当である。国家連合が選択された背景には，多民族国家であるオーストリアがドイツ・ナショナリズム的色彩の強い連邦国家案に難色を示したこともある。ドイツ同盟の詳細は，1815年６月の「ウィーン議定書（53～64条）」と「ドイツ同盟規約」で定められた。

▷4　Ⅳ-7-8参照。

読書案内

ティボー，サヴィニーに則して法典論争を整理し，論争の日本への影響も解説した大野達司・森元拓・吉永圭『近代法思想史入門』第６章第２部（法律文化社，2016年）は導入書としておすすめである。さらに理解を深めたい人は，『近世・近代ヨーロッパの法学者たち』第18・19章，『概説西洋法制史』第20章に挑戦してみよう。

7 ドイツ歴史法学派の誕生

図1　サヴィニー

出典：Wikimedia Commons.

▶1　**アイヒホルンとゲッシェン**
アイヒホルンは『ドイツ国制・法制史』『ドイツ私法入門』などを著し,「ドイツ法制史の父」と称されるゲルマニストである。ゲッシェンは1811年サヴィニーの下で学位を取得したロマニストであり，ローマ史家ニーブールがイタリア・ヴェローナで発見したガイウス『法学提要』（Ⅰ-1-11参照）の写本を模写・公刊したことで知られる。

▶2　サヴィニーは国王フリードリヒ・ヴィルヘルム4世に請われ，1842年に創設された立法省の大臣に就任した。サヴィニーは組織した法律委員会に，高級司法官僚の他，アイヒホルンやプフタらを集めた。婚姻法や刑法典の改正を実現した一方，プロイセン一般ラント法（Ⅲ-6-11参照）に関しては，その進歩を見守るべきであるという立場を取り，同法の全面的刷新を求める動きを阻止した。

▶3　Ⅳ-7-10 Ⅳ-8-2参照。

19世紀初頭，フランス革命やナポレオンの諸法典を支える啓蒙思想や自然法思想の普遍性・抽象性に反発し，民族固有の文化や歴史に関心を向ける動き（ロマン主義）が，各学問分野で強まっていた。このような中，サヴィニーは，その後長く法学界をリードすることになる「歴史法学派」を立ち上げた。

1 歴史法学派の誕生

サヴィニーは1815年，**アイヒホルン**，**ゲッシェン**[◁1]とともに『歴史法学雑誌』を創刊した。彼はその巻頭論文「この雑誌の目的について」で，同雑誌に集うのは，歴史こそが「現状を真に認識するための唯一の手段」との考えに立ち，民族の歴史がもたらす法素材，すなわち主にローマ法とゲルマン法を研究する者たちであると宣言した。この「歴史法学派」と対置されたのが，サヴィニーが批判を込めて命名した「非歴史学派」である。彼は，非歴史学派は法を哲学や自然法，人間理性に立脚させ，立法権力をもつ者が法を恣意的に作ることを認め，既存の法との関係を断ち切ってしまう，それゆえ非歴史学派にとって歴史的研究は手段以上の意味をもたない，と非難した。非歴史学派についてこのように語るサヴィニーの念頭には，法典論争において対立していたティボーらが置かれていた。

歴史法学派が採る2つの方法について，サヴィニーは著書『立法と法学に対する現代の使命』ですでに提示していた。一つは，既存の法素材を根源まで研究することで「有機的原理」を見つけ，この原理に従い現存する法の要否を判断するという「歴史的方法」である。これはいうまでもなく，法は民族の歴史の中で生成されてくるという認識に基づいていた。もう一つは「体系的方法」であり，幾何学の法則に相当する「指導原則」を法の中でも見つけ出し，この原則に従ってあらゆる法の概念や命題の体系化を図るというものであった。

歴史法学派は，ベルリン大学を拠点にした。サヴィニーは1810年の開学と同時に法学部ローマ法担当正教授として着任し，それ以降，学内の要職に就くとともに，プロイセンの立法実務にも携わった[◁2]。彼を祖とする歴史法学派はその後，ドイツの法学界を席巻し，行政や司法を支える官僚も多数輩出した。

2 ロマニステンとゲルマニステン

歴史法学派の主たる研究素材はローマ法とゲルマン法であり，前者を研究する者はロマニステン（「ロマニスト〔ローマ法学者〕」の複数形），後者はゲルマニステン（「ゲルマニスト〔ゲルマン法学者〕」の複数形）と呼ばれた。

ロマニステンを代表するのは，サヴィニー，大学で彼の講座を引き継いだプフタ，ドイツ民法典の起草者として知られるヴィントシャイトらであり，彼らはドイツに継受され普通法の地位を獲得したローマ法こそ研究対象にふさわしいと考えた。ローマ法の個人主義的・権利本位な要素が当時の市民社会に適合していたという事情も，ローマ法研究に有利に働いた。しかし体系的方法を偏重するロマニステンの姿勢はやがて，「概念法学[3]」と批判されることになる。

ゲルマニステンを代表するのは，サヴィニーの愛弟子ヤーコプ・グリム，ローマ法の継受を「国民的不幸」と嘆いたベーゼラー，ヴィントシャイトの草案を批判したギールケ[4]らである。彼らはゲルマン法[5]こそドイツ民族固有の法であるとし，個人本位なローマ法に対してゲルマン法の団体的，民衆的要素を強調した。彼らの特徴は自由主義やナショナリズムと結びつき政治への関与を強めた点にあり，ドイツの自由と統一を求める反体制的な運動と共鳴した。

自由と統一を目指した三月革命の挫折，自由競争原理を重んじる経済的自由主義の拡がり，そして研究蓄積や史料の多寡という研究環境面での格差から，ゲルマニステンに対するロマニステンの優位が定着することになった。

3 歴史法学派のライバル

以上のように大きな影響力をもった歴史法学派だが，法学界が歴史法学派一色に染め上げられていたわけではない。サヴィニーが「非歴史学派」と呼んだライバルとはどのような者たちであったのかをみてみよう。

まずはティボーである。法典論争後もサヴィニーとの対立は続いていた。ティボーの法学は，哲学と歴史，そして自然法と実定法は相互不可欠な関係にあるとみなす点に特徴があり，いまだ不十分な自然法の体系化とともに実定法の体系化を目指すものであった。ティボーは，哲学を疎んじ歴史研究に没頭する歴史法学派に警鐘を鳴らし，「哲学的法学」こそ真の法学であると主張した。

サヴィニーのお膝元であるベルリン大学で，彼と全面的に対立したのが**ガンス**[6]である。ガンスは，ともに哲学を重んじる立場からサヴィニーと対峙したティボーとヘーゲルの薫陶を受けた法学者であり，ヘーゲルの強い働きかけでベルリン大学法学部に着任した。ガンスは，サヴィニーの「民族精神」に排他性を感じ取り，ヘーゲルの「世界精神」の下で法と歴史を認識しようとした。ガンスは世界的な視点で法の歴史を捉える自らの法学を「普遍法史」と呼び，法の普遍史を解明しようとしたのである。ガンスが「普遍法史」にたどりついたことは，彼がユダヤの出自であったこととも関係していよう。　（的場かおり）

▶4 Ⅳ-8-3 参照。

▶5 Ⅰ-2-7 参照。

▶6 **ガンス**

1819年ハイデルベルク大学のティボーの下で学位を取得した後，故郷ベルリンに戻り哲学者ヘーゲルに弟子入りした。ヘーゲルという後ろ盾を得たガンスは26年，念願叶ってベルリン大学法学部に採用された。当時のプロイセンでは，学位の取得や大学の人事などにおいてユダヤ教徒は差別的な扱いを受けていた。そのためユダヤ教徒のガンスは，ハイデルベルク大学で学位を取り，25年にキリスト教に改宗することでようやく，ベルリン大学に採用されたのである。サヴィニーとガンスの間に学問的対立があったことはいうまでもないが，サヴィニーの反ユダヤ的な姿勢がガンスとの確執をさらに深めたとの指摘もある。

読書案内

プフタ，ヴィントシャイト，ギールケの詳細は『近世・近代ヨーロッパの法学者たち』を参照。また，サヴィニーならびに歴史法学派の理解を深めるために，論敵のヘーゲルについても学んでもらいたい。ヘーゲルは1818年ベルリン大学に哲学担当教授として赴任すると，講義「法哲学」やその教科書『法哲学綱要』の中でサヴィニーや歴史法学派を暗示的に批判した。ヘーゲル哲学は壮大かつ難解であるため，入門書や解説書が多い。竹田青嗣・西研『超解読！はじめてのヘーゲル『法の哲学』』（講談社，2020年）から，奥深いヘーゲル哲学の攻略を始めてみてはいかがだろう。

8　近代化改革とドイツ統一への歩み

図1　シュタイン（上）とハルデンベルク（下）

出典：Wikimedia Commons.

1873年ドイツに到着した岩倉使節団の一行は，この国に大きな共鳴を覚えることになった。「ドイツ帝国」という名の下にドイツが統一したのは明治維新と同時期の1871年であり，この統一事業を主導し，完成した帝国を率いたのがプロイセン王国である。国家連合「ドイツ同盟」を経て統一国家「ドイツ帝国」の樹立にいたるまでのドイツ，とくにプロイセンの国家制度や法制度は，近代化を急ぐ明治日本の模範となった。

1　「上からの改革」と官僚主導

1806年に神聖ローマ帝国が滅びると，ドイツは約40の領邦（ラント）に分裂した。各分野で近代化を達成したフランスの強さを目の当たりにした領邦各国は，自国を近代化するための改革に着手した。ここでは，シュタインとハルデンベルクが主導したプロイセンの改革を取り上げる。プロイセン改革を特徴づけるのが「上からの改革」，すなわち国家・官僚主導で改革が進められたことであり，官僚主導というこの方法は近代化を急ぐ日本にも採り入れられた。

農民解放（隷農制の廃止[1]）により，人格的自由や土地所有が農民に認められた。だが実際に土地所有権を取得できたのは富農のみであった。一方領主は，農民が賦役廃止や保有地取得の対価として差し出す貨幣や土地を手に入れ，農業資本家として歩み始めた。商工業分野では，同職ギルド（ツンフト[2]）が廃止され，営業税を納め営業鑑札を取得すれば，何人にも営業の自由が認められた。国内関税も廃止され，商取引の活性化が図られた。確かにこれらの改革は人々に各種の自由を与えたが，その反面で，土地や奉公先を失い賃金労働者となる者と所有地や営業を拡大し資本を蓄える者という二極化を生じさせた。

中央行政改革では，非合理的・非効率的な国王親政を改めるため，省と局が整備され，各省のトップには大臣が置かれた。各大臣は国王に対して直接上奏できると同時に国王に対して個別に責任を負うという大臣責任制が採られ，これは内閣が連帯して議会に責任を負う議院内閣制とは異なっていた。地方行政改革では，集権化を目的に州と県が設置される一方，他方では市民による自治実現を目指して1808年都市条令が出された。同条令は，国政を担う公民の創出という最終目標の達成に向けて，まずは身近な地方行政の場で市民に政治参加に必要な能力を磨かせるというシュタインの理念に基づくものであった。

フランスを打倒するためには軍隊と教育の改革も急務であった。軍隊におけ

▶1　隷農制の下では，農民は領主によって職業選択や移動，婚姻などの自由を奪われ，賦役や地代を負担していた。改革では賦役や地代の廃止は有償とされ，例えば農民は保有地の2分の1あるいは3分の1を領主に割譲しなければならなかった。同時に，森林や牧草地といった共同地の分割も行われた。注意すべきは領主裁判権と領主警察権が存続したことであり，近代化改革は領主からすべての封建的特権を奪えたわけではなかった。Ⅰ-2-11 Ⅱ-3-2 参照。

▶2　同職ギルド（ツンフト）は，人数や生産量，価格などを規制し自由競争を阻害するとして，廃止された。しかしこの廃止は新規参入者を急増させ，手工業者の生活苦を深刻化させた（この窮状に対応するため，プロイセン政府は1845年，

る身分制的要素の除去，一般兵役義務制の導入などが行われ，軍隊の近代化が図られた。教育改革では，高等教育の中核を担う**ベルリン大学**[3]の新設，中等・初等教育機関の整備がなされ，教育制度の体系化・世俗化が目指された。

2 国家連合から統一国家へ

1815年に創設されたドイツ同盟は国家連合であった。同盟には元首や執行機関は存在せず，中央機関は同盟議会，仲裁裁判所，同盟軍のみであった。フランクフルト・アム・マインに置かれた同盟議会に集まったのは各加盟国の代表であり，どの加盟国も国の規模に応じた数の投票権を有した。プロイセンとオーストリアは本会議（全69票）で各4票を，小会議（全17票）で各1票を有したにすぎず，票決に際して二大国が優遇されていたわけではない。しかし実際には，同盟議会に先立って非公式な会合を開き実質的に同盟の政策を決定するなど，二大国は協調して保守的・反動的な政策を推し進めた。その一例が1819年のカールスバートの決議である。オーストリアのメッテルニヒは，プロイセンの協力を得て主要10カ国の代表を集め，自由主義的・民族主義的な動きを弾圧する措置を決議した。この決議は直後に開かれた同盟議会で承認され，学生の結社活動や教員の教授活動を取り締まる「大学法」，320頁以下の出版物への事前検閲を義務づける「出版法」，革命的陰謀や煽動的結社活動を監視・捜査する委員会について定める「中央捜査委員会設置法」として施行された。

二大国の保守的な姿勢は立憲化をめぐっても確認できる。西南ドイツ諸国が1810年代に，中・北ドイツ諸国が1830年代に続々と立憲化する中，二大国が憲法の制定ならびに国会（ラント議会）の設置を認めることはなかった。

しかし，ドイツの統一や各種の自由の保障を求める民族主義的・自由主義的な運動は完全に封殺されたわけではなかった。例えば大学法ではブルシェンシャフト（学生結社）が標的とされ厳しく取り締まられたが，1830年代に入ると，政治色を前面に出さない「協会」が次々に設立され，この運動を担った[4]。

ドイツ民族の国家樹立に消極的な多民族国家オーストリアに対し，プロイセンは統一に向けて動き出した。その第一歩がプロイセン主導の下で1834年に発足したドイツ関税同盟である。徐々に加盟国を増やし，その範囲はオーストリアを除くドイツ同盟のほぼ全域に拡がった。域内での関税が撤廃され巨大な経済圏が誕生したことは，その後本格的に展開するドイツの産業革命に有利に作用し，プロイセンと非加盟国オーストリアの経済力の差を拡大させた。またプロイセンには，関税同盟による経済的統一を足掛かりに，政治的統一を実現しようという狙いもあった。二大国の協調関係が揺らぎ，ついに普墺戦争（1866年）が勃発すると，ドイツ同盟は終焉を迎えた。その後北ドイツ連邦を経て誕生したドイツ帝国を訪ねた岩倉使節団は，この国に日本を重ね合わせ，日本の近代化にとってのモデルを見出したのである。　（的場かおり）

部分的復活に踏み切った）。Ⅱ-3-6 参照。

▶3 **ベルリン大学**
正式名称フリードリヒ・ヴィルヘルム大学。宗務・公教育局長官ヴィルヘルム・フォン・フンボルトを中心に創設され，プロイセンの政治を支える官僚を育成・輩出した。日本人も多く留学した。ベルリン大学は第二次世界大戦後，東ベルリンに位置することになり「フンボルト大学」と改称されたが，東西ドイツ統一後は「フンボルト大学ベルリン」と変更された。ちなみに西ベルリンには1948年，アメリカの支援を受けた「ベルリン自由大学」が開学した。

▶4 1815年以降各地の大学で結成されたブルシェンシャフトは，相互連携を図りながら勢力を伸ばした。しかし急進的な学生が1819年に殺人事件を起こすと，同事件はブルシェンシャフトを取り締まる口実をメッテルニヒに与えることになった。一方，協会（Verein）はより広い社会層に門戸を開放した。代表的なものとして体操協会，男声合唱協会，読書協会などがあり，大衆も参加した。

読書案内
若尾祐司・井上茂子編著『近代ドイツの歴史』（ミネルヴァ書房，2005年）は近代以降のドイツ史を読み解くうえでは必読の書である。また，豊富な図画をみながらプロイセンの歴史を学べるセバスチァン・ハフナー（魚沼昌良監訳，川口由紀子訳）『図説　プロイセンの歴史』（東洋書林，2000年）も，おすすめの一冊である。

7　近代法の枠組み

9 近代立憲主義と成文憲法

図1　フランクフルト国民議会

出典：Wikimedia Commons.

近代に入り，統治は憲法に基づき行われるべきだという立憲主義思想が急速に広まった。18世紀末にアメリカ，フランスで憲法が制定されると，ヨーロッパ各国もそれに続いた。日本でも1889年に大日本帝国憲法が制定されたが，この憲法は「ドイツの憲法を手本に作られた」とされる。ここでは，19世紀のドイツで作られた3つの憲法，すなわち，フランクフルト憲法（1849年），プロイセン憲法（1850年），ビスマルク憲法（1871年）を取り上げる。

1　1848年革命と2つの憲法

ドイツの中でもバイエルンやバーデンといった西南に位置する諸国での憲法制定は，19世紀初頭に始まった。これは，ナポレオンの支配や王政復古後ルイ18世が制定した1814年憲章の影響によるものであった。1830年のフランス七月革命は周辺国にも波及し，オランダから独立したベルギーでは自由主義的な憲法が制定され，ドイツでもザクセン，ハノーファーなどで憲法が制定された。しかし，プロイセンとオーストリアがこれらの波に乗ることはなかった。

1848年2月にフランスで起こった革命（二月革命）は瞬く間に燃え広がった。ドイツ各国でも革命（三月革命）が勃発し，革命勢力は統一国家樹立と憲法制定を要求した。また革命は憲法をもたなかったプロイセンとオーストリアにも憲法制定を迫り，両国の君主は憲法制定を国民に公約することになった。[1]

1848年5月，ドイツ各国から選挙で選ばれた議員たちがフランクフルトに集まった。この議会の任務はドイツのための憲法を制定することであった。統治規定については，オーストリアのドイツ人居住地域を領土に含める大ドイツ主義か含めない小ドイツ主義か，中央集権的な国家か連邦国家か，世襲皇帝制か大統領制か，といった争点をめぐる議論に多くの時間が費やされた。最終的に国民議会は小ドイツ主義に基づく連邦制を採用し，プロイセン国王をドイツ皇帝に選出した。人権規定は第6章「ドイツ国民の基本権」にまとめられ，多くの条文（130～189条）を割いて自由権が詳細かつ具体的に定められた。こうしてドイツ帝国憲法，いわゆるフランクフルト憲法は**民定憲法**[2]として1849年春に完成した。しかし，このときすでに各国では反革命勢力の巻き返しによって革命勢力が後退し，その力を失いつつあった。プロイセン国王はドイツ皇帝の座に就くことを拒否し，5月には憲法の承認をめぐって「帝国憲法闘争」が始まった。憲法を認めないプロイセンは軍隊を投入し武力で闘争を鎮圧した。こ

▶1　ウィーン三月革命はメッテルニヒを解任し，皇帝に憲法の制定を公約させた。皇帝は4月に憲法を欽定したが，その後の動乱で施行にはいたらなかった。1849年3月再び憲法が欽定された。いわゆる三月憲法はオーストリアが（他民族居住地域も含め）「不可分の帝国」であると明記したため，フランクフルト国民議会が大ドイツ主義を採用し，ドイツ皇帝にオーストリアの君主を選ぶ余地はなくなった。三月憲法は51年に廃止され，憲法なしの統治が61年の憲法欽定まで続いた。他方で48年の革命は帝国内の諸民族の独立運動を活気づかせた。独立を求める動きは，多民族国家オーストリアの体力を奪っていくことになった。

▶2　**民定憲法と欽定憲法**
国民やその代表が制定する憲法が「民定憲法」，それに対して，君主が制定する憲法が「欽定憲法」である。

の結果，ドイツの統一もフランクフルト憲法も水泡に帰した。

1848年革命はプロイセンの国制に変革をもたらした。革命勃発直後の３月，憲法の制定と国会の設置が国王によって公約されたのである。５月に召集された憲法制定のための国民議会には急進的な議員が多く選出され，夏にはその筆頭のヴァルデック率いる憲法委員会が議会主義的で民主的な草案を作成した。しかし９月以降反革命勢力が攻勢に転じると，国王は国民議会に休会と移転を，そしてついに12月には解散を命じ，国王自らが憲法を制定した。この**欽定憲法**[◁2]はベルギー憲法に倣った比較的自由主義的なものであったが，1850年１月には反動的な内容に修正された。これこそ，明治日本の憲法制定に多大な影響を与えたプロイセン憲法である。主権者たる国王は世襲で不可侵とされ，多くの**大権**[◁3]を有した。貴族院と代議院からなる国会は，召集・解散・休会権を国王に握られ，立法権は国王と共同で行使するとされるなど，その権限は制約されていた。また人権（基本権）には**法律の留保**[◁4]が付され，これは人権が法律の範囲内でしか保障されないことを意味した。

2 ドイツ帝国憲法

1848年革命で成し遂げられなかったドイツの統一はその後，プロイセンの軍事力によって達成されることになる。プロイセンは，首相兼外相ビスマルクの巧みな外交戦略の下で，デンマーク（1864年），オーストリア（1866年），フランス（1870～71年）との戦争で勝利を収め，1871年連邦国家「ドイツ帝国」を創設した。ドイツ帝国の骨格は，ドイツ同盟を解体し誕生した北ドイツ連邦（1867～71年）の段階で出来上がっており，ドイツ帝国憲法，いわゆるビスマルク憲法も，プロイセン憲法を下地に作られた北ドイツ連邦憲法（1867年）に若干の修正を加えて完成した。

世襲のドイツ皇帝はプロイセン国王が兼任した。皇帝は，プロイセン憲法下の国王と同様に，強大な大権を有した。国民が選挙で選んだ議員からなる帝国議会と各国政府が任命する代表からなる連邦参議院という二院が設置されたが，権限上連邦参議院が優位にあった。また，連邦参議院の全58票のうち17票がプロイセンに割り振られ，14票あれば拒否権が行使できたという点にも，プロイセンの覇権が確認できる。他方で，普仏戦争を機にドイツ統一に加わったバイエルンやヴュルテンベルクといった南ドイツの国には，アルコール税，鉄道，郵便・電信，軍事に関して独自の制度をもつことが認められた。しかしこの憲法の最大の特徴は，人権規定をもたなかったことであろう。これは，帝国の各構成国がすでに自国の憲法で人権を規定していたことによる。

明治日本が積極的に参照したのは，君主政原理に基づくが連邦制を採用し統治にかかる項目のみを定めたドイツ帝国憲法というよりも，君主政原理に基づき統治も人権も規定したプロイセン憲法であった。（的場かおり）

▶3　**大　権**
君主が議会の承認なく行使できる権限のこと。プロイセン国王は，大臣任命権，官吏任命権，軍隊の最高指揮権，宣戦布告・講和権，恩赦権，勲章授与権，貨幣鋳造権，国会の召集・解散・休会権などを有した。大日本帝国憲法でも同様に，天皇大権が列挙された。Ⅲ-5-6 ▶1も参照。

▶4　**法律の留保**
例えばプロイセン憲法５条「人身の自由は保障される。その制限，とくに拘禁が許される条件および方式は，法律によって定められる」のように，自由や権利が法律によれば制限されうると明示することである。法律の留保は，治安の維持という大義名分の下で，思想の自由や表現の自由などを制限する法律の制定を許すことになった。法律の留保は大日本帝国憲法にも採り入れられ，これに基づき治安警察法や治安維持法などが制定された。

読書案内
ここで扱った３つの憲法を日本語で読めるのは，高田敏・初宿正典編訳『ドイツ憲法集〔第８版〕』（法律文化社，2020年）である。同書では，フランクフルト憲法から現在のドイツ連邦共和国の基本法（ドイツの憲法は「基本法」という名称を用いる）まで網羅されている。おすすめのポイントは，「ドイツ憲法略史」と題して各憲法の制定の経緯や特徴がまとめられ，「おわりに」ではドイツの憲法と日本との関係が解説されていることである。ドイツ憲法初学者にも優しい一冊である。

7　近代法の枠組み

10 パンデクテン法学の成立とその射程

19世紀のドイツでは，マイヤーとヘルムホルツによるエネルギー保存の法則の発見，レントゲンによるＸ線の発見，リービヒによる有機化学の体系化，ディーゼルやダイムラーによる内燃機関の開発など，めざましい科学・工学分野の発展をみた。この発展は，法学を含む諸学問の発達にも多大な影響を与えた。

1 パンデクテン法学の担い手たち

啓蒙専制君主体制を前提とするヴォルフの自然法論に対抗して，ゲッティンゲンのグスタフ・フーゴーは，古代ローマ法の体系化により，実定的なもののみ抽出しようとすることで，**パンデクテン**[1]法学の先駆者となった。この体系化という方法は，サヴィニー[2]以降は歴史法学派のロマニステン[3]に受け継がれた。

1842年にベルリン大学におけるサヴィニーの後任となったプフタは，古典的概念法学の創始者ともいわれ，著書の『パンデクテン教科書』（1838年）や『法学提要教訂』（1841〜42年）により，ローマ法を理論的・体系的にわかりやすく説明しようとした。

数多くのパンデクテン法学者を代表する人物にベルンハルト・ヴィントシャイト，後に批判者となるイェーリング[4]が挙げられる。サヴィニーの講義を受けて言語学から法学に転じたというヴィントシャイトは，1842年にボン大学で教授資格を取得した後，バーゼル，ハイデルベルクなどで教授を務めた。彼の主著『パンデクテン法教科書』（1861年）は，ローマ法を法実務の需要に対応するように精選し，体系立てて説明しており，1900年にドイツ民法典が施行されるまで，学修と実務の両面で統一法典の不在を補う役目を果たした。1874年に開始されたドイツ民法典の編纂作業には，ヴィントシャイト自身も一時期であったが参加していた。加えて作業メンバーは，とくに法曹関係者は皆，彼の教科書で学んだ者たちだった。そのため，出来上がった草案は「小ヴィントシャイト」といわれたほど，彼の思想を忠実に反映していた。

2 パンデクテン法学の特徴と意義

パンデクテン法学が目指していたことの一つは，いかなる紛争が生じてもそれを規律する法規範を論理的に導き出しうる，法規範と法概念の構築である。そのための具体的作業は，古代ローマの雑多な法律・法文という素材をつき合わせ，比較し，それらに共通する諸概念・諸原理を抽出することであった。そ

▷1　**パンデクテン**
「パンデクテン」とは，「ローマ法大全」を構成する『学説彙纂』を意味するギリシア語をドイツ語風に称したもの。これをよりどころとしてローマ法継受の所産であるドイツ普通法学の学問的体系化がなされ，「パンデクテン法学」と称された。19世紀ドイツ私法学の学問様式にちなみ，今日のドイツや日本の民法典の構成も「パンデクテン方式」と呼ばれる。特徴は，共通の規範を総則として前に括りだすことである。

▷2　［Ⅳ-7-7］参照。

▷3　［Ⅳ-7-7］参照。

図1　ヴィントシャイト

出典：Wolf, E., *Grosse Rechtsdenker der Deutschen Geistesgeschichte*, J. C. B. Mohr (Paul Siebeck) Tübingen, 1963.

▷4　［Ⅳ-8-2］参照。

して，それらと近世自然法やドイツ観念論が発達させた自由な人格・自由な所有・契約の自由などの基本概念とを照合しつつ，当時のドイツに適合的で論理的に矛盾のない法規範の体系へ整理し直すことであった。例えば，今日の民法でもなじみ深い信義誠実の原則[▷5]・過失責任の原則・取引の安全といった近代私法の諸原則，さらに錯誤・代理・法人など，民法の基本的な諸制度も整理された。したがって，1896年に成立したドイツ民法典は，法実務に寄与するために法規範を体系化する作業の集大成であった。

こうして，自然法などの道徳的要因を考慮せずに実定法体系の論理操作のみで自己完結しうる，予測可能かつ運用上安定した私法は，産業資本主義に基づく自由な経済活動の促進という時代の要請にも貢献していった。

その一方で，論理的整合性のみを追究するあまり，裁判官をいわば自動販売機のように扱い，法の目的や社会的要請を軽んじる態度に激しい批判が生じた。パンデクテン法学者内部から，この口火を切ったのはイェーリングだった。

3 学問的射程：ゲルマン法への応用，近代的公法学の誕生へ

プフタの弟子にしてイェーリングの親友でもあったゲルバーは，パンデクテン法学の手法を用いてゲルマン法[▷6]を体系化することを試み，『ドイツ普通私法体系』（1848年）を著した。しかし，より重要な業績となったのは，パンデクテン法学の概念的・体系的方法を転用して近代的公法学を建設したことである。代表作は『公権論』（1852年）や『ドイツ国法体系綱要』（1865年）である。

公法という概念そのものは，ローマ法に遡る。しかし，19世紀以前の国家学といえば，哲学，歴史学，政治学などさまざまな要素が総合的に含まれており，今日でいう公法学とは大きく異なっていた。中でも，当時はヘーゲルの国家哲学の影響が大きかった。しかしゲルバーは，それらの諸要素を切り離し，パンデクテン法学で目指されたような学問体系を作り上げようとした。

ゲルバーが1871年にザクセンの文部大臣に就任した後，ゲルバーの学問精神を引き継ぎ，公法実証主義を完成させたのはパウル・ラーバントである。『予算法論』（1871年）は，実質的意味の法律と形式的意味の法律の二元論という法的構成から予算の法的性質を理論づけた。『ドイツ帝国国法』（1876～82年，第2版1888年）は，ドイツ帝国憲法[▷7]の解釈に圧倒的影響力をもった。ラーバントによれば，実定法学としての公法学の課題は論理によって「法文を一般的概念に還元し，概念上の帰結を取り出すこと」にあり，歴史的，政治的，哲学的考察は重要ではなかった。その理論に対する批判は後世にも多いが，「帝国公法学の父」としてのラーバントの地位と学問的影響力[▷8]には揺るぎないものがある。

（上田理恵子）

図2　パウル・ラーバント

出典：Wikimedia Commons.

▷5　I-1-5 ▷5参照。

▷6　I-2-7 参照。

▷7　IV-7-9 参照。

▷8　ラーバントの弟子のゲオルク・イェリネックは，人権の分類を国家に対する国民の地位（受動・能動的，積極・消極的）によって分類したことで知られる。学校教科書で教わる自由権や社会権，参政権，受益権などの名称はこれに由来する。

読書案内

ヴィントシャイトについては赤松秀岳「ベルンハルト・ヴィントシャイト」『近世・近代ヨーロッパの法学者たち』第21章によって，ヴィントシャイト像の再評価まで含めて理解することができる。パンデクテン法学については，中山竜一他『法思想史』（有斐閣，2019年）のとくに第8章で概観できる。

7　近代法の枠組み

11 イングランドにおける歴史法学

図1　H・S・メイン

出典：Collection Trinity Hall, Cambridge; photograph D. J. Scott, Cambridge, 1933

図2　F・W・メイトランド

出典：© National Portrait Gallery 〈http://www.npg.org.uk/〉, London.

▷1　Ⅲ-5-4 参照。

▷2　Ⅲ-5-3 ▷2参照。

古代ローマ帝国の覇権にちなんで「パクス=ブリタニカ」とも呼ばれた19世紀のイギリスは，ヴィクトリア女王のもと広大な植民地を擁し，強大な海軍力と圧倒的な経済力によって繁栄を極めた。1851年にロンドンで開催された世界初の万国博覧会の会場であったクリスタル・パレス（水晶宮）は，当時最新の技術であったガラスと鉄を駆使したものであり，会期中の入場者は600万人を超え，イギリスの工業力・経済力を対外的に示すものであった。

1 歴史法学の祖：ヘンリ・メイン

メインは，ケンブリッジ大学で古典学と数学で優秀な成績を収め，ウィリアム・ジョーンズ，ケンブル，ベンサムらの著作を通じて，法の歴史研究に関心をもつようになったとされる。1847年にケンブリッジ大学のローマ法欽定講座[◁1]の教授に就任，1850年にバリスタとなり，1852年にはインズ・オブ・コート[◁2]が設立した法学教育評議会の講師（ローマ法と法理学）を務めた。しかし彼は，法律専門職に嫌気がさして法思想へ関心を移し，哲学に通じた法律家，著述家として名声を博するようになる。主著『古代法』（1861年）の中で，社会における法の進化・発展を「身分から契約へ」と叙述したことは有名である。

彼は，1862年にカルカッタ（現在のコルカタ）の総督補佐機関のメンバーとなり，土地の継承や婚姻などの問題への助言，インド法の法典化の作業に携わった。1863年からはカルカッタ大学の副学長も務め，西洋法と東洋法の比較研究への関心を高めた。その後イングランドに戻り，1869年にオックスフォード大学の教授（法理学），1887年にケンブリッジ大学の教授（国際法）に就任した。メインの主張は同時代の人々には好評だったが，実証が不足していると批判され，次第に関心をもたれなくなった。しかし，比較や社会的な文脈において法を理解するという観点から，20世紀末に再び注目されるようになった。

2 法の歴史研究

メインが土台を作ったイングランドにおける歴史法学は，法の体系的・論理的な分析を試みた分析法学の思弁性を批判して，法と社会の関わりを追究した。彼は，法や社会の発展を正しく理解するためには歴史が重要であると主張し，法の発展過程を貫く一般法則を見出そうとした。『古代法』の序において，「本書の主な目的は，古代法の中で示される人々の考え方に着目したうえで，その考え方と現代的思考の関係に注目させること」と指摘したメインは，遺言と継承，財産，契約などさまざまな法制度が古代でも存在していたことを強調しながら，その歴史を提示した。「身分から契約へ」という言葉にみられるように，共同体的な法から文明的で個人主義的な法へ，という発展・進化を主張したのである。

彼は，コモン・ローを不文と表現するような，イングランドの法曹が信じていることは誤解に基づくと捉えていた。また，有史以前からコモン・ローは存在するとする法曹の見解に対しても，功利主義や法を社会改革の道具として利用することを強調する当時の権威ある法律家に対しても，同様に批判的であった。彼は，法を説明するために歴史を利用したのである。

イングランド法の歴史を，印刷本ではなく写本から掘り起こして調査・研究する，という点においてイングランドの歴史法学を継いだのが，フレデリック・メイトランドである。彼は，公文書館をはじめ各地に所蔵されている中世イングランド法の写本を整理・刊行して研究者が利用できるようにすることの意義を説き，そのための組織としての**セルデン協会**[3]の設立に尽力した。

ケンブリッジ大学の教授（イングランド法）であった彼は，私法に属するあらゆる科目を教授した。『エドワード1世以前のイングランド法史』（1895年，ポロックと共著）をはじめとする生前の著作の他に，長い間多くの人に読まれた『イングランド憲法史』（1908年）や，長期間にわたり入門書に最適とされた『エクイティ』（1909年），コモン・ロー上の救済の展開を中世から19世紀までたどった『コモン・ロー訴訟方式』（1909年，邦訳では『イギリス私法の淵源』）などの学生向けの彼の講義録が，没後に出版された。また彼は，ローマ法が「ブラクトン[4]」に与えた影響の精査に加え，16世紀のイングランドにおいてローマ法継受が非現実的であった理由をインズ・オブ・コートにおける法教育にあったと主張するなど，他の法制度との関係・比較を通じて自国の法制度を正しく理解するよう促した。このようなメイトランドの業績によって，イングランドの法（制）史研究は本格的に開始されたのである。

早世したメイトランドの史料編集作業を引き継いだのが，ポール・ヴィノグラドフである。ロシア出身の彼は，ベルリンで**ブルンナー**[5]やモムゼン[6]に学んだ後，封建制のもとでの土地法を学びにイングランドに渡り，メインやメイトランドに出会った。メイトランドを法の歴史研究に導き入れたのは，ヴィノグラドフの中世イングランドの法史料への造詣の深さである。彼はオックスフォード大学の教授として，法の歴史と諸国間の比較法学の研究教育に取り組んだ。

多文化で複数の裁判権が併存する大英帝国で法律家として活動したメインだけでなく，イングランド法の歴史を研究したメイトランドとヴィノグラドフもまた，広く比較の観点から法を考察しようとしていたと指摘できるだろう。

（高　友希子）

▷3　セルデン協会
1887年にメイトランドによって，イングランド法の歴史研究および学識向上を目的に創設された。訴訟記録集や未刊の判例集，裁判所備忘録のような法的記録を含む，イングランド法の歴史に関する未刊行史料の決定版を年刊で出版する他，講演などを通じて会員間の交流を促進している。

▷4　Ⅲ-5-4 ▷4参照。

▷5　ハインリヒ・ブルンナー
オーストリアで生まれたブルンナーは，ウィーン大学で法学と歴史学を学び，レンベルク大学，プラハ大学，ストラスブール大学，ベルリン大学の教授を歴任。史料や法律辞典の編纂にも尽力し，ドイツ法史学の祖の一人とされる。

▷6　Ⅰ-2-1 ▷2参照。

読書案内
法の歴史研究についてさらに知りたい人には，P・スタイン（今野勉・岡嵜修・長谷川史明訳）『法進化のメタヒストリー』（文眞堂，1989年），ホウルズワース他（西山敏夫訳）『英米法の歴史家たち』（創文社，2009年）が手に取りやすいだろう。また，法とは何かと疑問をもった人には，P・G・ヴィノグラドフ（末延三次・伊藤正己訳）『法における常識』（岩波書店，1972年）をすすめたい。

8　近代法システムへの懐疑と新潮流

1　総　説

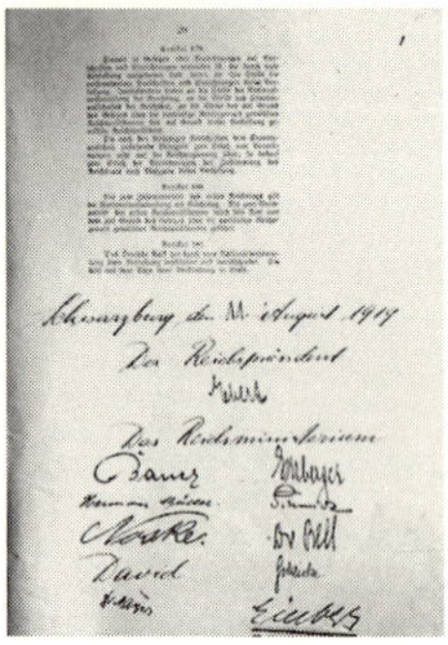

図1　ヴァイマル憲法

初代大統領エーベルトと閣僚の書名が付されている。

出典：Wikimedia Commons.

本章では，現代における法の発展を取り上げる。19世紀後半から21世紀にいたる激動の時代においては，社会法の誕生や国家を超えた域内法の発展など，自由主義的で国民国家単位の「近代法」だけでは対応しきれない問題が次々に登場した。「近代法」の精神を活かしつつこれを修正する「現代法」の時代が到来したのである。

19世紀後半，欧米先進諸国における近代産業・諸科学の発展は成熟期に達した。労働問題や社会問題から急速な広がりをみせた社会主義運動は，ヨーロッパでは穏健な改革主義へと傾斜していくが，ロシアではやがて革命へといたる。植民地支配の権益をめぐる列強の対立の激化や民族問題に端を発し，20世紀には二度にわたる世界大戦が勃発した。戦後は米ソの冷戦に始まり，ヨーロッパ連合の発足，拡大からイギリスの離脱など，ヨーロッパ諸国は統合と解体を繰り返しつつ模索を続けている。

1　近代私法学への懐疑の始まり[1]

近代法システムを追究してきたパンデクテン法学[2]の成果が，1900年に制定されたドイツ民法典である。自由で平等な個人を前提とした「人格の自由・所有権の絶対・契約の自由」を指導原則とし，整然とした体系が整備された。

しかし，批判は法典化に先駆けて始まっていた。自身が優れたパンデクテン法学者でもあるイェーリング[3]は，法的構成や論理的整合性だけを追究することを反省して，法の目的を「社会の生活条件を確保すること」に設定した。さらにダーウィンの進化論から影響を受け，これらの目的に合わせて法が発展・進化し続ける存在であることも立証しようとした。

2　法学の新潮流[4]

イェーリングの影響は刑法学にも及んだ。新派刑法学の創始者リストは刑罰の目的を犯罪者本人の改善におく目的刑論を打ち出した。そのことは，貧困に起因する犯罪防止のための社会政策の進展にも貢献した。一方で，国家による個人の内面への介入，内心の自由の制約に結びつくという批判について，ファシズムの時代にその危惧が現実化した教訓を忘れてはならないだろう。

ドイツ民法典編纂過程では，ギールケがゲルマン法[5]の伝統の立場から，メンガーが社会主義思想の立場から，ケンピンが女性の権利という立場から，法の

▷1　Ⅳ-8-2 参照。

▷2　Ⅳ-7-10 参照。

▷3　Ⅳ-8-2 参照。

▷4　Ⅳ-8-3 〜 Ⅳ-8-7 参照。

▷5　Ⅰ-2-7 参照。

形式性に厳しい批判を加えた。

19世紀末から20世紀にかけての時期には法律学の刷新運動が盛んとなった。その一つ，自由法運動の主導者の一人に数えられるエールリヒは，「生ける法」を探究する法社会学という分野を開拓した。「生ける法」とは，制定法や裁判規範に対して家族や民族などの社会団体の成員により承認され，遵守される法規範のことである。一方，ヌスバウムは正しい法適用と法形成の準備のために，事実上の普及度と適用の社会的法則を明らかにする「法事実」を探究した。こうした刷新運動の中には，２つの世界大戦という事情もあって，ヨーロッパよりもアメリカ合衆国や日本の法学界に引き継がれ，発展していくものがみられた。

3 社会法の誕生とヴァイマル（ワイマール）憲法[6]

労働問題や貧困問題の深刻化によっても，近代私法の諸原則に対する見直しが迫られた。資本家と労働者の間の力の格差や，生まれ育った環境という，個人ではどうしようもない問題に対して，従来の公法と私法の間に社会法という分野が登場することとなった。労働法や社会福祉法制，経済法などがこれに相当した。

第一次世界大戦後に成立したドイツのヴァイマル憲法では，所有権に義務が伴うことや社会権が明記された。この憲法はさらに，民主主義原理を貫徹し，平等についても身分や性別などの差別の撤廃をはかっていた点で，極めて現代的であった。その一方では，大統領のもつ強力な権限など，合法的に政権を獲得したヒトラー率いるナチスの独裁を許してしまった脆弱性も内包していた。

4 一般条項への逃避，ナチス法学から戦後のヨーロッパ私法へ[7]

両大戦間期にドイツがおかれた厳しい経済状況のもとでは，一般条項を用いた司法実務による法創造が私法学を先導し，やがてナチス政権下の「司法の逸脱」へといたった。その過程について，今日では自然法学者からのかつての批判とは異なる説明が与えられている。法実証主義が「悪法も法なり」としてナチスに加担していったというよりも，一般条項の濫用によって政権に都合のよい判決を導き出すという，むしろ「法実証主義の放棄」が問題だったというのである。

このような苦い経験を経て第二次世界大戦に敗北したドイツにおいては，東西分断から1990年の東西統一を経験する過程で，民法では消費者法や家族法など，私法上のさまざまな改正が進行してきた。その中でも男女同権をめぐる議論や夫婦別姓の導入までの長い道のりについて知ることは，ジェンダー平等をはじめ，将来の市民生活のあり方を模索するための手がかりとなろう。

（上田理恵子）

▷6 Ⅳ-8-8 Ⅳ-8-9 参照。

▷7 Ⅳ-8-10 Ⅳ-8-11 参照。

読書案内

広渡清吾「ナチズムと近代・近代法」石井三記他編『近代法の再定位』（創文社，2001年）所収は，近代法から現代法への展開過程におけるナチズムの意味を捉えなおす論考である。19世紀から現代に至るドイツの法と社会の変遷については村上淳一『ドイツ市民法史』（東京大学出版会，1985年）が，法学とくに「ゲルマン法」理解の変遷については同『ゲルマン法史における自由と誠実』が優れた概観を与えてくれる。

8　近代法システムへの懐疑と新潮流

2　イェーリングと「概念法学」批判

図1　イェーリング

出典：Wolf, E., *Grosse Rechtsdenker der Deutschen Geistesgeschichte*, J. C. B. Mohr（Paul Siebeck）Tübingen, 1963.

▷1　Ⅲ-6-7 参照。

▷2　Ⅳ-7-7 参照。

▷3　**危険負担**
双務契約において，一方の債務者の責めに帰することができない事由によって債務が履行できなくなった場合，他方の債務が消滅するかどうかの問題。家屋の売買契約が締結され，引渡のない間に，隣家の失火で類焼した場合に買主の代金支払債務がどうなるのか，という事例で説明されることが多い。債権者主義（この事例では買主が代金を支払う）と債務者主義（この事例では代金債務も消滅する）の考え方に分かれる。

▷4　Ⅳ-7-7 参照。

ダーウィンの『種の起源』（1859年）は，人文・社会科学に広範な影響を及ぼした。スペンサーは社会進化論的倫理説を説き，利己的感情から利他的感情へと道徳的資質を進化させた個人が社会に適応し，国家が解体し，個人の完全な自由が実現するとした。日本では1882年に加藤弘之が『人権新説』を発表し，適者生存・優勝劣敗の思想から天賦人権論を否定した。

1　イェーリングの生涯

ルードルフ・フォン・イェーリングは1818年，オランダとの国境近くの町アウリッヒに生まれた。祖先にはヘルマン・コンリング[▷1]もいる法律の名門家系である。ハイデルベルク大学，ミュンヘン大学，ゲッティンゲン大学で学んだ後，教授資格はプフタ[▷2]の指導のもとベルリン大学で取得した。バーゼル大学をはじめ，各地でローマ法の教授を歴任した。ギーセン大学時代には初期の大作『ローマ法の精神』（第1巻1852年～第2巻第2部1858年）を公刊し，パンデクテン法学の代表的法学者としての地歩を確立した。第1巻第2版の冒頭「ローマは三度世界に掟を命じ，三度諸民族をひとつにまとめた」という一節は，法学に限らずいたるところで引用されている。

1858年12月，**危険負担**[▷3]をめぐる事案の鑑定に関わったことがイェーリングの「転換点」となった。ローマ法の緻密な法的構成や論理的整合性だけでは納得のいく結論が得られない事例だったからである。1865年に公刊された『ローマ法の精神』第3巻の「概念のために生活が存在するのではなく，生活のために概念が存在する」という言葉は，自ら代表してきたパンデクテン法学からの転換を端的に表すとされている。同時に「権利は法的に保護された利益である」という言葉も，権利概念を生活感覚に即して経験的に捉えようとする意図から出ており，後年の布石になったという。

1868年から1872年まで，イェーリングはウィーン大学で教えた。ここを去る際，ウィーンの法律家協会で行った講演『権利のための闘争』が刊行されると，2年間に12版を重ね，日本語を含む20カ国語に翻訳された。イェーリングによれば，法および権利は利益の主張をめぐる闘争によって獲得される。これは，法が習俗や言語のように無意識に生成すると考える歴史法学派[▷4]の法概念に対立する。しかも，「人格を害する仕方」で権利を無視された者が権利のために闘争することは「国家共同体に対する義務」であると説かれた。

1872年から1892年に亡くなるまで，イェーリングはゲッティンゲン大学に勤務した。1877年以降に刊行された未完の大著『法における目的』の序文には「目的がすべての法の創造者である」と語られている。その目的は「社会の生活条件を確保すること」とされ，法は国家の強制権力によってこの目的を達成するための形式であると定義された。そして法解釈とは，立法者の動機と法の機能に照らし，立法目的を明らかにするものとされた。

19世紀後半，イギリスを追って，産業革命（第２次産業革命）を発展させていたドイツでは，経済開発の推進だけではなく，労働者問題をはじめさまざまな社会政策を同時に進めねばならなかった。立法の目的と国家の役割を強調するイェーリングの法理論は，こうした要請にも沿うものであった。

2 イェーリングの「転向」をめぐる議論

イェーリングが，パンデクテン法学を「概念法学」と呼んで批判したのは確かである。『法学における冗談と真面目』（1884年）には，そうした辛辣な批判の言葉がまとめられている。例えば，数学者が数値で計算しているのと同じように，法学者は概念による計算をするので，「結果が論理的に正しいものでありさえすれば，その先のことなど気にする必要はない」という具合である。「概念法学」批判はヘックらの利益法学やカントロヴィッツらの自由法運動，エールリヒらによる法社会学の創設への道を切り開くこととなった。[5]

しかし，パンデクテン法学の有効性が廃れることはなかった。その集大成ともいえる民法典はドイツの現行法であるのみならず，諸外国へも継受されている。その法技術や法理論には，今日の実生活や法実務に照らしても秀でているものが多く認められる。

近年，イェーリングの諸論稿やパンデクテン法学者らとの密接な交流分析をもとに研究が進んだ結果，少なくともパンデクテン法学が重視した法的構成や論理整合性をイェーリングは放棄しなかった，という見解が有力である。

むしろ「概念法学」批判がもたらした「成果」に注目する必要が示唆されている。例えば，いたずらに形式論へと堕落することに警鐘を鳴らすことで，パンデクテン法学に対して法実務や実生活からかけ離れないよう注意を喚起しつつ，他方でなおも緻密な法的概念構成と法学的論理を通じて法的紛争問題に対する結論を導こうとする。これにより，イェーリングはパンデクテン法学を法律実証主義[6]へと架橋した，と捉えることができる。

イェーリングが後世に及ぼす影響は長期的・多面的であった。母国ドイツでは，ダーウィンの進化論[7]との関係もあり，イェーリングの法思考がナチスに積極的に利用されてしまった。近代日本では加藤弘之や馬場辰猪らをはじめ，自由民権論者，国家主義を問わずに引用されている。イェーリングは，法史において独特の地位を占める大法学者なのである。　（上田理恵子）

▶5 Ⅳ-8-6 参照。

▶6 Ⅳ-8-10 参照。

▶7 例えば，イェーリングが死の直前まで筆をとった『インド・ヨーロッパ人前史』では，アーリア人の諸文化，祖先崇拝，ノアの洪水等々，古代史学の諸問題を解明するにあたり，とくにダーウィンの自然淘汰説が使用されている。イェーリングの多岐にわたる学問生活については，日本でも山口廸彦らによる多数の研究書や翻訳が刊行されている。

読書案内

イェーリングの生涯，業績と意義については『近世・近代ヨーロッパの法学者たち』第22章の平田公夫が詳しい。村上淳一『「権利のための闘争」を読む』（岩波書店，2015年）は，イェーリングの著名な講演を読み解きながら，19世紀ドイツの法学と社会を解明する手がかりを与えてくれる。これらは，厚さわずか150頁前後の文庫本ながら奥深い『権利のための闘争』（岩波書店，1972年）を読み解くよきガイドブックになろう。

3 ドイツ民法典と批判者たち：メンガーとギールケ

図1　ギールケ

出典：Wolf, E., *Grosse Rechtsdenker der deutschen Geistesgeschichte*, J. C. B. Mohr (Paul Siebeck) Tübingen, 1963.

1871年にドイツ帝国成立を実現したビスマルクは，国家統合をより実質的なものとするために，自由主義的市民層の支持を得て，政教分離に反対する南ドイツのカトリック勢力を抑圧した（文化闘争）。また1879年には工業資本家や地主貴族層（ユンカー）の求めに応じて，工業製品と穀物の輸入に対して関税を課す保護関税法を制定した（「鉄と穀物の同盟」）。労働や貧困など社会問題への対応を求める声に対しては，社会保険制度の整備によって労働者や貧困層の取り込みを図りつつ，社会主義者を弾圧する政策を取った（「アメとムチ」）。

1 民法典編纂過程の概要

1874年に民法典編纂のための委員会が設置され，ヴィントシャイト[1]を含む2名の大学教授，司法省官吏，裁判官からなるメンバーで作業がすすめられ，1888年に第一草案が完成した。ヴィントシャイト自身の参加は途中までであり，近年の研究ではその貢献度を過度に重視することは避けられつつあるものの，委員会メンバーが受けてきた法学教育がパンデクテン法学であったこともあり，作成された法案は「小ヴィントシャイト」と称されるほどであった。

第一草案には数多くの批判が寄せられた[2]。用語の難解さ，理論への偏り，実生活からのへだたり，ドイツの慣習に対する軽視など，さまざまな立場の批判があるが，根本的な立場からのものとしてオットー・フォン・ギールケとアントン・メンガーの批判が挙げられる。

2 ギールケの批判

『ドイツ団体法史』（1868年）によりベルリン大学から教授資格を取得し，1887年にベルリン大学教授として迎えられたギールケは，歴史法学派のゲルマニステン[3]に連なる。法史家にして法政策家という立場から，ゲルマン法の伝統から人格と団体の観念を取り出して，個と全体を調和させる社会秩序の理想を説き，その理想を社会法という立法政策に結びつけた。

1889年に刊行された『民法典草案とドイツ法』においてギールケは，「この法典のどの規定も，学識法曹[4]に向けられてはいるが，ドイツの民衆に語りかけるものではない――民衆の耳にも，ましてやその心には届かない」と述べ，民衆にとって身近な慣習が無視されていることを嘆いた。また，すべての人を形式的に画一的に処理する個人的かつ反共同体的な私法のもとでは，「弱者に対

▶1　Ⅳ-7-10 参照。

▶2　ギールケやメンガーに加えて，近年の研究で注目されているのが女性運動からの批判である。婚姻後の女性の権利，財産の不平等を批判したエミリー・ケンピン（Ⅳ-8-4）やマックス・ヴェーバーの妻，マリアンネ・ヴェーバーらがいる。

▶3　Ⅳ-7-7 参照。

▶4　Ⅱ-4-11 参照。

して強者はいっそう強力」になると危惧した。同じく1889年にウィーンで行った講演「私法の社会的使命」においても，例えば所有権について「義務を伴わない権利はない」という命題や，「権利にはすべて内在的な制限があるというゲルマン的な見方」に対して，「本来無制約な権能が，外部から対立する権能によって制限されるにすぎないとするロマニストの体系は，どのような社会的法概念とも矛盾する」という言葉などは，草案に向けられた批判であった。

3 メンガーの批判

ウィーン大学の民事訴訟法の教授アントン・メンガーは，第一草案の形式主義を批判した点はギールケと同様だが，社会主義思想[5]を前面に立てる点で異なっていた。1890年に発表した『民法と無産者階級』においてメンガーは，「富める者と貧しき者とでは社会的立場が異なるため，異なる扱いが必要」であるのに，立法が同一の法規を定めることで，経済的弱者は「従属と不自由の状態」に陥るほかはない。したがって，現代の私法体系は恵まれた階級によって「何千年もの闘争を通じて無産者階級に押し付けられた」ものである。無産者階級がすでにドイツにおいて一大勢力となり，社会改革が進められる時代となった以上，最初の包括的法典となる民法も，私的所有権は維持するとしても「貧民の利益のために修正し，それによって世界の他の国民の模範となるべき先例を与える時代がきた」と主張した。

4 第一草案の修正から民法典の成立へ

第一草案の修正作業は1890年に開始された[6]。委員会メンバーも一新され，前回には多かった裁判官が含まれず，非常任委員には法曹以外の職業の代表者もいた。修正作業の過程で，教科書風の規定は削除され，条文の表現は民衆に親しみやすいものに改められた。また，加害の意思をもってする権利行使（シカーネ）の禁止（民法226条）はギールケの批判に由来するとみられる。さらに，雇用契約における労働者の保護規定も審議過程で強化されていった。

しかし，草案の理論的基礎には変わりがなく，あくまで多数のこまかな個別的規定の修正にとどまった。委員長を務めたプランクが明言したのは，民法典は特定階級の利益を考慮するのではなく，「問題になっている利益のすべてを衡量して，全体の福利に最もよく適っている規定を設ける」こと，したがって「広い意味の社会的利益が基準」となる，ということであった。社会改革はできるかぎり特別立法に委ねられたのである。

ドイツ民法典は最終的に1896年に公布され，1900年１月１日に施行された。民法典の成立により，パンデクテン法学もその役目を終えた。この後は，現在にいたるまで，解釈と適用が民法学の課題となる。　（上田理恵子）

図２　メンガー

日本国憲法25条の制定過程の活躍でも知られる森戸辰男はメンガー研究でも知られる。

出典：Wikimedeia Commons.

▶5　Ⅳ-8-8 参照。

▶6　第二委員会では，帝国司法庁が主導的役割を果たしたことが，最近の研究で注目されている。

読書案内

ギールケの生涯と活動の全体像については屋敷二郎「オットー・ギールケ」『近世・近代ヨーロッパの法学者たち』第23章が詳しい。アントン・メンガーはガリツィアのマニュフで生まれ，兄弟であり後に著名な経済学者となるカール，政治家となるマックスとともにウィーン大学に学んだ。八木紀一郎『ウィーンの経済思想――メンガー兄弟から20世紀へ』（ミネルヴァ書房，2004年）は，カールを中心としながらも，メンガー家三兄弟の活躍を当時の社会に即して理解することができる。

4 法と女性：エミリー・ケンピン

19世紀後半における資本主義の発展は，さまざまな社会問題の深刻化を伴った。ベーベルの指導するドイツ社会主義労働者党（1890年にドイツ社会民主党に改称）は，ビスマルクが1878年に制定した社会主義者鎮圧法による弾圧を受けながらも，次第に党勢を拡大して第二インターナショナルの中心的役割を担った。1879年に発表されたイプセンの『人形の家』は，自我に目覚めた主人公ノラが家庭を飛び出すさまを描き，女性解放運動に刺激を与えた。

図1　エミリー・ケンピン=シュピーリ

出典：Wikimedia Commons.

1 エミリー・ケンピンの生涯と業績

1853年３月18日にチューリヒ近郊で生まれたエミリー・ケンピン（旧姓シュピーリ[1]）は，22歳で結婚して３人の子どもをもうけた後，1885年夏学期からチューリヒ大学で法学を学び，1887年に両法博士の学位を取得した。これをもって，ケンピンはヨーロッパ女性として最初の法律家と称される。

34歳で法律家となったケンピンは，48歳の若さで死去するまでの14年間に多くの栄光と挫折を経験した。女性に弁護士資格を認めたチューリヒ弁護士法（1898年）にいたる流れの出発点は，その12年前にケンピンが提出し却下された請願書であった。以後チューリヒでは女性の弁護士が次々と誕生することになるが，ケンピン自身は当時すでに精神疾患を患っており，弁護士として法廷に立つことはなかった。ケンピンはまた，ニューヨーク大学とチューリヒ大学で講師として法学を講義しただけでなく，両大学で法学を学ぼうとする女性のための公式の入学ルートも開拓した[2]。しかし，ニューヨークでは家族がアメリカ生活に馴染めず早々に帰国してしまい，チューリヒでは教授昇任の見込みがないまま受講者数の低迷に苦しんだことから，ケンピンはいずれの大学も短期間で講師を辞している。さらにケンピンは，1893年に**女性の権利保護協会**[3]をチューリヒで設立し，英米法に長けた法律顧問として活動したベルリンでは，妻の法的地位に関するドイツ民法典[4]第三草案（1886年）の修正に決定的な影響を与えた。しかし，当時の女性運動の主流派とは路線が異なり，「裏切り者」とまで呼ばれて孤立した。

2 能動市民権と兵役

ケンピンのアメリカでのキャリア形成が頓挫したのは，主に家庭の事情によるものといえるだろう。これに対して，スイスで弁護士資格の取得や教授への

▶1　童話『ハイジ』の著者ヨハンナ・シュピーリは，エミリーの叔母にあたる。

▶2　ケンピン自身は，聴講生として受講した講義の担当教授に認められ，特例としてチューリヒ大学に入学を許可された。

▶3　**女性の権利保護協会**
女性の法的・社会的地位の向上，権利侵害からの女性の保護，女性の団結意識の高揚などを目的とした。ドイツではドレスデンから各地へと広がったが，その原型はチューリヒにあった。

▶4　Ⅳ-8-3 参照。

昇任が挫折した原因は，ケンピンが女性だったことにある。ここでは弁護士資格について詳しく検討することにしよう。

チューリヒでは1898年の法改正まで法廷代理人の要件を「能動市民権を有する者」とだけ定めていた。能動市民権とは，納税や兵役の義務と結びついた，直接・間接に参政権を行使する権能のことである。したがって，成人男性であれば，司法試験に合格したり実務修習を修了したりしなくても，それどころか大学教育を受けたことすらなくても，法廷代理人になれた。この規定は，1860年代の民主化運動によって，弁護士の特権的地位を廃し，大学で学ぶだけの経済的余裕のない階層にも門戸を開こうとする目的で制定された。

ところが，この「民主的」な規定は，かえって女性には門戸を閉ざすものとなった。武装永世中立を国是とするスイスでは，徴兵制に基づく国民皆兵制度[5]が採用されてきた。みずからの命をかけて国防に従事する「能動市民」だけが国政に参与できる仕組みは，男性に限れば，特権階級を排除する平等で民主的な考え方ともいえる。しかし，女性は，兵役に服さないがゆえに未成年者のような「受動市民」の地位に置かれ，参政権から排除されたのである[6]。

1886年に提出されたケンピンの請願書は，兵役の有無を問わず女性にも能動市民権を認めることを求めたが，当時のスイス連邦裁判所は，女性を能動市民から排除する法規定を設けても，「すべてのスイス人[7]」の平等を定めた憲法4条（当時）に違反せず，むしろ明文規定のないかぎり女性が能動市民から排除されるのは当然だとして，ケンピンの請願を却下した。

3 革命と女性の自立

ベーベルが著した『婦人論』（1879年）は，社会主義者鎮圧法による出版禁止処分にもかかわらず地下で刊行が続けられ，1890年の鎮圧法廃止までに20版を重ねるなど，19世紀末ドイツにおける女性解放運動のバイブル的存在だった。ベーベルは，女性差別の根本的原因は資本主義社会の原理にあると考え，社会主義革命によって女性差別も解消されると唱えた。ルイーゼ・オットー=ペータースらが1865年に設立した全ドイツ女性協会は，もともと女性の雇用機会拡大や妻の権利保障に軸足を置いていたが，ドイツ民法典が帝国議会で審議された際，社会民主党と連携する戦略を採用したものの，ほとんど何の成果も得られなかった。

他方，ケンピンは法律顧問として知遇を得た保守政党の有力者に働きかけることで，草案の部分修正をもぎ取った。修正はわずか4カ条にすぎず，資本主義的・家父長制的な民法典の基本路線はもちろん維持されたままだった。とはいえケンピンの修正は，妻の仕事道具を留保財産として夫の債権者から保護し，妻が締結した契約に対する夫の解約告知権を制限するなど，妻が夫から自立して職業活動を行うために欠かせないものだった。（屋敷二郎）

▶5 国民皆兵制度をめぐっては，2013年の国民投票で73％を超える圧倒的多数が徴兵制の存続を支持したことが記憶に新しい。

▶6 スイス憲法が女性に参政権を認めたのは1971年，連邦を構成するすべての州で女性に参政権が認められたのは実に1990年のことである。

▶7 1874年連邦憲法4条は「すべてのスイス人は法律の前で平等である。スイスにおいては，いかなる隷属関係も，いかなる州，出生，家族，個人の特権も存しない」と規定した。なお英語の「man」と同様に，文言にある「スイス人（Schweizer）」は「スイス人男性」と解釈することもできる。

読書案内

民法典編纂と女性運動については『近世・近代ヨーロッパの法学者たち』所収のコラム「民法典の批判者たち」がわかりやすい。

5 リストと新派刑法学

罪を犯した者はなぜ刑罰を受けるのだろうか。刑罰は，してしまったことに対する報いなのか，あるいはそうでないのか。この問題は人間の内面を科学的考察の対象とする心理学の発展などをきっかけに19世紀に改めて問い直され，激しい論争を巻き起こすこととなる。

1 新派刑法学と刑法学派論争

刑罰を犯された罪に対する報いとして捉える，いわゆる応報的**刑罰論**[1]に対し一石を投じたのはフォイエルバッハ[2]だった。どのような行為が罪とされ，それがどのように罰せられるのかを法律に明記し，かつ現実になされた犯罪に対しては定められた刑罰を確実に科すことで人間心理に訴えかけ，新たな犯罪の発生を抑止する，という彼の考え方は，刑罰に犯罪の防止という新たな意義と目的とを与えるものだった。**フランツ・フォン・リスト**[3]の刑罰思想はこれを出発点としているが，さらにその先を行き，伝統的な刑法学に対し大胆な転回を求めた。彼は犯罪統計や犯罪原因，刑のあるべき執行方法等を検討対象とする刑事政策学の成果を取り入れ，刑罰を科すことが，受刑者の内的改善をもたらし，それにより当該受刑者自身による再犯の可能性を減少させることにつながるとする新しい刑罰思想を打ち立てた。この主張はドイツ統一直後の激動の時代にあって，若い研究者や学生の賛同を呼び起こし，「近代学派」もしくは「新派」と呼ばれる新しい刑法学派を形成することとなった。一方でリストは従来の伝統的な刑法理論を擁護する立場の法学者たち（「古典学派」あるいは「旧派」）から激しい批判を受け，ドイツの刑法学界では20年にもわたり激しい論戦が戦わされることとなった。これを「(刑法) 学派論争」と呼ぶ。

2 リストの来歴とその思想の歴史的背景

リストは，同名の天才ピアニストであった従兄をはじめ多くの重要人物を輩出した名家に生まれ，ウィーン大学において法学史に残る著名な法学者たちの薫陶を受け，その才能を徐々に開花させた。後に彼が打ち立てることとなる思想との関係においてとくに重要な役割を担ったのは，イェーリング[4]であった。ウィーン時代のイェーリングは，法が社会との関係において追求すべき目的をテーマとした論究に取り組んでおり，このことがリストに，刑罰目的論に本腰を入れて取り組むきっかけを与えたことは明らかである。やがて統一されたば

▶1　**刑罰論**
刑罰の存在意義や正当化根拠に関わる刑法上の理論であり，犯罪の成立について論じる犯罪論と区別される。

▶2　フォイエルバッハについては Ⅳ-7-3 ，および『近世・近代ヨーロッパの法学者たち』第16章を参照。

▶3　**フランツ・フォン・リスト**
ウィーン出身。後にベルリン大学で教鞭を執る。ピアニストのフランツ・リストは彼の従兄。

図1　フランツ・フォン・リスト

出典："Gedächtnisheft für Franz von Liszt. Zur 50. Wiederkehr seines Todestages am 21. Juni 1919" *Zeitschrift für die gesamte Strafrechtswissenschaft*, Bd. 81, 1969.

▶4　イェーリングについては Ⅳ-8-2 および『近世・近代ヨーロッパの法学者たち』第22章を参照。

▶5　ドイツ統一をめぐってはプロイセンとオーストリアの間に普墺戦争（1866年）をはじめとする争いが

かりのドイツに活躍の場を求めることとなったリスト[5]は，1871年につくられたドイツ帝国刑事法典が，産業革命や資本主義の進展による社会変化とそれがもたらした貧困層による財産犯罪や少年犯罪の激増という新しい犯罪問題の前で無力であるという思いを強くし，そのことが犯罪原因論をはじめとする刑事政策への期待へとつながっていった。1882年，リストはマールブルク大学正教授への就任に際して「刑法における目的思想」と題した就任講義[6]を行い，量刑は責任の重さのみならず犯罪者本人の改善の必要性と可能性とを考慮して決定されるべきである，と主張して目的刑主義を鮮明に打ち出した。ここにおいて彼が念頭に置いていたのは，当時のドイツにおける犯罪情勢であり，社会を貧困者による犯罪の脅威から防衛するための手段として刑罰を用いることが目指されていた。「社会政策こそが最良の刑事政策である[7]」というリストの名言は，第一義的にはこうした文脈の中で理解されるべきものである。

3 新派刑法学がもたらしたもの

リストと新派刑法学が求めた新たな方向性は，しかしながら激しい反発を生むこととなった。社会防衛に重点を置き，犯罪原因を自由意思ではなく犯罪者個人の悪性に求め，改善による**特別予防**[8]を刑罰の主目的と位置づけることが，国家による個人の内面への介入に道を開くばかりではなく，犯罪行為を待たずして意思や性格自体を根拠とした刑罰類似の措置を可能にし，個人の自由に大きな制約をもたらしかねないとする古典学派，すなわち伝統的な自由主義的刑法理論の側からの指摘は，続く時代にこれがファシズムと結びつくことによって現実化されることとなった。リスト自身はこうした行き過ぎの危険性を認識し，防止のための施策を考えてはいたものの，悪夢が実現したことにより新派刑法学は急速に支持を失っていった。それでも，犯罪が自由意思という個人的な要素のみならず経済状況や生育環境等の社会的要因によっても引き起こされるとする犯罪原因論は刑事政策の基礎となり，今日にいたるまで否定されることなく維持されている。また，特別予防という刑罰目的とそのための手段としての改善・矯正という観念は，懲役刑を中心とする現代の行刑実務においてその根幹に据えられている。再犯防止という問題[9]は，犯罪認知件数が極度に低下した現代の日本にあって解決が図られるべき喫緊の政策課題の一つとして意識されているが，このことは，新派刑法学の目指した方向性が，少なくとも刑事政策の領域においては誤っていなかったことを示している。

刑法学においても，新派の主張の一部は容れられ，応報という原理のみならず犯罪防止という目的をも刑罰の正当化原理として捉える相対的応報刑論が構成され，法解釈や立法に影響を及ぼしている。リストの思想は，実定刑法学においても今なお生き続けているのである。　　（藤本幸二）

あったが，オーストリア人であるリストはプロイセン支持の姿勢を採り続けていたため，母校ウィーン大学で教鞭を執ることはできなかった。

▶6　この就任講義は，それが行われた大学の名前を取った「マールブルク綱領」という呼称でも知られている。

▶7　これ以外にもリストは，その刑法思想や刑法理論を象徴する以下のような名言を残している。「刑法は犯罪者のマグナ・カルタである」「罰せられるべきものは，行為ではなく行為者である」。

▶8　**特別予防**
目的刑論を代表する考え方の一つであり，フォイエルバッハらが提唱した，刑罰により広く市民全体に働きかけ，新たな犯罪発生を防止する一般予防の概念と対比される。

▶9　例えば，政府は2017年に「再犯防止推進計画」を閣議決定し，再犯に関して数値目標をかかげ，その防止に向けて地方公共団体と協働して本腰を入れて取り組む方針を明示している。

読書案内
刑法史上の偉人であるリストに関しては『近世・近代ヨーロッパの法学者たち』第24章のほか，井田良「リスト v. Liszt, Franz（1851–1919）」『法学教室』129号（1991年）が読みやすい。また「刑法における目的思想」も西村克彦訳『近代刑法の遺産　下』（信山社，1998年）に収録されている。

8　近代法システムへの懐疑と新潮流

6 エールリヒと法社会学

図1　オイゲン・エールリヒ

出典：Slavka Tomascikova, Eugen Ehrlich: Bibliographic Index, Delaware: Vernon Press, 2019.

▶1　チェルニウツィ
1775年から1918年までハプスブルク君主国に領有され，ブコヴィナ州の州都となった。ユダヤ人の比率も高く，1910年の人口統計では4割を占めた。1918年の君主政解体以降はルーマニア王国の領有，第二次世界大戦下のナチス・ドイツ，ルーマニア王国，ソ連の争奪戦を経て1944年にソ連のウクライナ・ソビエト社会主義共和国，1991年以降は独立したウクライナの帰属となった。エールリヒが活躍した時期については，あえてドイツ語読みの「チェルノヴィッツ」と表記している。

合衆国大統領ウィルソンは1918年に発表した「十四カ条」で民族自決や国際平和機構設立などを掲げ，第一次世界大戦後の国際秩序（ヴェルサイユ体制）に大きな影響を与えた。諸民族の独立運動が高まっていたオーストリア=ハンガリー帝国は解体し，1919年のサン=ジェルマン条約で国土・人口ともに戦前の4分の1に縮小したオーストリアは，ドイツ系住民中心の小国となった。

1 エールリヒの生涯

エールリヒが法社会学という法学の新たな分野を開拓したことと，彼の過ごした時代や環境は結びつけて語られることが多い。1862年，エールリヒはオーストリア帝国ブコヴィナ領の都市チェルノヴィッツ（現ウクライナの**チェルニウツィ**[▶1]）で，ユダヤ系弁護士の家に生まれた。キリスト教に改宗したユダヤ教養市民層は，帝国の東の辺境で，皇帝の忠実な擁護者だった。5年後の1867年，普墺戦争に敗北したオーストリアは，ハンガリー王国との同君連合であるオーストリア=ハンガリー帝国へと再編された。エールリヒが最初に学んだ大学のあるレンベルク（現ウクライナ西部のリビウ）は，ガリツィアの首都にして当時のポーランド人，ウクライナ人双方にとって文化の中心地であった。1881年以降，エールリヒはウィーン大学に学び，学位と教授資格を取得し，私講師となった。続いて1897年から1914年まで勤めたチェルノヴィッツ大学では，ローマ法学の員外教授から正教授となった。主著『法社会学の基礎理論』（1913年）もこの時期に書かれた。第一次世界大戦が始まると，ロシア軍の侵攻を逃れるため，エールリヒはウィーン，スイスへと移り住んだ。日本人の研究者との交流が多かったのは，スイス滞在中のことといわれる。1921年に帰任した生まれ故郷の大学は，ルーマニア語でチェルニウツィ大学と呼ばれるようになっていた。ルーマニア語で講義するための準備期間が1年間与えられたが，エールリヒは1922年にウィーンで亡くなった。

2 法社会学の目的：「生ける法」の探究

エールリヒは法規範を「生ける法」「裁判規範」「法命題」の3つの存在形態に分類した。このうち「生ける法」とは，家族，民族など，「社会団体の成員により承認され，一般的には実際にも遵守されている規則」であるという。昔から存在する組織を含むすべての社会団体から生み出された法である。裁判規範とは，法的紛争を裁判するための法規範である。裁判官は既存の生ける法では解決できない紛争を処理するために，生ける法を一般化・統一化することで裁判規範を創造するか，別個の裁判規範を形成する。最後に法命題とは「普遍的に妥当するとして，制定法や法律書の中で権威的に公示された法規則」であり，国家の組織的な強制力によって保証される。

ところで，法規範を他の社会規範と法を区別する手がかりは「国家権力に裏付けられた強制力」と説明されることが多い。『経済と社会』の中に「法社会学」の章を設けたマックス・ヴェーバーも，そのように説明している。ところが，エールリヒによれば，強制力をもつ裁判規範や法命題は二次的な法にすぎない。より本質的な法の妥当性の根拠は，「社会団体の成員による承認」であるという。この根拠をもった「生ける法」を探究することが法社会学の目的となった。そのために，エールリヒは法学者として初めて質問票調査や面接調査を実施し，契約書の収集を行った。大学での法学教育においても，1908年から学生たちとブコヴィナで調査活動する「生ける法ゼミナール」を実施し，1914年にはアメリカで講演が代読された。

このように，社会学や心理学の方法を用いて法の妥当性を解明しようとした点にエールリヒの意義が認められる。ただし，その結果，法規範と他の規範を区別する基準が不明確なままに終わってしまった点も否定できない。

3 自由法運動

エールリヒも主導者の一人に数えられた自由法運動とは，19世紀末から20世紀初頭にかけて起こった法律学の刷新運動である。名前の由来は1906年に発表された**カントロヴィッツ**[◁2]の『法学のための闘い』の中で，国家法に対置された「自由法」である。自由法運動は，裁判官の役割を可能な限り狭くしようとして法の機械的な適用に陥った「概念法学」への批判を代表する立場の一つとなった。ドイツの法学者たちは，諸都市で複数のサークルや雑誌を刊行して盛り上がった。エールリヒは，彼らとの直接の交流が地理的に難しかったものの，カントロヴィッツよりも早く1903年に『自由な法発見と自由法学』を発表していたことによって，運動のさきがけと認められている。フランスではジェニーやサレイユが伝統的な法律学への批判の急先鋒だった。地域や時代，それに方法の違いはあれ，こうした運動を進めた人々が目指したのは，近代法が制定されても，独自に営まれている地方・部分社会の法慣習があるという事実，古い私法では対処できない社会問題が発生しているという事実の強調である[◁3]。

こうした運動の推進者と批判者がともに増大する中で1914年の第一次世界大戦が勃発すると，自由法運動はやがて終焉を迎えた。エールリヒの開拓した法社会学の主な舞台は，形をかえて，むしろアメリカや日本へと移ることとなる。

（上田理恵子）

▷2 **ヘルマン・カントロヴィッツ**
国家法と自由法を区別し，自由法を個人法と共同体法とに区別したが，それらの法とは何かについてはまだ明確にされていなかったという批判がある。

▷3 パンデクテン法学とも自由法運動とも一線を画した立場として，フィリップ・ヘックの主導した利益法学がある。この立場によれば，法とは，立法者がさまざまな利益の衝突を衡量して制定したものであり，法の欠缺の場面においても，裁判官は自由に法を創造するのではなく，制定法の中に見出される類似の利益衡量をはかり，それを手がかりに判決を下さねばならない，とした。

読書案内
エールリヒとヴェーバーによる法の見方を対比しつつ理解するには，長谷川貴陽史「法社会学の形成　エールリッヒとウェーバー」（8講）森村進編『法思想の水脈』（法律文化社，2016年）が詳しい。中山竜一他『法思想史』（有斐閣，2019年）（とくに第8章）では，各法学者の著作からの引用もあり，コンパクトながら理解の助けになる。

8　近代法システムへの懐疑と新潮流

7　ヌスバウムと法事実研究

図1　アルトゥール・ヌスバウム

出典：Wikimedia Commons.

総力戦となった第一次世界大戦では，軍需産業中心の経済体制への再編や国民の消費生活の統制など，軍隊だけでなく社会・経済のあらゆる力が戦争のために結集された。ドイツでは大戦後の経済混乱にルール鉱工業地帯の占領が加わってハイパーインフレが発生した。1933年に政権を掌握したナチスはユダヤ人を排斥し，1935年のニュルンベルク法でユダヤ人の公民権を剥奪した。1938年以降はアウシュヴィッツ絶滅収容所などを舞台に600万人ものユダヤ人がホロコーストの犠牲となった。

1　ヌスバウムの生涯

アルトゥール・ヌスバウムは，1877年にベルリンでユダヤ人の家庭に生まれた。ゲルマン法学者オットー・ギールケ[1]，法哲学者ヨーゼフ・コーラー，国法学者フーゴー・プロイス[2]など錚々たる教授陣を擁して黄金期にあったベルリン大学法学部で学んだ後，ヌスバウムは1898年に博士号を取得し，1904年から1914年まで弁護士として活動した。実務の傍らで学問的研究を続けたヌスバウムは，新派刑法学者フランツ・フォン・リスト[3]のすすめで**ヒルスナー事件**[4]の鑑定に臨み，数千ページに及ぶ資料を調査して『ポルナの儀式殺人裁判――訴訟記録に基づく刑事心理学的研究』（1906年）を著した。

1913年に発表された『ドイツ抵当制度教科書』は，実務的価値の低い概念構成を排し，実際的な書式例から解説を説き起こすなど，画期的な教科書として成功を収めた。翌1914年，ヌスバウムは綱領論文『法事実研究――その学問および教育における意義』を発表し，『抵当制度』で実践した手法を明確化・一般化した。同年，ベルリン大学私講師となったヌスバウムは，「法事実研究ゼミナール」を開講し，複数の雑誌や叢書の編集に携わって，およそ20年にわたり自身および弟子たちの法事実研究に基づく個別研究を世に送り出した。

第一次世界大戦が勃発するとヌスバウムは総力戦による戦時統制への関心から『新ドイツ経済法』（1920年）など公私法が混淆する経済法領域の探究を進め，戦後はハイパーインフレ[5]にも関心を寄せて『増額評価理論の決算』（1926年）などを発表した。しかし，1933年にナチスが政権を掌握してユダヤ人を公職から追放したため，危険を感じたヌスバウムはコロンビア大学の招聘に応じて亡命した。アメリカでのヌスバウムは，通貨法や国際私法の分野での業績の他『国際法の歴史』（1947年）を発表したが，1964年にニューヨークで没した。

▶1　Ⅳ-8-3 参照。

▶2　Ⅳ-8-9 ▶1参照。

▶3　Ⅳ-8-5 参照。リストのベルリン大学招聘は1898年なのでヌスバウムの卒業後だが，リストは卒業生にもゼミナールへの参加を認めており，ヌスバウムはこれに参加した。

▶4　**ヒルスナー事件**
第一発見者であるユダヤ人ヒルスナーが反ユダヤ主義的偏見から死刑を宣告された事件で，その裁判では，後にチェコスロヴァキア初代大統領となるマサリクが弁護士として冤罪を訴え，終身刑への減軽（1918年に釈放）を勝ち取った。

▶5　Ⅳ-8-10 参照。

2 法事実研究とは

ヌスバウムの考えでは，法解釈学は規範に関する技術的学問であって，因果法則的認識による科学的学問ではない。とはいえ法は，因果法則に支配された現実生活と密接な関わりを有している。法は，社会的・政治的その他の事実的諸条件を前提とし，社会的・政治的その他の事実に対して効果を及ぼすからである。それゆえ法解釈者には，解釈技術と現実感覚がともに欠かせない。

法事実研究は，因果法則に支配されない規範的学問である法解釈学に現実感覚を付与するための補助学である。その具体的課題としては，法適用の実態，地域的な多様性，実際の取引慣行の調査や，諸外国との（条文だけでなく法実務まで含めた）法比較などが挙げられる。こうした経験的諸事実を踏まえることで，法解釈学は現実生活から遊離することを免れるのである。

3 法事実研究と法社会学

1960年代のドイツでは，エールリヒの法社会学[6]とならんでヌスバウムの法事実研究への関心が高まった。ところが，さらに半世紀を過ぎた現在，ヌスバウムの名前だけが再び忘れ去られたようにも思われる。その理由としては，次の2つが挙げられるだろう。

第一の理由は，法事実研究が緻密な方法論を欠いたことである。単純にページ数で比較しても，ヌスバウムの『法事実研究』はエールリヒの『法社会学の基礎理論』（1913年）の15分の1しかない。ヌスバウムの関心は，アカデミックな方法論を磨き上げることではなく，実務で生起する諸問題の解決につながる手法を実際に活用することにあった[7]。しかし，現実社会における個々の問題解決に貢献しようとした法事実研究の個別的成果は，20世紀の激しい社会変動の結果，皮肉なことに現実社会と乖離してしまった。

第二の理由は，法事実研究が独自の学科目を目指さなかったことである。自由法論者ないし法社会学者として知られていたエールリヒとは異なり，ヌスバウムは法事実研究者というよりも，ベルリン時代は私法・経済法の専門家，ニューヨーク時代は国際私法・国際法の専門家として著名だった。むしろ法事実研究は，こうした既存の学科目の研究・教育に取り入れられるべき新たな手法とされた。この点で，ヌスバウムの法事実研究は，リストによる全刑法学の構想[8]を法学全体に広げたものと考えることもできる。

法規範の抽象的概念的な解釈に終始せず，法事実を踏まえて現実社会にもたらす効果を意識しながら法学の研究・教育を行うことが当然とされる現在，ヌスバウムの法事実研究は，その創始者の名前を想起する必要もないほど定着した，といえるのかもしれない。

（屋敷二郎）

▶6 Ⅳ-8-6 参照。

▶7 ヌスバウムの著した大著はどれも個別研究である。

▶8 本節では紙幅の都合からエールリヒとヌスバウムの相違点ばかりを強調したが，イェーリングの概念法学批判（Ⅳ-8-2 参照）がエールリヒとリストに及ぼした影響を想起するならば，エールリヒとヌスバウムの共通点にも留意すべきであろう。

読書案内

ヌスバウムの評伝として，屋敷二郎「アルトゥール・ヌスバウムの法事実研究」鈴木秀光・高谷知佳・林真貴子・屋敷二郎編著『法の流通』（慈学社，2009年）がある。

8　近代法システムへの懐疑と新潮流

8 労働者階級の台頭と近代法の揺らぎ：「社会法」の誕生

図1　労働者を搾り上げる資本家

出典：Wikimedia Commons.

18世紀後半にイギリスで始まった産業革命は，19世紀に入るとヨーロッパ諸国やアメリカなどでも起こり，各国を資本主義体制に組み込んでいった。個人主義や自由主義に根差した近代法の下で，資本家と労働者の所得格差は拡大し，両者は対立を深めていった。近代法が生み出す労働問題や貧困問題に対処するために，近代法とは異なる新たな法システムである「社会法」が必要とされるようになり，1919年のヴァイマル憲法では社会権が初めて明記された。

1 労働問題：「契約自由の原則」から国家による介入へ

市民革命を経て生まれた近代法では，人は等しく権利義務の主体となる資格をもつため，自由な意思に基づいてどんな契約も結ぶことができるとされた。この「契約自由の原則」に従えば，使用者（資本家）と労働者が合意すれば，たとえ長時間労働，低賃金を労働者に強いる内容の契約であっても問題はない，と考えられた。また，干渉を受けることなく誰もが自由に経済活動を行えるという**経済的自由主義**[1]は，ギルド（同業組合[2]）を解体しその規制を廃することで，人々を競争へと駆り立てた。その結果，劣悪な労働環境，失業者や貧困者の増加，都市部への人口集中とそれに伴う治安の悪化といった問題が発生した。

このような中，「契約自由の原則」が及ばず，国家が法律で規制できると考えられたのが児童労働である。イギリスでは，工場法が1802年以降数度にわたって制定され，児童労働の規制を突破口に，適用範囲を拡大しながら労働者一般の労働時間の規制，衛生や安全の確保などが図られていった。使用者に法を遵守させるため，1833年には工場監督官が設置された。19世紀に入り本格的に産業革命が展開したフランスでも，児童労働規制法が1841年に制定された。

一方，労働者たちは，団結して労働条件の改善を訴えようとする動きをみせ始めた。各国では当初，団結や結社を禁ずる法律[3]によって組合運動は禁止や規制の対象とされていた。ようやく1871年，イギリスで労働組合の法的地位を認める法律が制定されると，他国でも徐々に労働組合への規制が緩和されていった。この背景には，19世紀後半以降に実現する，労働者への参政権の拡大，そして労働者の利益を代表する政党の誕生と勢力伸長があった。

2 社会主義思想の拡がり

労働者保護法制や組合活動をリードしたのが，社会主義者である。彼らは，

▷1　**経済的自由主義**
「国家からの自由」の保障を核とする近代法の下で，人々は営業の自由や職業選択の自由，居住・移転の自由，財産権といった経済的自由を獲得し，自由競争や自由貿易が促進された。1920年代に入ると経済学者ケインズは，経済的調和の実現には国家の介入が必要であると唱え，従来の自由放任主義を批判した。

▷2　[Ⅳ-7-8]▷2も参照。

▷3　フランスで1791年に制定されたル・シャプリエ法は，ギルドを廃止し営業の自由を保障する一方，他方で労働者が団結して行動することを禁じた（[Ⅳ-7-2]参照）。同法が廃止され組合の結成が合法化されたのは1884年である。イギリスでも1799年に団結禁止法が制定された（1824年に廃止）。確かに1871年には組合の法的地位が認められたものの，実際には，ストライキは刑法に従い処罰されるなど，規制も多かった。

資本主義が生み出す問題を解消するためには，土地や機械といった生産手段の共有と共同管理，私有財産制の廃止，そして平等な所得の分配が必要であると唱えた。イギリスのオーウェンは工場法の拡充や組合の結成に尽力し，ドイツのマルクスとエンゲルスは労働者階級の結束と連帯を呼びかけた。

社会主義運動が勢いを増すようになると，ドイツでは1878年，社会主義的傾向をもつ組合や政党を禁止する社会主義者鎮圧法[4]が制定された。ドイツ帝国宰相ビスマルクは，この法律で社会主義運動を抑え込もうとする反面で，労働者に生活の安定を提供することで彼らを社会主義運動から遠ざけようとし，1880年代には世界に先駆け，社会保険（疾病・労災・年金保険）制度を導入した。

3 貧困問題：私的扶助から公的扶助へ

近代以前の救貧は主に，教会の慈善活動や共同体（村やギルド）の相互扶助によって行われてきた。近代以降の工業化や都市化は，これまでにない規模の貧困者を生み出し，貧困問題は労働問題と同様に，深刻な社会問題となった。

イギリスでは，16世紀以降繰り返し救貧法が制定された[5]が，この法の救済対象は労働能力のない者のみであったため，慈善団体による補完的な救貧活動が欠かせなかった。フランスの救貧も，絶対王政期に国家の関与がみられるものの，基本的には慈善団体の活動に拠っていた。しかしフランス革命で教会財産が国有化され，ギルドが廃止されると，新しい救貧制度の構築が国家の課題となった。ジャコバン派は，平等理念に基づく生存権の保障を目指し，1793年憲法や各種の法律で，労働の権利や国家による扶助，貧者への土地分配などを定めた。だがこの路線はテルミドールのクーデタ以降，経済的自由主義が重んじられる中で姿を消していった。その後救貧事業は再び，長くフランスの救貧を担ってきた施療院[6]に委ねられたが，施療院が市町村の監督を受けるようになった点は革命前と異なっていた。しかし，公的扶助を含めた社会保障制度が各国で本格的に整備されるようになるのは20世紀に入ってからのことである。

4 社会法の誕生

労働問題や貧困問題は個人の問題ではなく社会問題であると認識されるようになると，これらの問題解決のために国家が積極的な役割を果たすべきだという考え方が登場する。国家は次第に，近代法の下では自由に任されていた企業や私人の経済活動を規制したり，社会的弱者の生活を安定させる制度を構築したりするようになる。そして第一次世界大戦後，ドイツのヴァイマル憲法は社会権を明記した。他の資本主義国[7]でも，社会主義国家ソ連の成立や世界恐慌による失業者の急増を契機に，労働法，社会保障法，経済法といった「社会法」の整備が進められた。こうして，国家が介入することで近代法の生み出す弊害を除去する，という新しい法体系が誕生したのである。　（的場かおり）

▶4　ビスマルクが社会主義者鎮圧法を用いて弾圧しようとしたのは，1875年に結成されたドイツ社会主義労働者党であった。同党は非合法な組織とされた後も秘密裡に活動を続け，法律が廃止された1890年，ドイツ社会民主党と改称した。この党は現在でもドイツの主要政党の一つである。

▶5　エリザベス救貧法（1601年）は，労働能力のない者の救済を教区に行わせる一方，労働能力のある者を懲治院で強制労働させた。18世紀には，懲治院での処遇改善，下限収入を下回る家庭への手当の支給（スピーナムランド制度）など人道的な政策も登場した。しかし1834年の救貧法は，自助・自立の観点からスピーナムランド制度を廃止するとともに，救貧事業を国家の管轄下に置いた。

▶6　最初は教会が，続いてギルドや都市などが設立。病院や養老院の機能を果たした。

▶7　19世紀末から20世紀初頭にかけ，フランスでは労災補償や退職年金の制度が，イギリスでは失業保険を含んだ国民健康法などが作られたが，包括的な社会保障制度の整備と実効力のある運用が実現するのは1930年代以降のことである。

読書案内

髙田実・中野智世編著『近代ヨーロッパの探究15　福祉』（ミネルヴァ書房，2012年）は，本書で取り上げたイギリス，フランス，ドイツの他，スウェーデン，イタリア，ロシアの労働・救貧政策も解説している。各国の制度を比較しながら学べる良書である。

9 ヴァイマル憲法：20世紀の民主主義憲法

図1　投票する女性（1919年）

出典：https://www.stuttgarter-zeitung.de/inhalt.100-jahre-frauenwahlrecht-ein-schritt-zu-mehr-gleichberechtigung.b3346d52-7416-4fb2-82ce-2f05d377da15.html?reduced=true

第一次世界大戦後に生まれたドイツのヴァイマル憲法は，社会的基本権を初めて保障した民主的な憲法で，20世紀に制定された各国の憲法に大きな影響を及ぼした。「健康で文化的な最低限度の生活」を保障した日本国憲法25条の生存権規定も，この系譜に属する。他方で，ヴァイマル憲法が大統領に大きな権限を与えたことは，その後のナチス独裁に道を拓いたともいわれる。

1 ヴァイマル憲法（1919年）の誕生

20世紀の幕が上がると，帝国の滅亡が相次いだ。大清帝国は辛亥革命（1911～12年）で，ロシア帝国は二月革命・十月革命（1917年）で打倒され，1922年にはオスマン帝国が滅亡した。ドイツ帝国でも第一次世界大戦の最中に十一月革命（1918年）が起こると，皇帝は亡命し，帝国を構成する各国の君主も退位した。革命を主導した社会民主党は臨時内閣を組閣し，ドイツ史上初となる共和国の樹立を宣言した。

新憲法制定のための国民議会選挙の準備と議会に上程する草案の作成を任されたのが，**プロイス**[1]であった。草案作成には官僚の他，かねて議会主義の問題に取り組んできたマックス・ヴェーバー[2]も参加した。ここでは，大統領の選出方法やその権限，連邦国家か単一国家かという国家形態などが争点となった。

国民議会選挙は1919年１月に実施され，初めて女性の投票が認められた。国民議会は，政情が安定しない首都ベルリンを避け，ヴァイマルで開催された。政府の草案は国民議会内に設置された憲法委員会で議論され，内務大臣となったプロイスも出席した。憲法委員会での審議・修正を踏まえ，７月末の国民議会本会議において，全181条からなる憲法が可決・成立した。こうして誕生した憲法は，国民議会の開催地にちなみ，「ヴァイマル憲法」と呼ばれる。

2 現代的・民主的な憲法：「光」の部分

ヴァイマル憲法は，従来の憲法とは異なる「現代性」を備えていた。

第一に，民主主義原理の貫徹である。１条では「国家権力は国民に由来する」と明記された。主権者である国民の意思を政治に反映させるため，普通選挙と比例代表制を採用した国会議員選挙[3]，直接選挙による大統領の選出，国民投票や国民請願といったシステムが整えられた。

第二に，近代法に残存した身分や出生，性別に基づく差別が解消され，より

▶1　**プロイス**
ギールケの薫陶を受けた公法学者である。ユダヤ人という出自も影響し，新設のベルリン商科大学にポストを得たのは1906年のことであった。10年以降はベルリン市議会議員として政界にも進出し，17年にはドイツ帝国憲法の改正案を完成させた。このような実績と経験が買われ，革命後の新政府において憲法起草という重責を担うことになった。

▶2　Ⅳ-8-6 参照。

▶3　ヴァイマル共和国の議会は，国民代表からなる国会と各州の代表からなるライヒ参議院の二院制であった。国会議員は普通・平等・直接・秘密選挙で選ばれ，満20歳以上の男女が投票権を有した。また，有権者の意見や利益をより正確に政治に反映させるため，各政党の得票率に応じて議席を割り振る比例代表制が採用された。

実質的な平等の実現が図られた。貴族身分の称号は氏名の一部という意味しかもたなくなり，今後授与することは許されなくなった。出生に基づく差別解消を目指し，**嫡出子と非嫡出子（婚外子）**[4]が同じ条件下で成長できる法律の制定が求められた。そして参政権や公職就任権，婚姻における男女同権が実現した。

第三に，社会権の保障である。近代法の下では何の制約も受けないとされた所有権であったが，ヴァイマル憲法は所有権に，社会のために役立たせるという義務を課した。例えば土地所有者は，共同体のために耕作する義務を負った。また労働に関しては，近代法の「契約自由の原則」は「団体による協約」に取って代わられ，労働の権利，団結の自由，労使の共同決定権などが明記された。これら労働者の権利を保障する条文作成に尽力したのが「ドイツ労働法の父」とも称される労働法学者ジンツハイマーであった。さらにヴァイマル憲法は，包括的な社会保険制度の創設を謳い，新たに母性を保護の対象に加えた。

ヴァイマル憲法は，フランクフルト憲法[5]の流れをくむ充実した人権保障を規定し，20世紀に入って登場した社会法や福祉国家といった理念を体現した。

3 ヴァイマル憲法とナチス独裁：「影」の部分

1932年に国会の第一党となったナチ党がその後権力を掌握し独裁を開始すると，ヴァイマル共和国は崩壊し，ヴァイマル憲法も停止状態に陥った。しかしこのナチス独裁に道を拓く要素は，ヴァイマル憲法自体に潜んでいた。

まず，国会議員選挙に導入された比例代表制である。比例代表制は，死票を減らし民意を国政に反映させることができる反面，小党乱立を招きやすい。どの政党も単独で過半数の議席を獲ることができず，その結果，連立と離散が繰り返された。ヒトラーが政権を握るまでの14年間で20もの内閣が誕生し，議会制民主主義が健全に機能しているとはいいがたい状態が続いたのである。

次に，大統領[6]のもつ強大な権限である。起草者たちは，国民の支持を得たカリスマ的指導者に共和国の保持と運営を委ねようと考えた。また，革命直後の不安定な政情に対応し，安定した政権運営を図るためにも，強い大統領が必要とされた。このような理念と現実を踏まえ，ヴァイマル憲法は大統領に，国会解散権，外交上の代表権，官吏任免権，軍隊司令権，非常措置（緊急命令）権，恩赦権，首相・大臣任免権を与えた。中でも非常措置権は，公共の安全や秩序を守るためであれば，各種の人権を一時的に停止させることができた。ヒトラー内閣は1933年２月，国会議事堂放火事件に乗じ，人権の停止，令状不要の逮捕，そして予防拘禁を可能にする緊急命令を大統領に出させた。この緊急命令は，急速に勢力を伸ばしていた共産党を弾圧するために利用された。

1933年３月，政府にも法律を制定できる権限を与え，その法律の内容が憲法に違反してもよいとする「全権委任法」が成立すると，議会もヴァイマル憲法も実質的に機能を停止し，ナチス独裁がスタートしたのである。（的場かおり）

▶4 **嫡出子と非嫡出子（婚外子）**
法律上の婚姻関係にある男女間に生まれた子が嫡出子，婚姻関係にない男女間に生まれた子が非嫡出子である。1900年施行のドイツ民法典は非嫡出子を差別的に取り扱っていた。ヴァイマル憲法も戦後の基本法も両者の平等を定めたが，差別解消に向けた法改正は1960年代以降始まり，1997年，嫡出子・非嫡出子という概念自体が撤廃された。

▶5 Ⅳ-7-9 参照。

▶6 ヴェーバーは，数百万の国民の信任を得た大統領は「人民投票による革命的な正当性」に支えられており，議会の多数派の信任を得ただけの首相とは全く別の権威をもつ，また大統領は，政党を個別利益集団化させてしまう比例代表制の欠陥を防止できる存在である，と考えた。大統領の任期は７年と長く，再任も妨げられなかった。

読書案内

リタ・タルマン（長谷川公昭訳）『ヴァイマル共和国』（白水社，2003年）は，ヴァイマル憲法がどのような状況下で制定・運用されたのかを教えてくれる一冊である。ヴァイマル憲法を極めたい人は，Ch・グズィ（原田武夫訳）『ヴァイマール憲法』（風行社，2002年）に挑戦しよう。彼はヴァイマル憲法を「悪い時代の良い憲法」と評価し，長く顧みられることの少なかったヴァイマル憲法の研究を活気づかせた。

10 一般条項への逃避とナチス法学

図1　1922年発行の1000マルク紙幣

インフレに対応するため「10億マルク」と朱字で上書きされている。

出典：Wikimedia Commons.

ドイツ社会民主党が中心となって1919年に制定されたヴァイマル憲法は，男女普通選挙や労働権の保障を定め，当時世界で最も民主的と称された。しかし，ヴァイマル共和国はハイパーインフレで混乱し，短命に終わった。1933年に政権を掌握したナチスは，ユダヤ人排斥に着手し，アウシュヴィッツの絶滅収容所などで600万人にも及ぶユダヤ人虐殺（ホロコースト）を行った。

1 増額評価判決

増額評価判決[1]とは，1923年11月28日にドイツの大審院民事第五法廷が下した判決である。争点となったのは，インフレが始まる前の1913年に設定された抵当債務を（まだピークにはいたっていないが）インフレの始まった後の1920年に額面の金額で弁済することが認められるか，ということである。普通であれば認められて然るべきだが，審理が行われている間も裁判所の外でインフレが加速し続ける異常事態は，およそ「普通」ではなかった。そこで大審院は「取引慣行に応じた信義誠実の要請」に従った履行を定めるドイツ民法典242条を適用して，抵当証券に記載された金額での弁済を認めた原審判決を破棄し，インフレに応じて「増額」した金額で弁済するよう命じた。

▶1　日本では事情変更法理が用いられた事例として紹介されることが多い。ドイツでは「行為基礎の喪失」といわれ，2002年改正でドイツ民法典313条に明文規定が設けられた。なお事情変更法理については Ⅲ-6-8 参照。

2 一般条項への逃避

19世紀後半のドイツでは，パンデクテン法学[2]のように，法外の規範を法的判断の対象から除外する法実証主義が優勢であった。もっともパンデクテン法学の対象は「パンデクテン」すなわち古代ローマで編纂された「学説彙纂[3]」であって，ドイツ帝国やその他諸邦の制定した法律ではなかった。しかし，1900年にドイツ民法典が施行されると，ドイツ私法学の対象は現行の制定法たる民法典へと移行し，条文だけを絶対視する「法律実証主義[4]」の時代が到来した。

ところが，ヴァイマル時代になると状況は一変した。信義誠実原則[5]のように，民法典に明文規定が設けられていたとはいえ，あくまでも一般的な法原則を確認したにすぎないはずの一般条項が個別具体的な事件において積極的に活用され，個々の条文で規定された内容を実質的に上書きするような解釈がなされていったのである。増額評価判決は，こうした流れを象徴するものであった。

このような変化が生じた背景として，法実証主義を批判する学問的潮流を挙げることができる。もっとも，利益法学の代表者ヘックは増額評価判決に批判

▶2　Ⅳ-7-10 参照。

▶3　Ⅰ-2-4 参照。

▶4　法的判断に際して道徳など法外の規範を排除する法（Recht）実証主義をさらに推し進めて，自然法や慣習法など制定法以外の法規範までも排除したのが法律（Gesetz）実証主義である。

▶5　Ⅰ-1-5 ▶5参照。

的だった。また自由法運動[6]の代表者は多くがユダヤ系で，法学界の主流とは言い難かったので，その影響力をあまり大きく見積もるべきではない。むしろ注目すべきなのは，司法権の独立を盾にヴァイマル政権の制定した法律を軽視しようとする大審院の保守的な政治姿勢（いわゆる「階級司法[7]」）であろう。それは次のナチス時代へと道を開くものだった。

3 ナチス法学と戦後

一般条項の濫用は法的判断の厳密性を揺るがすものであり，裁判官の恣意によって法的安定性が阻害されかねない。このように批判するヘーデマンの論文『一般条項への逃避』が発表されたのは，いみじくもナチスが政権を掌握した1933年のことだった。

ナチス政権下では，ユダヤ系[8]や社会民主党系の法学者が大学を追われる一方で，ナチス支持の法学者がその空席を埋めた。とくにキール大学[9]にはナチスの精神に共鳴する若手法学者が集められて「キール学派」を形成し，自由主義や個人主義といった近代法理念に基づくドイツ民法典を激しく攻撃した。しかし，そのキール学派も長くは続かなかった。そもそもナチスは，政権基盤を固めるにあたって自分たちを支持する知識階層の声を必要としただけで，本気で法学の改革に取り組もうなどとは考えていなかった。

では，ナチス時代の司法はどんな状況だったのだろうか。戦後ドイツで「自然法の再生」を唱えた法学者たちは，ナチス時代の司法について，「悪法も法」とする法実証主義を信奉したために悪法に抵抗できず，ナチスに加担することになったと批判した。しかし，現在このような評価を支持する研究者はほとんどいない。むしろナチス時代の司法は，ヴァイマル政権と対立した階級司法の延長上で，一般条項を濫用して個々の条文の制約から解き放たれ，ナチス政権の御先棒をかつぐような判決を繰り返していたとされる。したがって，ナチス時代の司法の「罪」は，法実証主義を信奉したことではなく，むしろ法実証主義を放棄したことに見出されるべきだろう。そもそも法実証主義的な法適用を行うには，自己完結的なまでに緻密に構成された条文が不可欠である。民法典に代わるべき「民族法典」の構想が何ら実を結ぶことなく頓挫したように，政権を完全に掌握した後のナチスは，真摯に立法に取り組む気などなく，ただ融通無碍に政策を実施したのである。

第二次世界大戦後，一般条項の適用範囲はさらに拡大した。そのことは『シュタウディンガー民法典コンメンタール[10]』におけるドイツ民法典242条の解説が，初版（1900年）ではごく短い解説だったのが，11版（1961年）では実に1500頁を超えるにいたったことに端的に現れている。社会変動の激しい現代社会において司法が時代の要請に応えていくには，一般条項の柔軟な適用が欠かせない。問題は，どのような時代のどのような要請か，なのである。（屋敷二郎）

▶6 Ⅳ-8-6 参照。

▶7 当時の大審院には帝政期に任命された判事が多く残っており，ヴァイマル憲法への忠誠心に乏しく，社会民主党の主導する政府に反感をもっていたとされる。

▶8 このとき教壇を追われたユダヤ系法学者として，純粋法学を唱えた法哲学者・憲法学者のケルゼンや労働法の父ジンツハイマーなどがいた。

▶9 キールはヴァイマル共和国を生んだドイツ革命ゆかりの地のため，ナチスの標的となった。親ナチス的な若手法学者が集められた。戦後『近世私法史』を著して法史研究をリードしたヴィーアッカーも，若き日にキール学派に属した。

▶10 ドイツ民法典のコンメンタールではもっとも古くからある。1898年から1903年にかけて刊行された初版は全6巻だったが，最新版では120巻にも及ぶ大コンメンタールとなった。

読書案内

本節の内容については『概説西洋法制史』第24章「近代法システムの揺らぎ」がより詳しい。増額評価判決とその背景については，広渡清吾「大インフレーションとライヒスゲリヒトの「クーデター」」『法学セミナー』217号（1973年）86頁以下がわかりやすい。

8　近代法システムへの懐疑と新潮流

11 戦後：ヨーロッパ私法への道とドイツ

図1　アンゲラ・メルケル

ドイツ史上初の女性首相として，2005年から2021年までドイツ連邦共和国第８代首相を務めた。彼女を筆頭に，政治や大学，経済界に進出する女性たちには旧東ドイツ出身者が多い。

出典：https://www.vogue.co.jp/change/article/german-reunification-women-in-ddr

▶1　これに対し，2004年以降に加盟した東欧諸国の中では，中世以来の独立王国時代やハプスブルク，ドイツ，フランスと関わりを経てヨーロッパ大陸法文化の伝統と深く関わっていたポーランド，ハンガリー，チェコ，スロヴァキア等の他，バルカン諸国やバルト三国など，ロシア法と西欧法とも分類できない複雑多様な文化要因をもつ国々がある。各国の諸状況まで含めて，「ヨーロッパ私法」のあり方が問い直されている。

▶2　**人格権**
個人の自覚に関わる利益について保護を求める権利の総称。生命・身体・健康・名誉・信用・肖像・氏名など。ドイツ法由来で私法上

第二次世界大戦の惨劇を経て，ヨーロッパ諸国は平和な共同体の構築を目指した。まずフランスとドイツなど６カ国がヨーロッパ石炭鉄鋼共同体（ECSC）を発足させ，次いでヨーロッパ経済共同体（EEC）とヨーロッパ原子力共同体（EURATOM）を結成し，1967年にこれらを統合したヨーロッパ共同体（EC）を設立した。その後ECは加盟国を増やし，1993年のマーストリヒト条約でヨーロッパ連合（EU）に改組され，経済に加えて政治統合も目指すこととなった。21世紀に入ると域内共通通貨「ユーロ」が流通を開始し，旧東欧諸国の加盟も進んだが，2021年１月１日にイギリス（1973年加盟）が脱退した。

1　ヨーロッパ連合の法秩序

イギリスの脱退により，EU構成国数は27カ国となった。その最高機関である欧州理事会は，加盟国政府首脳と欧州理事会議長，欧州委員会委員長によって構成され，設立条約改正の発議等を行う。その他の主要機関として，加盟国民の代表者によって構成される欧州議会，加盟国の閣僚で構成されるEU理事会，加盟国から独立した地位にある加盟国の委員によって構成され行政活動を行う欧州委員会，司法裁判所を数える。EU法秩序としては，ローマ条約を含む関係諸条約，それに基礎を置き共同体の機関によって制定される規則・命令・決定，司法裁判所の判例等がある。各構成国は，EU法と国内法をどのように整合させるか，解釈の統一や適用の確保という難問と向き合ってきた。しかし，少なくとも西側諸国では自由で民主的な私法形成という一定の方向が合意されていたため，EU法は国内法改革の推進力となりえてきた。[◀1]

以下では，その具体例として，戦後ドイツにおける私法，中でも家族法の発展を取り上げよう。

2　ドイツにおける私法の発展：家族法の改正を中心に

第二次世界大戦の敗戦により，ドイツは戦勝国による分断統治を経て，1949年にドイツ連邦共和国（西ドイツ）とドイツ民主共和国（東ドイツ）に分かれて独立した。このうち西ドイツは早期に経済復興に成功し，民主主義的社会国家として発展をとげた。1990年の東西統一以降は，東ドイツの法制の原則廃止を受け，西ドイツの私法が統一ドイツの法となった。私法分野では，民法典上の**人格権**[◀2]が判例により発展した他，危険責任法，消費者保護法，成年後見法，債

務法の現代化，家族法の全面改正が進んだ。

以下では，日本での動向とも比較参照しやすいテーマとして家族法の全面改正について概観する。

1949年に制定されたボン基本法（のちのドイツ連邦基本法）は，男女平等を明記したため（3条2項），ドイツ民法典[3]の家族法の諸規定も，これに合致するように改正されねばならなかった。もっとも問題になったのは法定夫婦財産制だった。従来の管理共同制では，妻の財産についても夫が管理したからである。

改正にあたっては，前提として「男女同権とは何か」という議論に時間がかけられた。東ドイツで支配的だったのはあらゆる点における男女同権（事実的同権論）であったが，西ドイツでは男女は生理的社会的に異なるため，それを前提としたうえで同権であるべきとする見解（機能的同権論）が有力で，決着がつかなかったからである。1957年の男女同権法の成立を経て改正された夫婦財産制では，別産制を基調としつつも，離婚に際しては婚姻中の職業活動により増えた財産を夫婦平等に分けることで，夫の職業活動と妻の家事・育児活動を平等に評価する，機能的同権論に立つ制度（剰余共同制）が採用された[4]。

1960年代以降，女性の社会的進出が進み，正規の婚姻以外でも男女の共同生活が普及するようになると家族法の各分野で全面的な改正が加速した。嫡出子と非嫡出子（婚外子[5]）の法的地位の平等化が進み，1997年の親子法改正で区別は完全に消滅した。日本の最高裁判所で非嫡出子法廷相続分違憲決定[6]が下されたのは，さらに16年後の2013年である。

夫婦別姓の導入については，ドイツ統一後の1993年「家族姓の新規制に関する法律」によって実現するまでの道のりは長かった。ドイツ民法典では，婚姻により妻は夫の姓を称するとされた。1957年の男女同権法においても，原則は変わらず，妻は従前の姓を付加することだけが許された。1976年の改正で原則は修正されたが，夫婦は協議によりいずれかの姓を称するものとされ，協議が整わない場合は夫の姓が優先された。1991年の連邦憲法裁判所による違憲決定[7]を経て，ようやく選択的夫婦別姓が採用されたのである（民法1355条）。問題となった子どもの姓については，父母の協議によるが，調わないときは後見裁判所（家庭裁判所）が父母の一方に決定権を与えるとされた（1617条[8]）。

正式の婚姻をしない男女の共同生活を保護する「婚姻外生活共同体」の財産問題は判例の蓄積で解決され，1960年代には処罰の対象とされていた同性愛も社会的承認を得て，2001年には同性婚を認める「生活パートナーシップ法」が制定された（2004年改正）。

これらの改正はもちろんドイツ国内での議論と手続を経て実現したものであるが，1993年以降の諸改正についてはとくに，EU域内の自由な人・物・サービスの移動に見合うよう，他のEU加盟諸国と足並みをそろえることを念頭に進められたのである。　（上田理恵子）

の権利として承認され，後に憲法上の人権として認められ，アメリカ法由来のプライバシーの権利とも重なり合うとされる。日本でも本来は不法行為上の保護を受けるが（民法710条），憲法13条との関連で主張される機会が増えてきている。

▶3　Ⅳ-8-3 参照。

▶4　日本では1947年に別産制が導入された。

▶5　Ⅳ-8-9 ▶4参照。

▶6　最大決平成25年9月4日『民集』67巻6号1320頁。

▶7　1991年3月5日連邦憲法裁判所第1法廷決定。連邦憲法裁判所判例集84巻9頁以下（BVerfGE 84, 9）。

▶8　近年の日本における夫婦別姓訴訟の判決と比較しても興味深い（最大判平成27年12月16日第69巻8号2427頁，最大決令和3年6月23日版タ1488号94頁）。

読書案内

五十嵐清『ヨーロッパ私法への道』（日本評論社，2016年）は平易な語り口でヨーロッパの歴史を概観し，最後の章は，今日の諸問題を考える手がかりとなろう。本書であまり扱われなかったイスラームやユダヤ法まで含め，世界の諸地域の法思想について固有の歴史や文化との関わりの中で理解するためには，千葉正士『世界の法思想入門』（講談社，2007年）がよき入門書となろう。

エピローグ：地歴公民から西洋法制史へのロードマップ

図1 『概説西洋法制史』表紙

▶1 刊行から20年を経たが，勝田有恒・森征一・山内進編著『概説西洋法制史』（ミネルヴァ書房，2004年）は，いまなお日本の法史学者が日本の大学生のために書いた唯一の標準的教科書である。

本書は，初学者が無理なく西洋法制史を学び始められるように，高校の地理歴史科・公民科で学んだ内容の確認から始めて，着実にステップを踏んで標準的な教科書[1]へとつなげていくことを意識して作られた入門書である。本書のメインターゲットは西洋法制史の講義を履修する大学生であるが，法学部進学を考える意欲的な高校生や，何らかのきっかけで興味を抱いた社会人でも無理なく学べるように工夫を凝らしたので，西洋法制史の世界への旅の扉として本書を自由に活用してほしい。

さて，小・中学校の社会科が高校の地歴公民の基礎であるように，地歴公民もまた大学で学ぶ西洋法制史の基礎である。しかし，義務教育とは異なって，高校では全員が同じ科目を学ぶのではなく，地歴公民から複数の科目を選択履修する。現行の学習指導要領において，高卒者および高認合格者に学習済みとして期待してよいのは「歴史総合」「地理総合」「公共」の学習内容だけである。とはいえ，これらに含まれない内容をいちいち西洋法制史の講義で説明していては時間が足りないし，大学受験で「世界史探究」や「倫理」「政治・経済」を得点源にしていた学生などは退屈してしまうだろう。

そこで本書では，すべての節の導入部で，その節で扱う内容に関連のある地歴公民の学習内容を掲げ，その節を学ぶ際に必要な予備知識が何であるかを明示するようにした。学生諸君は，予習の際に導入部をまず一読し，もしそこに未知・未習の内容があれば，高校生向けの参考書やインターネット学習サイトなどを活用して大略を理解してから講義に臨むことを心がけてほしい。また西洋法制史の担当教員諸氏には，導入部を確認することで授業計画の最適化を図っていただければ幸いである。高校生や社会人も，この導入部を確認するだけで，現役大学生との知識ギャップを簡単に埋められるだろう。

本書が，西洋法制史の分野における高大接続の一助となれば幸いである。学生と担当教員がともに講義の場でより実り多い時間を過ごすこと，「西洋法制史がわかる！ 楽しい！」と思う学生が一人でも多くなること，そうした学生がさらに深い学びを求めて，西洋法制史という学問の旅路を軽やかな足取りで歩んでくれることを願ってやまない。

（屋敷二郎）

レベル0	歴史総合，公共 世界史探究 倫理，政治・経済 など	本書で学ぶ際は，まず**各節導入部**で，未知・未習の学習内容がないかチェックしよう！	大学で西洋法制史を学ぶ前提としてとくに重要な高等学校の学習内容。抜けがあると後が大変！
レベル1		次に**各節の①**で，西洋法制史上の事象・人物・法令・事件について，基本的事項を身につけよう！	西洋法制史において最低限押さえてほしい学習内容。期末試験の用語解説問題で出題されるかも？
レベル2	コンパクトな通史 ◁2	時代全体の特徴を**各章の総説**で確認しながら，**各節の②以降**でより詳しく学んでいこう！	本書の主な学習内容。ここで論点を把握しておけば，期末試験の論述問題も怖くない？
レベル3	標準的な教科書 （『概説 西洋法制史』）	**各節の「読書案内」**で紹介されている文献から始めて，関連文献を芋づる式にたどってみよう！	最初のマイルストーン。ここまで到達できれば，ハイレベルな論述問題だって大丈夫。
レベル4	発展的な教科書 ◁3		第二のマイルストーン。自分の好みや関心に合った教材を選ぶのが上達のコツ！
レベル5	各国別の概説書・ 分野別の基本文献 ◁4		第三のマイルストーン。情報量が増え難易度も上がるので，要領よく乗り越えよう！
レベル6	専門書・雑誌論文		ゴール！ ゼミ発表だって卒業論文だってお手のもの。大学院に進学してハカセを目指しちゃう？

（レベル0→1）西洋法制史の旅路はここから始まる！

（レベル1→2）難しいところは飛ばして全体のイメージを摑むべし！

（レベル4→5）各国別の概説書は分厚すぎて通読は無理？ でも辞書代わりに使えば至極便利。

（レベル5→6）専門書や雑誌論文が難しすぎると感じた場合は，その分野の基本文献を先に読んでみよう。

▷2　一気に読める分量の通史を通読して西洋法制史の全体像を摑んでおくと，本書や講義の理解が深まる。ピーター・スタイン（屋敷二郎監訳／関良徳・藤本幸二訳）『ローマ法とヨーロッパ』（ミネルヴァ書房，2003年）は，手頃な分量で読み物としても面白い。そこまでの余力がない人は，本書の各章にある総説だけを先に通し読みしておくとよい。

▷3　「倫理」が好きで，とくに人物・思想を中心に学びを深めたい人には，中世盛期から現代までの重要な30名の法学者を取り上げ，詳しい解説を施した勝田有恒・山内進編著『近世・近代ヨーロッパの法学者たち』（ミネルヴァ書房，2008年）。「世界史」が好きで，とくに事件を中心に学びを深めたい人には，古代から現代までの興味深い18の裁判事例を取り上げ，詳しい解説を施したU・ファルク／M・ルミナティ／M・シュメーケル（小川浩三・福田誠治・松本尚子監訳）『ヨーロッパ史のなかの裁判事例』（ミネルヴァ書房，2014年）。実定法の学修と連動して体系的に学びを深めたい人には，法学の基本概念を法制史の観点から掘り下げた小川浩三・松本尚子・宮坂渉編著『キーコンセプト法学史』（ミネルヴァ書房，2024年）。

▷4　紙幅の都合でここでは書名を列挙できないが，『概説西洋法制史』には「西洋法制史の基本文献」のリストが掲げられているので，そちらを参照してほしい。

人名索引

あ行

た行

な行

ま行

事項索引

あ行

さ行

わ行

執筆者紹介（氏名／よみがな／現職／執筆順／◎は編著者，＊は章編著者）

執筆担当は本文末に明記

◎山内　進（やまうち・すすむ）
一橋大学名誉教授

＊森　光（もり・ひかる）
中央大学法学部教授

中田一郎（なかた・いちろう）
中央大学名誉教授

佐々木健（ささき・たけし）
京都大学大学院法学研究科教授

塚原義央（つかはら・よしひさ）
東北学院大学法学部准教授

足立清人（あだち・きよと）
北星学園大学経済学部教授

＊薮本将典（やぶもと・まさのり）
慶應義塾大学法学部准教授

渡辺理仁（わたなべ・りひと）
一橋大学大学院法学研究科特任講師

鈴木明日見（すずき・あすみ）
駒澤大学非常勤講師

＊藤本幸二（ふじもと・こうじ）
岩手大学人文社会科学部教授

高　友希子（たか・ゆきこ）
法政大学法学部教授

◎屋敷二郎（やしき・じろう）
一橋大学大学院法学研究科教授

村上　裕（むらかみ・ゆたか）
関東学院大学法学部教授

＊川島　翔（かわしま・しょう）
九州大学大学院法学研究院准教授

阪上眞千子（さかがみ・まちこ）
甲南大学法学部教授

＊周　圓（しゅう・えん）
東洋大学法学部准教授

中野万葉子（なかの・まよこ）
西南学院大学法学部准教授

＊的場かおり（まとば・かおり）
大阪大学大学院法学研究科教授

＊上田理恵子（うえだ・りえこ）
駒澤大学法学部教授

《編著者紹介》

山内　進（やまうち・すすむ）

1949年　生まれ。

1977年　一橋大学大学院法学研究科博士課程単位取得退学。

現　在　一橋大学名誉教授。

主　著　『グロティウス『戦争と平和の法』の思想史的研究――自然権と理性を行使する者たちの社会』ミネルヴァ書房，2021年。

『増補　決闘裁判――ヨーロッパ法精神の原風景』ちくま学芸文庫，2024年。

『増補新装版　掠奪の法観念史――中・近世ヨーロッパの人・戦争・法』東京大学出版会，2024年。

屋敷二郎（やしき・じろう）

1969年　生まれ。

1997年　一橋大学大学院法学研究科博士後期課程修了，博士（法学）。

現　在　一橋大学大学院法学研究科教授。

主　著　『フリードリヒ大王――祖国と寛容』山川出版社，2016年。

ポール・ミッチェルほか著（湊麻里訳）『法の歴史大図鑑』（日本語版監修）河出書房新社，2024年。

『法と社会――基礎法学の歩き方（一橋法学・国際関係学レクチャーシリーズ２）』（編著）国際書院，2025年。

やわらかアカデミズム・〈わかる〉シリーズ

よくわかる西洋法制史

2025年５月10日　初版第１刷発行　〈検印省略〉

定価はカバーに
表示しています

編著者　山　内　　進
　　　　屋　敷　二　郎
発行者　杉　田　啓　三
印刷者　藤　森　英　夫

発行所　株式会社　ミネルヴァ書房

〒607-8494　京都市山科区日ノ岡堤谷町１
電話代表（075）581-5191
振替口座　01020-0-8076

亜細亜印刷・新生製本

ISBN978-4-623-09796-8
Printed in Japan

やわらかアカデミズム・〈わかる〉シリーズ